절반의 인민주권

E.E. 샤츠슈나이더 지음 | 현재호·박수형 옮김

후마니타스

The Semisovereign People: A Realist's View of Democracy in America, First Edition

E.E. Schattschneider

For permission to use material from this text or product, email to
asia.infokorea@cengage.com

ISBN: 978-89-90106-70-4

Cengage Learning Korea Ltd.
14F YTN Newsquare 76 Sangamsan-ro
Mapo-gu Seoul 03926 Korea

Cengage is a leading provider of customized learning solutions with employees residing in nearly 40 different countries and sales in more than 125 countries around the world. Find your local representative at: **www.cengage.com**.

To learn more about Cengage Solutions, visit **www.cengageasia.com**.

Every effort has been made to trace all sources and copyright holders of news articles, figures and information in this book before publication, but if any have been inadvertently overlooked, the publisher will ensure that full credit is given at the earliest opportunity.

Printed in Korea
Print Number: 5   Print Year: 2025

The Semisovereign People:

A Realist's View of Democracy in America

E.E. Schattschneider

 Cengage

Australia • Brazil • Canada • Mexico • Singapore • United Kingdom • United States

정당론 클래식

절반의 인민주권

1판1쇄 | 2008년 11월 3일
1판5쇄 | 2025년 3월 24일

지은이 | E. E. 샤츠슈나이더
옮긴이 | 현재호, 박수형

펴낸이 | 정민용, 안중철
책임편집 | 정민용
편집 | 윤상훈, 이진실

펴낸곳 | 후마니타스(주)
등록 | 2002년 2월 19일 제2002-000481호
주소 | 서울특별시 마포구 신촌로14안길 17, 2층 (04057)
전화 | 편집_02.739.9929/9930 영업_02.722.9960 팩스_0505.333.9960

블로그 | blog.naver.com/humabook
엑스, 페이스북, 인스타그램 | @humanitasbook
이메일 | humanitasbooks@gmail.com

값 15,000원

ISBN 978-89-90106-70-4 93300

차례

저자 서문

이 책은 정치조직에 관한 이론을 수립하고자 하는 목적에서 시작되었다. 집필 과정에서 다소 강조점이 달라지기는 했지만, 여전히 이 책은 정치조직에 관한 연구로서 조직과 갈등의 관계, 정치조직과 민주주의의 관계, 그리고 미국 시민이 선택할 수 있는 조직적 대안에 관한 이론을 확립하려는 시도를 담고 있다. 책 전반을 뒷받침하는 가정은 이렇다. 정치조직의 성격이란 정치체제 내에서 이용되고 있는 갈등, 궁극적으로 정치가 무엇에 관한 것인지를 놓고 벌이는 갈등에 달려 있다는 것이다. 이 책의 중심 주장은, 무엇을 둘러싸고 다툼이 일어나는지를 모른다면 우리는 결코 정치를 이해할 수 없다는 것이다.

미국 정치에서 설명이 필요한 중대한 문제는, 어떤 사건이나 사태가 왜 발생하는가 하는 것이다. 어떤 사태가 발생한 상황에서 실제로 무슨 일이 진행되고 있는지를 안다면, 우리는 미국 정치의 동학을 이해할 수 있을 것이다. 사태는 어떤 과정을 거쳐 변화되는가? 변화는 어떤 양상을 띠는가? 이런 질문들은 제기할 만한 가치가 있다. 평상시에도 미국의 공적 영역에서는 엄청난 일들이 진행되고 있기 때문이다.

우리가 다른 생각을 하고 있는 동안 미국에서는 과거와 다른 새로운 종류의 정부가 만들어졌다. 이 정부의 등장은 너무나 순탄하고 조용하게 이루어져 우리 대다수는 이런 변화를 전혀 인식하지 못했다. 정말이지 정치체제는 너무나 많이 변했다. 만약 캘빈 쿨리지*가 오늘날 워싱턴의 정치 상황을 보았더라면 무척이나 당황했을 것이다. 이제 미국 정부는 세계적인 차원에서 작동하는 기구가 되었다. 미국은 평시에도 독일에 군대를 주둔시키고 있으며 지중해에는 함대를 배치해 놓고 있다. 미국의 군사 기지는 세계 도처에 널려 있다. 고립주의를 견지해 온 강력한 정치적 전통, 정부 기능의 팽창과 높은 세금에 대한 강한 반대, 정책 변화를 막는 장애물로서 거의 완벽하게 고안된 미로 같은 정부 구조에도 불구하고, 이런 일들이 일어났다. 폭력혁명이 발생했더라도 이보다 큰 체제 변화를 경험하기는 어려웠을 것이다. 대체 어떻게 이런 일이 가능했을까?

습관적으로 우리는 미국 정부가 매우 전통적이고 보수적인

---

* **캘빈 쿨리지**(Calvin Coolidge, 1872~1933) : 미국의 제30대 대통령(1923~1929, 공화당). 전형적인 보수주의자로 정부 지출을 줄이고 세금을 감면했으며, 외교에서도 고립주의 노선을 취했다. 1926년 당시 저명한 언론인이었던 월터 리프만은 캘빈 쿨리지를 평하면서, 그의 재능은 "효과적으로 아무것도 하지 않는 데에 있다"고 말했다.

대중의 지지를 받는 고도로 안정된 구조라고 생각한다. 명백히 이는 진실이 아니다. 미국의 정치체제는 매우 유동적이다.

왜 미국인들이 변화의 과정을 의식하지 못했는지 그 이유를 알기 위해서라도 미국 정치의 동학을 새롭게 조명해 볼 필요가 있다. 책 전체를 통해 강조하고자 하는 것도 미국 정치체제의 이 역동적 성격이다. 미국 정치는 변화가 불가능하도록 구조화되어 누가 어떻게 해봐도 소용없다는 식으로 말하는 모든 정치 이론, 연구 기법, 개념에 대해 이 책은 비판적 관점을 취하고 있다. 너무나 많은 변화가 일어나고 있기 때문에, 정치에 대한 새로운 접근이 필요하다는 것을 보여 주는 일이야말로 이 책이 지향하는 가장 중요한 목표이다.

끝으로 이 책을 집필할 수 있도록 도움을 준 록펠러 재단과 웨슬리언 대학의 배려에 감사의 뜻을 전하고 싶다.

E. E. 샤츠슈나이더

데이비드 아더매니*의 1975년판 서문

민주주의자로서의 정치학자

정치학 연구의 분위기가 바뀌면서 이 책 『절반의 인민주권』에 대한 관심이 되살아났고, 그래서 재출간하게 되었다. 이 사실을 알았더라면 아마 샤츠슈나이더도 기뻐했을 것이다. 그간 정치학자들은 정치제도와 정치과정을 기술하고, 이와 관련한 자료를 수집하고 분석하며, 정치 현상에 대해 검증 가능한 가설을 수립하는 데 너무 많은 시간과 관심을 쏟아 부어 왔다. 이제야 정치학자

***데이비드 아더매니**(David Adamany) : 미국 템플 대학의 총장을 역임했던 정치학자. 하버드 대학에서 법학을 전공했고, 위스콘신 대학에서 정치학으로 박사 학위를 받았다. 이런 경력으로 인해, 그는 미국 정치에서 헌법과 사법부 문제를 많이 다루었다. 이 서문은 1975년 판에 첨부된 것으로, 책의 전반적인 내용뿐만 아니라 샤츠슈나이더의 정치 이론과 그 의미를 잘 설명해 주고 있다.

들은 자신의 연구가 보통의 시민 스스로의 통치, 즉 민주주의에 대해 어떤 함의를 갖는가 하는 문제를 생각하기 시작했다. 그러면서 현실 정치에 대한 서술은 점차 비판적 개입과 제언을 수반하게 되었고 전반적으로 그 이해의 폭을 넓혀 나가게 되었다.

이것이야말로 정확히 샤츠슈나이더가 평생을 가르치면서 집필에 몰두했던 바로 그런 내용의 정치학이다. 그는 학자로서의 경력을 시작할 때부터 법으로 규정된 제도나 원리 원칙, 고전 정치철학에 관한 연구에 맹목적으로 매달리는 정치학에 매우 비판적이었다. 『정당정부』*에서 그는 법률 중심의 분석을 통해서는 미국인들에게 정당을 제대로 이해시킬 수 없다고 지적했다. 왜냐하면 정당이란 기본적으로 법률에 기초를 둔 제도라기보다는 주로 일상의 비공식적 차원에서 작동하는 제도이기 때문이다.[1] 또한 그는 정치철학자들이 그리스 도시국가에서 배태된 민주주의의 고전적 정의定義에 사로잡혀, 현대 국민국가와 같이 규모가 큰 정부에 적합한 민주주의 이론을 수립하지 못했다고 비판했다. 그에 따르면, "그리스-로마 시대에 경도된 고전파 철학자들은 오로지 가상의 민주주의만을 다룸으로써," 현대 국민국가에 적합한

정당이란 기본적으로 법률에 기초를 둔 제도라기보다는 주로 일상의 비공식적 차원에서 작동하는 제도이다.

---

* 『**정당정부**』(Party Government) : 1942년에 출간된 샤츠슈나이더의 초기 저작으로 정당론에 관한 고전으로 평가받고 있다. 정당이 정부 정책과 행위에 책임성을 부여하는 방향으로 발전할 때에만, 현대 민주주의는 그 본연의 가치를 실현할 수 있다는 주장을 집약하고 있다. '정당정부'라는 개념은 앵글로색슨 전통에서 현대 민주주의의 특징을 정의하는 개념으로 사용되어 왔다. 독일에서는 이를 '정당(에 의한) 민주주의'(Parteiendemokratie)라고 표현했는데, 대표적으로 바이마르 공화국 시기 법철학자 한스 켈젠(Hans Kelsen)은 "민주주의가 정당 없이 가능하다는 주장은 환상이거나 위선"이라고 주장했다. 샤츠슈나이더 역시 『정당정부』의 첫 페이지에서 "민주주의를 만든 것은 정당이며, 정당 없는 민주주의는 생각할 수도 없다"고 잘라 말했다.

방식으로 시민 권력을 조직해 이를 정치적 대표체제와 정부의 정책 결정 과정에 전달하는 문제를 "그들의 민주주의 이론에서 완전히 누락시켜 버렸다."[2] 나아가 그는 사회계약론과 같은 허구를 통해 민주주의의 탄생을 설명하는 정치철학에 대해서도 비판의 날을 세웠다. 그는 "우리가 아이들에게 아기가 어떻게 태어나는지에 대한 우화를 말할 때처럼 그럴듯하게, 철학자들은 정부의 기원에 관한 신화로 우리를 현혹시켰다"며 이의를 제기했다.[3]

전후 과학주의*에 휩쓸렸던 현대의 정치학 연구자들 역시 샤츠슈나이더의 비판을 피해 가지 못했다. 그에게 학문이란 민주주의의 이론과 실천의 문제를 다룸으로써 미국인들이 자신의 정부를 제대로 운영하는 데 기여해야 하는 것이기 때문이다. 아무런 의미도 없이 (자연과학을 무작정 모방해) 자료를 수집하고 조작하는 연구 방식에 대해 샤츠슈나이더의 비판은 매우 신랄했다. 그는 한 연구에서, 1815년에는 경험주의가 "일종의 돌팔이 처방"으로 정의되었다는 사실을 상기시켜 주었다.[4] 그리고 행태주의에 기반을 둔 현대의 정치학은 "공허한 자료들의 산더미"일 뿐이라며 혹평을 가하기도 했다.[5] 샤츠슈나이더는 정치학자란 자신이 연구하는 문제와 분리될 수 없으며 오히려 긴밀하게 결합된 존재라고 생각했다. 그의 이런 신조는 한 학생 기자와의 인터뷰에 잘

---

* **과학주의**: 여기서는 제2차 세계대전 이후 미국 정치학을 지배했던 행태주의 연구 방법을 통칭하는 말로 이해할 수 있다. 행태주의는 그 이전 정치학이 사변적이고 규범적이며, 법과 제도 연구에 치우쳤음을 비판하면서 등장했다. 행태주의 정치학은 정치 현상 역시 자연과학과 같은 방식으로 분석할 수 있다는 전제 하에 개인과 집단의 행태에 초점을 두었으며 방법론적 엄밀성과 객관적인 검증을 강조했다.

나타나 있다. 학생 기자가 그에게 개밋둑을 연구하는 곤충학자 같은 기분이 들지 않느냐고 묻자, 그는 "아니, 그보다는 개밋둑을 연구하는 한 마리 개미 같은 기분이지"라고 답했다.

그렇다고 샤츠슈나이더가 정치를 분석적으로 다루는 것에 적대적이었다고 생각한다면 그것 역시 오해이다. 그는 이익집단 구성원들의 사회경제적 지위에 관한 자료를 수집하고 이를 분석해 "이익집단 체제의 기업 및 상층계급 편향성"을 증명해 보였다.[6] 또한 투표 행태 연구를 통해 "사회집단에 의한 정치적 동원의 불완전성 법칙"*을 입증함으로써, 이익집단들이 선거 결과에 대한 자신의 영향력을 대단히 과장해 왔다는 사실을 보여 주었다.[7] 그뿐만 아니라 이제는 널리 알려진 그의 분석, 즉 소선거구제와 단순다수제가 결합된 선거제도는 양당제를 강화하면서 그 밖의 "제3, 4, 5 정당들에는 …… 의석 획득의 기회를 전혀 제공하지 않을 만큼" 차별적인 효과를 미친다는 명제를 증명하기 위해 통계 모델을 활용하기도 했다.[8] 그러나 어떤 경우든 샤츠슈나이더의 경험 분석은 좀 더 큰 목적을 지향했는데, 예를 들어 다음과 같은 사실을 보여 주고자 했던 것이 대표적이다. 이익집단은 보통 시민을 위한 민주주의의 건실한 매개자로 기능할 수 없다. 정당과 공직자들은 이익집단의 압력 행사에 반응하기만 하는 존재가 아니다. 미국의 양당제는 상당한 제도적 안정성을

---

* **사회집단에 의한 정치적 동원의 불완전성 법칙** : 한 사회 공동체에 속한 모든 사람은 다양한 이익과 이해관계를 갖기 때문에, 특정 이익의 실현에 초점을 맞춘 이익집단 내지 특정 대의를 가진 사회단체들의 활동만으로는 사회 구성원들의 이익을 폭넓게 대표하는 데 한계가 있음을 가리킨다. 이에 대해서는 이 책의 3장에서 자세히 논의하고 있다.

유지함으로써, 이데올로기적 응집성에 기반을 둔 정당 분화나 이를 위한 개혁을 막고 있다.

샤츠슈나이더는 정치 분석이 가치중립적이어야 한다거나 그럴 수 있다는 데 동의하지 않았다. 급진주의자들이 현대 정치학이 내세우는 중립성을 공격하기 전에 이미 샤츠슈나이더는 다음과 같이 경고한 바 있다. "일반적으로 답을 발견하는 것보다 올바른 질문을 찾는 일이 훨씬 더 어렵다. 바로 이 지점에서 우리는 검증과 확인을 거치지 않은 가정으로 인해 자주 낭패를 보게 된다. 왜냐하면 어떤 질문을 제기할 것인가 하는 문제는 우리가 설정해 놓은 가정에서 출발하기 때문이다. …… 무엇을 조사할지, 어떤 종류의 연구 방법을 사용할지, 어떻게 경험적 증거를 평가할지는 우리가 세워 놓은 바로 이 가정에 달려 있다."[9]

샤츠슈나이더는 자유로운 민주주의 국가에 살고 있는 정치학자가 정치에 관한 가설을 세우고 검증하며 나아가 정치제도와 정치과정을 평가하기 위해 제기해야 할 '올바른 질문'이란 너무나 명백하다고 보았다. "민주주의 국가에서 제기할 수 있는 가장 합당한 질문은 이런 것이다. 어떻게 시민이 정부를 통제할 수 있는가? 이런 질문은 민주주의가 아닌 다른 체제에서는 제기할 수 없다."[10] 샤츠슈나이더의 모든 저작이 그러하듯, 이 책 또한 민주주의에서 정치학자가 제기할 수 있는 '가장 합당한 질문'에 대한 하나의 답변을 제시하고 있다.

민주주의 국가에서 제기할 수 있는 가장 합당한 질문은 이런 것이다. 어떻게 시민이 정부를 통제할 수 있는가? 이런 질문은 민주주의가 아닌 다른 체제에서는 제기할 수 없다.

민주주의를 뒷받침하는 도덕적 전제

샤츠슈나이더는 연구란 모름지기 가치에 대한 판단을 분명히 드러내야 한다고 주장했다. 그럼에도, 그가 민주주의에 대한 가치 판단을 분명하게 표현한 것은 학자로서의 마지막 저술에 이르러서였다. 그의 저작을 연대기 순으로 읽어 나간다고 할 때, 독자들은 1969년에 출간된 『정부를 찾아 나선 2억의 미국인들』*Two Hundred Million Americans in Search of a Government*이라는 책을 읽고 나서야 그의 연구와 저술을 이끌었던 민주주의에 대한 헌신을 충분히 이해할 수 있다. 물론 그의 책을 연대기 순으로 읽어 보는 것은 시도할 만한 가치가 있다.

과학적 사고가 지배하는 현대사회에서 민주주의를 정당화하는 논리는 점차 개인들의 사적 이익에 의존하는 방향으로 진행되어 왔다. 예컨대 모두가 통치 과정에 참여한다면, 절대 권력이 출현해 자신의 운명을 지배하는 것을 막을 수 있고, 정부 정책 결정 과정에서도 어느 정도 자기 의사를 표현함으로써 각자의 사적 이익을 실현할 수 있다는 주장이 대표적이다. 비슷한 맥락에서 좀 더 '실용적인' 견해가 제시되기도 했다. 즉, 모두가 통치 과정에 참여하면, 개인들은 자신이 참여한 정부의 결정에 따라야 한다는 의무감을 갖게 되고, 무정부 상태에 따른 불확실성이 완화되어 안정된 사회를 유지할 수 있다는 것이다.

샤츠슈나이더는 이런 생각을 받아들이지 않았다. 그의 신념은 서구 정치사상의 인문주의 전통에 있었다. 민주주의는 사적 이익에 토대를 두고서는 정당화될 수 없다는 것이다. 간단히 말해, "민주주

의는 무엇보다도 어떤 마음 상태와 같은 것이다."[11] 그것은 "동료 시
민을 마음속에 떠올려 보는 행위로부터 시작된다."[12] 이런 행위는 유
대 기독교적 전통, 고대 그리스 문화, 보통법common law, 서유럽의
역사, 링컨의 게티즈버그 연설, 그리고 미국인의 사상을 형성하
는 데 일조했던 그 밖의 많은 문구들 속에 구체화되어 있다. 하
나의 도덕적 체제로서 민주주의의 본질은 모든 인간은 평등하다
는 원리를 인정하는 데 있다. "중요한 한 가지 차원, 즉 우리는 인간
이며 바로 인간이기 때문에 더없이 소중하다는 의미에서 우리 모두는
평등한 존재라는 것이다."[13]

샤츠슈나이더는 갈등 이론에 크게 공헌했기 때문에 흔히 '갈
등 이론가'로 불리곤 했다. 그러나 이런 분류는 정치학에 만연해
있는 성급하고도 단순한 범주들 가운데 하나로, 샤츠슈나이더가
생각했던 민주주의의 도덕적 전제를 보지 못하게 만드는 문제를
안고 있다. 민주 사회의 도덕적 원리는 인간이라면 누구나 "더없
이 소중하다"는 가치로부터 출발한다. "하나의 도덕적 체제로서
민주주의는 공동체를 만들고자 하는 하나의 실험이다 ……"[14]
민주주의 정치에서 갈등이란, 다수의 지지를 결집해 정부를 통제
하고자 하는 시민들의 투쟁 과정에서 발생하는 것이자, 다른 한
편 민주 시민들이 서로를 고려함으로써 생겨나는 공동체적 합의의
맥락에 의해 제한되는 것이기도 하다. "한마디로 말해, 민주주의는
동료 시민에 대한 사랑, 바로 그것에 관한 것이다."[15]

물론 샤츠슈나이더의 민주주의론 역시 다수의 지배와 소수의
권리라는 모순에 직면하지 않을 수 없었다. 더할 나위 없이 소중한
모든 인간은 권리와 존엄성을 지니고 있다. 동시에 민주주의에서

민주주의 정치에서
갈등이란, 다수의 지지를
결집해 정부를
통제하고자 하는
시민들의 투쟁 과정에서
발생하는 것이자,
다른 한편 민주 시민들이
서로를 고려함으로써
생겨나는 공동체적
합의의 맥락에 의해
제한되는 것이기도 하다.

모든 인간이 평등하다는 말 속에는 이들 가운데 다수가 공동체의 의사를 결정할 수밖에 없다는 의미가 함축되어 있다. 그리고 다수는 때때로 개개인의 존엄과 권리를 구속할 수도 있다. 그럼에도 불구하고, 샤츠슈나이더는 명백히 다수지배 원칙을 지지했고, 권력분립과 같이 소수의 제도화된 거부권은 인민의 정부를 가로막는 장애물로 간주했다.[16] 그는 "다수지배 원칙을 무시할 만한 민주적 근거는 어디에도 없다"고 말했다.[17]

샤츠슈나이더의 관점에서 시민의 자유는 다수가 지배하는 민주주의와 모순되지 않는다. 정말이지 언론·출판·결사의 자유는 공동체를 만드는 데 필수적인 요소이다. 이런 자유는 성공적인 민주주의에서는 지속적으로 추구되어야 할 일종의 교육과정으로, 이를 통해 소수는 다수의 지위를 추구하고, 다수는 자신들의 결정에 동의하도록 소수를 설득한다.[18] 한편, 소수의 권리는 민주주의 공동체에 핵심적인 신념에 의해 보호받는다. 즉 평등한 시민이라는 더할 나위 없이 소중한 가치와 동료 시민에 대한 사랑에 기반할 때, 다수는 개개인의 자유를 존중할 수밖에 없는 것이다.

민주주의는 인간 본성에 대한 깊은 통찰, 곧 모든 인간은 잘못을 저지르며 불완전하고 편견을 가지며 누구도 완벽한 진리를 알 수 없다는 인식에 기반을 두고 있다. 이것이 바로 우리가 자유를 필요로 하는 이유이자, 모든 사람의 의견에 귀 기울여야 하는 까닭이다. 자유를 통해 우리는 다른 사람들로부터 배우고, 자신의 한계를 인식하며, 우리의 편견을 교정할 기회를 갖게 된다. 다른 사람들과 의견이 다를 때조차도, 우리는 그들이 선한 동기에서 말한 것으로 생각하고 싶어 한다. 또한 누구에게나 한계가 있음을 알기에, 우리 모두는 다른 사람들을 나쁘게 생각하지는 않을 것이다. 민주주의란 스스로가 옳다고 확신하지 못하는 사람들을 위한 정치체제이다.[19]

타인에 대한 사랑이 자유를 가능하게 하며, 자기 자신의 한계에 대한 인정은 자유를 필수적인 것으로 만든다는 말이다.

민주주의란 스스로가 옳다고 확신하지 못하는 사람들을 위한 정치체제이다.

시민과 민주주의

샤츠슈나이더는 개개인의 가치를 고귀하게 여겼지만, 그렇다고 해서 민주주의 체제의 시민에 대해 어떤 급진적인 입장을 가졌던 것은 아니다. 그는 민주주의 체제의 시민을 슈퍼맨으로 묘사하는 데 반대했다. 시민의 의무를 정의하는 문제는 상당히 까다로운데, 그 이유는 "현대 민주주의가 등장하기 전에 …… 민주주의에 대한 논쟁이 먼저 나타났고, 현대 민주주의가 실제 작동하는 것을 경험하기 훨씬 전에 민주주의에 대한 주요 입장들이 먼저 존재했"기 때문이다.[20] 그 결과 국민국가가 등장한 상황에서도 민주주의자들은 계속 고전적 관점에서 사고했고, 민주주의는 여전히 '인민에 의한 통치'로 정의되었다.

그러나 소규모 도시국가에 기반한 고전적 민주주의 모델을 현대 국가에 적용하기는 어렵다. 그리스 민주주의에는 아주 적은 수의 시민들만이 존재했다.* 이들은 다수의 노예 계급 덕분에 정치를 위한 여가 시간을 갖고 있었다. 이슈는 상대적으로 단순했고, 정부 조직 또한 간단했다. 따라서 시민이 직접 정치에 참여할 수 있었다. 그러나 현대 국민국가에는 수백만 명의 시민들이 존재한다. 그들은 생계를 꾸리고 사적인 책무를 다하느라 바쁜 나날을 보낸다. 공적 이슈들은 복잡하고 그 수도 무수히 많다. 정부 구조는 사방으로 퍼져 미로처럼 복잡하게 얽혀 있다. 이런 조건에서 전체 시민이 참가하는 공동체 회의란 불가능하다.

미국에서 민주주의가 부상하던 시기에도 통치에 대한 고전적 관념, 즉 인민주권은 시민이 공적 업무에 직접 참여할 때에만 실현된다는 인식이 여전히 상당한 영향력을 발휘하고 있었다. 장 자크 루소*의 영향력 있는 저작과 뉴잉글랜드 타운회의**의 사

---

* **고대 민주주의에 참여한 시민의 규모** : 고대 아테네 도시국가의 인구수는 학자들마다 다르게 추정하고 있다. BC 4세기경 아티카에는 대략 25만~30만 명이 거주했던 것으로 보인다. 이들 가운데 민회에서 투표할 권리를 가진 성인 남성 시민은 약 3만 명으로 전체 인구의 10~12% 정도에 불과했다. 5세기 중반에는 성인 남성 시민의 수가 6만 명까지 늘어났으나, 펠로폰네소스 전쟁 이후 급격하게 줄어들었다.

* **장 자크 루소**(Jean Jacques Rousseau, 1712~1778) : 『인간 불평등 기원론』과 『사회계약론』 등 현대 정치사상의 고전을 집필한 프랑스의 대표적인 사상가. 국가를 공공선의 실현을 위한 시민들의 자유롭고 적극적인 계약의 결과이자, 시민 전체의 일반의지를 구현하는 기제로 이해했다. 따라서 인민주권은 분할되거나 양도될 수 없다고 보았는데, 이런 관점에서 루소는 현대판 직접 민주주의의 원리를 제창한 대표적인 정치사상가이자 대의제 민주주의의 가장 강력한 비판자로 평가받고 있다.

** **뉴잉글랜드의 타운회의**(town meeting) : 미국 북동부에 위치한 메인·뉴햄프셔·버몬트·매사추세츠·코네티컷·로드아일랜드 등 여섯 개 주에 걸친 지역에서 이루어졌던 직접 민주주의의 한 형태. 1620년 당시 영국에서 메이플라워호를 타고 온 102명의 청교도가 현재의 보스턴 남쪽에 상륙해 이곳에서 식민지 정착촌을 형성한 데서 비롯되었다. 타운은 보통 시(city)와 군(county)이 결합된 형식을 띠는데, 여기에 속한 주민들은 매년 1회 이상 타운회의를 개최해 공적 문제를 토론하고 결정했다. 식민지 시대 및 독립전쟁을 전후한 시기에 큰 역할을 했으나 점차 그 영향력이 줄어 오늘날에는 일부 지역에서 형식적으로만 남아 있다. 타운회의와 민주주의의 상관성에 대한 논쟁은 미국의 국가 형성기부터 지속되어 왔다. 반연방주의자들은 타운회의의 전통과 원리를 옹호한 반면, 메디슨 등의 연방주의자들은 대규모 국가를 운영하기에 적합하지 않다며 비판적인 태도를 취했다. 한편, 토크빌은 시민 참여의 의무와 개인들의 이익을 양립시킬 수 있는 자발적 정치 결사체의

례, 그리고 '인민에 의한 통치'라는 이미지를 끊임없이 상기시켰던, 링컨 같은 존경받는 정치가들의 수사rhetoric*가 이를 뒷받침했다.[21] 정치사상가들은 현대 민주주의에 적합한 시민의 역할을 모색하지 못했고, 결과적으로 이는 정치 이론의 발전에 재난에 가까운 결과를 초래하고 말았다. "철학자들은 스스로 통치하는 이 새로운 권력을 인민이 실제로 사용할 수 있다는 것을 너무나 확신했기 때문에, 민주주의에 관한 대부분의 논쟁은 일반 대중이 공적 업무를 관장할 능력이 있느냐 없느냐의 문제에 집중되었다. 이 쟁점으로 인해 엄청난 양의 잉크가 낭비되고 말았다 ……."[22]

여론조사의 등장과 함께 대중의 통치 능력을 둘러싼 논쟁은 민주주의를 부정하는 방향으로 진행되었다. 여론조사 전문가들은 각료나 주요 정치인들보다 스포츠 선수나 인기 영화배우를 아는 시민들이 더 많다는 사실을 발견했다. 이들의 조사에 따르면, 자기 지역구 국회의원의 이름을 아는 응답자는 43%에 머물렀고 그 국회의원이 어떤 법안에 대해 어떻게 투표했는지 등을 아는 응답자는 19%에 불과했다. 대중은 공적 업무를 관장할 만한 능력이 없다는 주장을 입증한 셈이다.

샤츠슈나이더는 이런 식의 여론조사가 왜곡된 해석을 낳는 까닭은, 정확히 그 조사가 암묵적으로 전제하고 있는 가정 때문이라는

모델로 평가한 반면, 많은 비판적 역사학자들은 실제 타운회의의 결정은 강력한 사적 이익에 의해 주도되었으며 시민들의 자발적 참여도 점차 줄어들었음을 강조했다. 현재는 참여민주주의를 강조하는 지방자치의 한 사례로 인용되고 있다.
*링컨 대통령이 1863년 11월 게티즈버그 국립묘지 설립 기념식 연설에서 언급한 "인민의, 인민에 의한, 인민을 위한 정부"라는 말은 오늘날까지도 민주주의를 상징하는 의미로 받아들여지고 있다.

점을 지적했다. 『절반의 인민주권』에서 그는 "인민이 너무 무식해서 여론조사원이 묻는 질문을 제대로 이해하고 답할 수 없기 때문에 민주주의는 실패작"이라는 식으로 해석되는 것을 비판했다. "이는 정치체제에 교수들에게나 해당되는 높은 지적 수준의 기준을 부과하는 교수 같은 발상이자, 매우 비판적으로 다뤄져야 할 생각이다. …… 전체 인류에게 낙제점을 줄 지위에 있다고 가정하는 이들 자칭 검열관들은 도대체 누구란 말인가? …… 인민을 위해 민주주의가 만들어졌지, 민주주의를 위해 인민이 만들어진 것은 아니다. 민주주의는 평범한 사람들을 위한 것이다. 학자연하는 이들이 인민의 자격을 인정하든 말든 상관없이, 민주주의는 평범한 사람들의 요구에 민감하게 반응하도록 고안된 정치체제이다."[23]

샤츠슈나이더는 낙제점을 받아야 할 사람은 민주 시민이 아니라 오히려 정치학자와 철학자들이라고 주장했다. "여기서 위기는 민주주의의 위기가 아니라 이론의 위기이다."[24] 미국 상원의원이 정치를 생각하는 그런 방식으로 유권자들 또한 정치에 대해 생각할 수 있도록 민주주의가 모든 사람을 교육하고 그들로 하여금 정치에 관심을 갖게 해야 한다고 말한다면, 그것은 상식을 벗어난 주장이 아닐 수 없다.[25]

시민들에게 그렇게 요구해야 한다는 주장과 이를 뒷받침하는 모든 이론은 현대인들이 영위하고 있는 삶의 현실을 부정하는 오류를 범하고 있다. 사람들은 자신이 알아야 할 것과 알 필요가 없거나 알 수 없는 것을 구분하면서 현대 세계를 살아가고 있다. 각자의 삶 속에서 사람들은 "끊임없이 약사와 의사, 조종사와 은행원, 기술자와 배관공, 전문가와 법률가 등을 신뢰해야 한다.

인민을 위해 민주주의가 만들어졌지, 민주주의를 위해 인민이 만들어진 것은 아니다. 민주주의는 평범한 사람들을 위한 것이다. 학자연하는 이들이 인민의 자격을 인정하든 말든 상관없이, 민주주의는 평범한 사람들의 요구에 민감하게 반응하도록 고안된 정치체제이다.

텔레비전을 구입하기 위해 텔레비전의 제조 방법을 배울 필요는 없다는 점을 사람들은 잘 알고 있다."[26]

마찬가지로 인민이 실제로 통치하는 데 필요한 충분한 지식을 갖추기는 어렵다. 정말이지 "그 누구도 정부를 운영할 만큼 충분히 많은 지식을 가질 수는 없기에, 무지의 문제를 해결하는 것은 불가능하다."[27] 관료라고 해도 보통 시민들보다 조금 더 많이 알 뿐이다. 전문가라는 사람들도 제대로 된 시민권 자격시험을 치른다면 떨어질 수 있다. "전문가조차도 어느 한 분야에 관해서는 전부를 알고자 하면서도 그 밖의 많은 것들에 대해서는 무지하기를 선택한 사람들일 뿐"이기 때문이다.[28] 그러므로 공적 업무와 관련한 시민의 역할은 사적 문제의 경우와 다르지 않다. 공적 업무에서든 사적 문제에서든, "우리가 어떻게 살아가는가 하는 문제는 다른 사람들이 알고 있는 것들을 어떻게 활용할 것인가와 관련되어 있고, 이는 그들이 만들어 낸 결과를 바탕으로 사태를 판단하고 사람들과의 관계에서 신뢰와 책임을 형성할 수 있는 능력에 달려 있다."[29]

따라서 민주주의는 다시 정의될 필요가 있다. 그것은 복잡한 현대 세계에서 보통 시민이 알 수 있고 할 수 있는 것, 기꺼이 알고자 하며 하고자 하는 것과 양립할 수 있어야 한다. 이 경우 "피치자의 동의에 의한 통치"라는 제퍼슨*의 민주주의 정의는 "인

피치자의 동의에 의한 통치라는 제퍼슨의 민주주의 정의는 인민에 의한 통치라는 고전적 정의보다 훨씬 더 현실적이다.

---

* **토머스 제퍼슨**(Thomas Jefferson, 1743~1826) : 미국의 3대 대통령(1801~1809). 1776년 미국 독립선언서를 기초했을 뿐만 아니라 오늘날 미국 정당체제의 기반을 놓았던 인물. 1792년 제임스 매디슨과 함께 민주당의 기원이라 할 수 있는 민주공화당을 만들었다. 당시 제퍼슨이 정초했던 정당의 이념과 정책은 현재까지도 미국 정당들에 큰 영향을 미치고 있다.

민주주의는 우리가 하는
다른 모든 일과
마찬가지로, 무지한
사람들과 전문가들이 함께
하는 협력의 한 형식이다.
이런 협력체제는
추종자뿐만 아니라
지도자도 필요로 하며,
직접 민주주의보다는
대의제 민주주의를,
참여보다는 선택을 더
많이 수반할 수밖에 없다.

민에 의한 통치"라는 고전적 정의보다 훨씬 더 현실적이다.[30] 민주주의는 "우리가 하는 다른 모든 일과 마찬가지로, 무지한 사람들과 전문가들이 함께 하는 협력의 한 형식이다."[31] 이런 협력체제는 추종자뿐만 아니라 지도자도 필요로 하며, 직접 민주주의보다는 대의제 민주주의를, 참여보다는 선택을 더 많이 수반할 수밖에 없다. 따라서 현대 국민국가에서,

> 민주주의는 지도자들과 조직들이 공공정책에 대한 대안을 가지고 경쟁함으로써 일반 대중이 정책 결정 과정에 참여할 수 있게 되는 일종의 경쟁적 정치체제이다.……
> 갈등·경쟁·조직·리더십·책임성은 현실에서 작동하는 민주주의를 정의하는 데 있어 핵심적인 구성 요소들이다.[32]

샤츠슈나이더는 이와 같은 현대 민주주의의 '현실적 정의'를 일관되게 견지하면서, 조직과 리더십의 제도적 형태인 정당과 이익집단, 그리고 갈등과 변화의 과정에 관한 저술에 평생을 바쳤다.

정당, 이익집단, 그리고 민주주의

자신의 연구 활동을 평가하면서 샤츠슈나이더는 이렇게 말한 적이 있다. "내가 나의 학문 분야에서 이뤄 낸 가장 중요한 일을 꼽으라면, 그것은 현재 활동하고 있는 그 누구보다도 더 오랫동안 더 열심히 더 일관되게 더 열정적으로 정당에 대해 말해 왔다는

사실이라고 생각한다."[33] 지나치게 겸손한 자평이지만, 이 말은 정당이야말로 민주주의를 가능하게 하는 조직과 리더십의 핵심 제도라는 그의 믿음을 반영하고 있다. 그에 따르면, 정당은 "다른 조직과 달리 공직 후보를 지명하고 그들을 공직에 선출함으로써 정부를 통제하는 역할을 한다. 이 조직의 목표는 선거에서 승리해 권력을 획득하는 데 있다."[34] 이것은 다수에 의한 통치 과정을 가리키는 것으로, 다수의 지지를 통해 권력을 위임받은 정당은 통치를 위한 권위와 정당성 모두를 주장할 수 있게 된다.

정당과는 매우 대조적으로, 이익집단은 "상대적으로 협소하고 특수한 과제를 달성하고자 하며 정부 정책의 특정 사안에 영향을 미치고자 하지만, 통치권력 일반을 획득하려는 목표를 갖지는 않는다."[35] 이들 조직은 다수의 지지를 조직하지 않으며, 어떤 민주주의에서든 이익집단이 통치권력을 요구하는 것은 정당성을 갖지 못한다. "이익집단이 활용하는 전술의 두드러진 특징은 선거에서 승리하고자 노력하지 않는다는 것뿐만 아니라, 그에 더해 다수를 설득하고자 시도하지 않는다는 데 있다. …… 이익집단 정치는 다수지배를 어렵게 하는 한 방식이다."[36] 이런 견해로 인해 샤츠슈나이더는 이익집단론자 혹은 다원주의자로 통칭되는 일군의 미국 정치학자들과 논쟁을 벌였는데, 그들은 이익집단 정치를 미국 내에 존재하는 수많은 이익들의 표명으로 높이 평가하면서 이익집단 간 연합에 의한 통치체제로서 다원주의가 인민을 대표할 뿐만 아니라 다수의 전제까지도 막게 해준다고 믿었다.

'이익집단론자들'*에 대한 샤츠슈나이더의 경멸은 특히 『절반

"내가 나의 학문 분야에서 이뤄 낸 가장 중요한 일을 꼽으라면, 그것은 현재 활동하고 있는 그 누구보다도 더 오랫동안 더 열심히 더 일관되게 더 열정적으로 정당에 대해 말해 왔다는 사실이라고 생각한다."

의 인민주권』에 잘 나타나 있다. 그는 이익집단 체제의 친기업적 경향과 상층계급 편향성을 강하게 비판했다.[37] 그는 정치학 분야의 자료를 효과적으로 활용해, 기업과 상층계급이 좀 더 쉽게 조직화해 정치에 영향을 미칠 수 있다는 사실을 보여 주었다. 또한 그들은 돈이나 명성과 같은 정치적 자원을 좀 더 많이 보유하고 있으며, 그들 가운데서도 소수만이 이익집단 정치를 지배하는 경향이 있다는 사실을 보여 주었다. "다원주의가 지향하는 천국의 문제는 천상의 합창에서 상층계급의 목소리가 가장 크게 들린다는 것이다. 대략 보통 시민의 90% 정도는 그런 이익집단 체제에 들어갈 수가 없다."[38]

샤츠슈나이더가 관세에 관한 저명한 연구에서 분명하게 지적했듯이, 특수이익집단의 전술은 민주주의를 왜곡하고 다수지배의 원칙을 훼손한다.[39] 의회 청문회가 고시되고 진행되는 방법은 기득권을 가진 로비스트들에게 유리하다. 특권적 지위에 있는 집단들은 종종 의원들로부터 입법과정에 관한 은밀한 정보를 얻곤한다.[40] 이익집단들은 자기 회원의 규모가 엄청나다거나 내부의 의견이 일치되어 있다고 과장하지만, 이에 대해 의회가 문제를 제기하는 경우는 드물다.[41] 그리고 이들 단체의 대변인은 자주 회원 전체가 승인한 적도 없는 입장을 의회에 표명하기도 한다.[42]

---

* **이익집단론자**(groupist) : 이익집단을 민주주의의 핵심적 토대로 간주하는 일군의 학자들을 일컫는 말. 그들은 이익집단을 특정한 이익이나 가치, 목표를 공유하는 개인들의 집합체로 보고, 이들 집단의 상호 작용을 통해 형성된 다수의 이익이 곧 정부 정책으로 결정된다고 이해했다. 그들의 관점에 따르면, 정치란 이익집단들이 상호 경쟁과 연합을 통해 정책을 산출하는 과정이며, 정부나 국가는 단지 이들 집단이 상호 작용하는 장(場)이거나 그들의 활동을 감독하는 중립적 존재로밖에 인식되지 않는다. 대표적인 이익집단 이론가로는 아서 벤틀리(Auther F. Bently), 데이비드 트루먼(David B. Truman), 얼 라탐(Earl Latham), 그리고 초기 로버트 달(Robert Dahl) 등이 있다.

그러나 가장 중요한 문제는 정치가 특수이익들 간의 갈등으로 이루어져 있다는 이익집단 이론가들의 가정이다. 이에 대해 샤츠슈나이더는 "미국이라는 리바이어던*을 사육하는 데 필요한 식단에는 잡다하고 이질적인 특수이익들 이상의 무언가가 있다"고 비판했다.[43] 국가의 운영에는 공적 이익이라는 것 또한 존재한다. 그것은 무엇보다도 "사적 이익들 간의 공정한 경쟁을 보장하려는 공동의 이해"를 포함하며,[44] "민주주의의 존속에 필요한 '합의', 즉 공동체 구성원들이 공유하는 의견"을 포괄한다.[45]

그러나 이와 같이 합의된 민주적 게임 규칙 외에 국가의 존속과 직결된 특정 이슈 영역에서도 광범위한 공적 이익이 존재한다. "(경제 안정화, 인플레이션 통제, 전시 경제 동원, 방위정책과 외교정책의 통합 등에서 볼 수 있는) 현대 공공정책의 특성은 새로운 종류의 정치를 만들어 내고 있다. …… 현대 정치의 뚜렷한 특징은 그것이 특수이익들 사이의 갈등보다는 공적 이익을 둘러싼 갈등에 기반을 두고 있다는 점이다. 이런 의미에서 정치의 주된 기능은 공적 이익을 보호하는 것이다."[46] 물론 이런 공적 이익이 고정되어 있거나 확정되어 있는 것은 아니다. 왜냐하면 공적 이익을 확인하는 최선의 방법에 대해 시민들은 서로 다른 견해를 가지고 있기 때문이다.[47] 그럼에도, 공적 이익은 이익집단 이론이나 그들의 활동을 특징짓는 협소한 자기 이익 추구의 관점이

---

*리바이어던(Leviathan) : 구약성서에 나오는 바다 괴물. 정치철학자 토머스 홉스가 '리바이어던'이라는 제목의 책을 통해 자신의 국가론을 체계화한 이래, 이 말은 국가를 일컫는 비유어로 사용되고 있다.

아니라 공동체 구성원 전체를 위한 최선의 정책을 고려하는 시민들의 의견을 의미한다.

이익집단 정치의 대안은 정당 정치이다. "정당정부야말로 민주주의의 훌륭한 원리이다. 왜냐하면 정당은 다수의 동원에 적합한 특수한 형태의 정치조직이기 때문이다."[48] 정당은 정책 강령을 만들어야 하고, 그것을 시민에게 제시해야 하며, 선거를 통해 권력을 위임받으면 이를 실행해야 한다. 대규모 국민국가에서 실현되는 현대의 대중 민주주의에서 "시민은 '예' 혹은 '아니오'라는 두 단어로 자신의 의사를 표현하는 주권자이다. 게다가 이 주권자는 누군가 말을 걸 때에만 자신의 의사를 표현할 수 있다."[49] 이때 유권자가 찬성하거나 반대한다고 답할 수 있는 안건을 제시하는 것은 정당의 몫이다. 나아가 유권자를 위한 정당의 이런 역할은 '피치자의 동의'에 기반을 둔 민주주의 모델과 잘 부합하며, 대중 민주주의에서는 불가능한 '인민에 의한 통치'를 요구하지도 않는다.

이미 잘 알려져 있는 샤츠슈나이더의 정당 개혁안은 위와 같은 명제에 바탕을 두고 있다.* 그가 보기에, 미국 정당들은 "공직 후보자를 선출하는 기능은 효과적으로 수행하고 있지만, 정부를 제대로 운용하지는 못하고 있다. 그들이 공직에 선출해 놓은 사람들을 효과적으로 동원하지 못하고 있기 때문이다."[50] 정당이 공직자를 선출하는 데 머무를 뿐 정책 강령을 수립하고 실현하지 못한다

---

* 이 개혁안은 1950년 당시 미국정치학회 정당분과위원회의 보고서 형태로 발표된 바 있다. 주 55)를 참조.

면, 시민은 온전한 주권자가 아니라 절반의 주권자일 수밖에 없다. 이 경우 시민은 정부를 통제할 수 없다.

샤츠슈나이더는 미국의 정당 정치가 실패한 원인을 다음과 같은 요인들에서 찾았다. 첫 번째는 전국적인 이슈보다는 특수 이익에 관심을 집중하도록 만드는 미국의 지역주의*와 지방주의localism이다. 두 번째 요인은 정당 지도자들로 하여금 시민이 위임한 정책 강령 대신 자기 이익을 추구하게 만들었던 후원-수혜 patronage 구조이다. 세 번째는 "미국 헌법 속에 내장된 반反정당적 요소인" 권력분립으로, 그것은 정당이 정부를 장악하고 관장하는 것을 어렵게 만들었다.[51] 이 밖에도 의회 내 연공서열제**,[52] 지역 보스들이 주로 통제했던 전당대회를 통한 후보 지명,[53] 그리고 예비선거제도*** 역시 미국 정당 정치의 발전을 저해한 요인이라 할 수 있다. 특히 예비선거제도는 비공식적 지지 동원 조직인 정치머신****에 의해 관리되지 않을 경우 유권자들의 영향력

---

* **지역주의**(sectionalism) : 미국의 지역주의와 관련하여 사용되는 섹션(section)이라는 말은 통상 북부와 남부, 서부의 광역 지역을 의미한다. 이들 광역 지역 간 갈등은 건국 이래 섹션별로 두드러진 차이를 보였던 경제적 특성에서 비롯되었다고 할 수 있으며, 특히 19세기 중반 이후 노예제 문제, 남북전쟁, 산업화의 불균등 발전을 거치면서 더욱 첨예하게 나타났다.

** **연공서열제**(seniority system) : 의회의 상임위원회에서 다수당 의원들 가운데 최다선 의원이 자동적으로 상임위 위원장을 맡는 관행.

*** **예비선거제도**(primaries) : 정당을 대표하는 공직 후보를 지명하기 위해 본 선거 이전에 실시하는 선거. 많은 경우 정당의 당원뿐만 아니라 일반 유권자도 투표에 참여할 수 있다. 이 제도는 20세기 초 정당 개혁의 일환으로 도입되었고 그 뒤로 이를 채택하는 주가 계속 늘어났다. 그러나 이 제도는 인물 중심의 선거운동과 무차별적 대중 동원을 강화하는 효과를 통해 정치자금이 풍부한 개인 후보에게 좀 더 많은 기회를 제공하는 한편 정당 조직을 약화시키는 결과를 초래했다.

**** **정치머신**(political machines) : 19세기부터 20세기 초반까지 미국 지방 정치를 무대로

을 축소시키는 효과를 발휘했다. 이는 당원 여부와 상관없이 누구나 예비선거에 참여할 수 있게 함으로써, 당의 명칭과 그 강령을 통해 투표장에서 효과적으로 '예' 혹은 '아니오'로 답할 수 있도록 하는 정당 조직과 리더십을 부정했기 때문에 나타난 결과이다.[54]

샤츠슈나이더는 자신의 저작과 그가 위원장을 맡았던 미국정치학회 정당분과위원회의 보고서를 통해,[55] 정당정부의 실현을 막는 이런 장애물을 극복하기 위해서는 미국 정치의 구조와 제도에 많은 변화가 필요하다는 점을 분명히 했다. 종종 도발적이기까지 했던 이런 제안들은 실현되지 못했다. 그러나 정당 개혁안의 구체적 내용보다 더 중요한 것은 미국 정치의 여러 조건들이 정당정부의 실현에 긍정적인 방향으로 변화할 것이라는 샤츠슈나이더의 믿음이었다. 지역주의의 쇠퇴,[56] 낡은 방식의 머신 정치의 소멸,[57] 지역 구도를 대체하는 계급 정치의 부상,[58] 조직 노동으로 대표되는 전국 단위 이익집단의 발전, 이들과 특정 정당 간 상시적 연합의 형성,[59] 그리고 전국적 영향력을 갖는 고용 정책 및 외교 문제와 같은 이슈들의 출현[60] 등은 이슈 중심적이

이권을 제공하고 그 대가로 지지표를 얻는 활동을 주로 했던 비공식 정치조직을 일컫는다. 정치머신의 활동이 두드러졌던 시기는 산업화와 함께 이민자들이 미국으로 대거 유입되고 농촌 인구가 급속히 도시로 이주했던 때로, 당시 도시의 행정 체계는 이에 적절히 대응할 만한 조건을 갖추지 못하고 있었다. 이런 상황에서 정치머신은 이민자나 하층민에게 직장을 알선해 주거나 집세를 대신 흥정해 주는 등의 편의를 제공하는 대가로 선거에서 자신들을 지지해 줄 것을 요구했다. 이런 방식을 통해 정치머신은 하층민이 정치에 참여할 수 있는 주요 통로 역할을 담당했다. 이들 정치머신은 비민주적인 조직이었지만 최소한 유권자의 요구에 반응하고자 했으며, 부패했지만 거대 이익집단들의 요구를 통제하는 기능을 수행하기도 했다. 대표적인 정치머신으로는 뉴욕의 태머니홀(Tammany Hall) 머신과 시카고의 데일리(Daley) 머신을 들 수 있다.

고, 전국적 기반을 가지며, 책임성 있는 양당제가 건설될 수 있는 토양이 되었다.

마지막으로 샤츠슈나이더는 "미국에서 정당정부의 발전을 가로막는 가장 큰 장애물은 법적인 것이 아니라 지적인 것이며, 일단 상당수의 시민들이 이 문제를 이해하게 되면 현행 헌법 하에서도 정당정부를 발전시킬 방법을 찾을 수 있다"고 생각했다.[61] 그러나 정당 개혁을 위한 구체적인 제안들과 마찬가지로, 시민이 정당을 신뢰하게 될 것이라는 그의 기대 역시 지난 수십 년에 걸쳐 좌절되고 말았다. 그럼에도, 샤츠슈나이더가 예견했던 정치적 조건의 변화로 인해 정당은 좀 더 이슈 지향적이고 좀 더 강한 이데올로기적 응집력을 갖게 되었으며, 유권자들 또한 양대 주요 정당이 이데올로기적으로 서로 다른 입지에 있음을 인식하게 되었다.[62] 특정 정책을 추진하기 위해 정부 내에서 정당을 동원할 수 있는 조직적 역량은 여전히 갖추고 있지 못하지만, 두 정당 모두 이데올로기적 응집력을 높이면서 주요 이슈들에 대해 서로의 차이를 더욱 뚜렷하게 드러내 왔기 때문에 미국의 정당은 샤츠슈나이더가 촉구했던 방향으로 발전해 왔다고 할 수 있다.

갈등의 민주적 역동성

샤츠슈나이더가 이익집단 중심의 정치를 반대한 까닭은, 그것이 친기업적이고 상층계급과 소수에게 유리한 편향성을 갖기 때문이기도 하지만 동시에 정치를 정태적인 것으로 이해하는 숨겨진 가정 때문이기도 했다. 그는 "이익집단 체제가 자동적으로 공동체 전체를 대표하게 된다"는 신화를 비판했으며,[63] 정치를 "경쟁하는 집단들 간의 '힘의 균형'"으로 이해하는 데에도 반대했다.[64] 이익집단 이론은 "힘의 균형 상태를 처음부터 고정되어 있는 것으로 가정"하면서 갈등이 만들어 내는 역동성을 무시한다는 것이다.[65]

샤츠슈나이더는 "정치가 갖는 역동성의 기원은 투쟁(갈등)에 있다"고 주장했다.[66] 그리고 정치의 과정과 결과는 모두 갈등을 구성하는 네 가지 차원에 달려 있다고 보았다. 첫 번째는 갈등의 범위scope, 곧 누가 그리고 얼마나 많은 사람이 갈등에 관여하는가이다. 새로운 참여자가 투쟁에 들어오면 힘의 균형이 변하고 그 결과 또한 달라진다.[67] 갈등의 범위는 갈등의 '사사화'privatization와 '사회화'socialization라는 상호 대립하는 경향으로 나누어 볼 수 있다.[68] 사적인 갈등은 공적 권위의 개입 없이 해결된다. 아마도 그것은 경제적 차원의 경쟁, 사적 제재, 협상 등의 방법으로 해결될 것이다. "사적인 갈등에서 경쟁자들 간 힘의 관계는 불평등하기 마련이므로, 당연히 가장 강력한 특수이익은 사적인 해결을 원한다. 외부의 개입 없이 갈등이 사적인 채로 남아 있는 한, 강자가 갈등의 결과를 결정할 수 있기 때문이다. …… 갈등을 사회화하고자 하는 사람, 즉 힘의 균형이 변할 때까지 더욱더 많은 사람들을 갈등에 끌어들이고자 하는 사람들은 약자이다."[69]

자유로운 사회에서 정부 활동에 관여하는 것은 그리 어려운 일이 아니기 때문에, 민주주의에서 "약자들이 정부를 향해 요구

사적인 갈등에서 경쟁자들 간 힘의 관계는 불평등하기 마련이므로, 당연히 가장 강력한 특수이익은 사적인 해결을 원한다. 외부의 개입 없이 갈등이 사적인 채로 남아있는 한, 강자가 갈등의 결과를 결정할 수 있기 때문이다. …… 갈등을 사회화하고자 하는 사람, 즉 힘의 균형이 변할 때까지 더욱더 많은 사람들을 갈등에 끌어들이고자 하는 사람은 약자이다.

하는 일은 늘 나타나기 마련이다."[70]

많은 미국적 가치들, 예를 들어 기업 활동의 자유, 개인주의, 사생활 보호와 같은 가치들은 갈등의 사사화를 옹호한다. 이에 반해 "평등, 공존, 법의 동등한 보호, 정의, 억압으로부터의 자유, 이동의 자유, 언론 및 결사의 자유, 시민권" 등의 이상은 갈등의 사회화를 지지한다.[71] 민주주의는 갈등의 사회화를 가능케 하는 가장 커다란 힘이다. 왜냐하면 그것은 전체 시민에게 그들이 개입하기를 원하는 모든 갈등에 관여할 수 있도록 하기 때문이다.

갈등의 두 번째 차원은 가시성visibility이다.[72] 가시적인 이슈일수록 갈등이 발생할 가능성이 높다. 역사적으로 미국 정부는 조정자로서의 기능 내지 "고통스럽지 않을 정도의" 조세를 강조하면서 최소한의 역할에 머물러 왔다. 그러나 전쟁과 평화에 대한, 그리고 경제에 대한 정부의 책임성 증대, 통치 과정의 변화, 새로운 양식의 정치투쟁으로 인해 정부가 실행하는 공적 조치들의 가시성이 높아졌고 그 결과 이를 둘러싸고 더욱더 큰 갈등이 야기되었다.

강도intensity 또한 갈등의 한 차원을 구성한다.[73] 과거 미국 정치에 대해 얘기할 때, 일반 대중은 공적 문제에 무관심한 것으로 전제되곤 했다. 그러나 이제 사람들은 전쟁이나 외교, 인권, 경제정책과 같은 큰 이슈들에 대해 많은 관심을 갖게 되었다. 따라서 이를 둘러싼 갈등의 강도는 더욱 높아졌다.

마지막으로 갈등의 방향direction이 있다. 수많은 갈등이 발생하면서, 각각의 갈등은 사람들을 서로 다른 분파·정당·계급 등으로 분열시킨다.[74] 그러나 샤츠슈나이더는 '갈등들 간의 균등성',

즉 갈등들이 비슷한 강도로 서로에게 동등한 영향을 미치고 이로 인한 상호 상쇄 효과 때문에, 이 "공동체 내의 모든 적대가 완화되고 긴장도가 낮은 체제를 만들어 낼 가능성"은 거의 없다고 보았다.[75] 어떤 갈등은 다른 갈등을 대체하게 되는데, 그 이유는 (기존 갈등을 대체한) 전자의 갈등이 더 가시적이고 강도가 높기 때문이다. 그러므로 수많은 갈등들 속에 놓여 있는 우리로서는 갈등에 우선순위를 부여하면서 가장 중요한 갈등을 가지고 싸워야만 한다. 일단 우선순위가 높은 갈등을 중심으로 분획선이 그어지면, 양 진영에 속한 사람들은 각자 통합되는 경향이 있다. 우선순위가 높은 이슈에 힘과 관심이 쏠리면서, 우선순위가 낮은 갈등은 사람들의 시야에서 사라진다. 그러므로 덜 중요한 이슈에서는 서로 견해가 다르더라도, 주요한 갈등에 의해 분획된 각 진영 내부의 사람들은 응집되는 경향을 보이게 된다.[76] 이를 통해 어느 정도 지속적인 다수파 연합과 소수파 연합이 부각되면서 정치도 안정성을 띠게 되는 것이다.

물론 갈등의 차원들은 서로 연관되어 있다. 사람들은 자신이 잘 알고 관심이 가장 많은 이슈에서 찬반양론을 정하기 때문에, 가장 가시적이고 강도가 높은 갈등이 갈등의 전반적인 방향을 결정하는 경향이 있다. 가시성과 강도는 정치의 범위도 결정하는데, 사람들은 어떤 이슈에 대해 알고 거기에 관심을 가질 때에만 이를 둘러싼 갈등에 참여하기 때문이다. 한편 갈등의 방향 또한 갈등의 범위에 영향을 미친다. 왜냐하면 사람들은 정치에서의 주요 균열*이 자신과 별반 상관이 없다고 생각한다면 거기에는 관여하지 않을 것이기 때문이다.

정치 전략을 결정하는 것은 바로 이 갈등의 차원들이다. 일단 특정 방향의 갈등이 정해지면, 다수파의 지도자들은 자신의 연합을 유지하기 위해 그 갈등이 만들어 낸 균열을 계속해서 이용하고자 한다. 만약 반대파가 순순히 그와 같은 갈등의 방향을 수용한다면, 정치체제는 상대적 안정성을 유지하게 될 것이다. 그러나 다수파가 되고자 하는 반대파는 '갈등의 대체' 전략을 추구할 수도 있다. 그것은 다수파 연합 내에 잠재되어 있는 갈등을 불러일으킬 만한 이슈들을 동원하면서 그 갈등의 강도와 가시성을 높여 궁극적으로 지배 연합을 분열시키는 전략이다. 갈등의 대체는 갈등의 범위 또한 변화시킨다. 새로운 방향의 갈등이 부상함으로써 이전과는 다른 사람들이 싸움에 가담하는 반면, 이전의 갈등에 참여했던 사람들 가운데 일부는 새로운 이슈에 대해 별 관심을 갖지 않기 때문이다.

그러므로 갈등의 대체 혹은 치환, 즉 새로운 갈등을 불러들여 기존 갈등을 대체하는 것은 정치 전략의 핵심 중의 핵심이다. 최근 공화당은 인종, 복지, 범죄, 저항운동, 신세대 생활양식 등의 이슈들을 활용해, 뉴딜 이래 경제 이슈를 중심으로 전국적인 지지 연합을 조직해 수적 우위를 점했던 민주당 연합을 분열시키고자 노력해 왔다.[77] 실제로 1972년 리처드 닉슨*은 그런 전략

---

* **균열**(cleavage) : 사회 구성원들 사이의 집단적 갈등과 대립을 야기하거나 야기할 가능성을 지닌 사회적 구분을 의미하는 개념으로, 정치학에서는 정당체제의 유형적 특징을 만들어 내는 사회적 갈등라인 혹은 분획선을 의미한다. 균열에 관한 좀 더 상세한 설명은 최장집, 『민주화 이후의 민주주의』, 38쪽 참조.

* **리처드 닉슨**(Richard Nixon, 1913~1994) : 미국의 37대 대통령(1969~1974, 공화당). 1974년 8월 워터게이트 사건으로 대통령직을 사임함으로써 미국 역사상 최초로 임기 중에 사임한 대

을 추진하는 데 성공했다. 전통적으로 민주당이 주도했던 사회복지나 경제정책 이슈보다는 사면·낙태·마약 등의 이슈를 민주당 맥거번-슈라이버*후보와 관련시킴으로써 민주당을 지지했던 '노동계급'의 표를 빼앗아 왔던 것이다. 이에 대한 민주당의 대항 전략은 사회적 이슈를 폄하하면서 경제적 이슈가 선거 정치의 주요 균열로 유지되도록 하는 것이었다.[78]

정치 지도자와 정당은 갈등의 가시성과 강도를 높이고 갈등의 방향을 결정하는 이슈를 제기함으로써 갈등을 조직하는 책임을 갖고 있다. 이에 반해 이익집단들은 그런 방식으로는 활동하지 않을 것이다. 왜냐하면 그들 가운데 가장 강력한 집단은 갈등의 사사화를 선호하기 때문이다. 이념적 지향이 없는 낡은 정당들 또한 갈등을 조직하는 데 실패했다. 미국인들 대다수와 관계가 있는 중요한 '공적 이익'에 관한 이슈들을 제기하지 못했기 때문이다. 그 결과 많은 미국인들이 선거를 무시하게 되었다. 1972년 선거에서 투표하지 않은 사람의 수는 6천3백만 명에 달할 정도였다. "투표 불참의 문제는 미국 정치에서 대안이 정의되는 방식, 이슈가 대중에게 수용되는 방식, 경쟁과 조직화의 규모, 그리고 무엇보다도 어떤 이슈가 주도권을 갖느냐 하는 차원에서

통령이 되었다.

* **맥거번-슈라이버**(McGovern-Shriver) : 1972년 대통령 선거 당시 공화당 정·부통령 후보였던 닉슨-애그뉴(Nixon-Agnew)에 맞서 출마했던 민주당 정·부통령 후보. 당시 이들이 내걸었던 주요 공약에는 베트남전쟁의 종식과 빈민들을 위한 최저생계비 보장이 포함되어 있다. 1972년 선거는 미국 역사상 가장 압도적인 차이를 보여 준 대표적인 선거 가운데 하나로 평가된다. 당시 닉슨과 맥거번은 각각 전체 유권자의 62%와 38%를 획득했으며, 선거인단 수에서도 520 대 17로 닉슨이 압승을 거뒀다.

살펴보아야 한다."[79]

미국의 투표 불참자들은 청년, 빈민, 소수인종 집단에 집중되어 있다. 전통적인 이익집단이나 정책적 일관성이 없는 정당들이 주도하는 정치에서 이들에 대한 관심은 거의 찾아볼 수 없다. 1960년 샤츠슈나이더는 "정치체제에 대한 현재의 거부 수준은 …… 이 체제를 관용의 한계에 다다르게 했다"고 경고했다.[80] 그 후 10년도 지나지 않아 투표 불참자들의 좌절을 결집한 세력들은 소극적인 기권 대신 자신들의 주장을 가지고 직접 거리로 뛰쳐나갔다. "대안을 정의하는 것이야말로 최고의 권력 수단"이다.[81] 정당과 그 지도부는 다수의 사회 구성원들에게 호소력 있는 대안을 정의하지 못함으로써, 그들을 무력한 존재로 전락시켰고 결국 투표라는 민주적 수단을 거부하게 만들었다.

그 후 샤츠슈나이더는 그의 책 『정부를 찾아 나선 2억의 미국인들』에서 다수지배를 기반으로 하는 정치제도의 결정적 역할을 강조했던 자신의 관점을 다소간 수정하고자 했다. "시민의 삶은 정치의 원천이다. …… 정치의 순환은 대개 사적인 영역에서 시작된다. 거의 모든 사람이 사적인 영역에서 자신의 삶을 시작하기 때문이다. 공동체 내의 사적인 삶은 수많은 주장들이 만들어질 수 있는 토양이다. 이들의 연쇄 반응이 감당할 수 없는 상황에 이를 때, 정부가 관여하게 된다."[82]

샤츠슈나이더는 "왜 한 세대가 정치 연구에 적합한 시간적 단위인가?"라는 질문을 던진 바 있다.[83] 그는 "이념ideas이 세상을 지배하기" 때문이라고 답했다.[84] 사적인 주장이 사회화되는 데에는 상당한 시간이 걸리기 때문에, 그 과정에서 나타나는 시간상의 지체는 불가피하기 마련이다. 이념은 설명되어야 하며 공적 영역에 널리 알려져야 한다. 또한 다수의 지지를 획득할 때까지 형성과 재형성을 반복해야 한다. 그뿐만 아니라 자유로운 민주주의 사회에서 소수파는 선거에서 패배한 뒤에도 그 이념에 대한 확신을 부단히 다져 나가야 한다.[85] "사람들이 미국의 정치체제에 대해 좌절감을 느끼는 것은 상당 부분 정치과정에 대한 그들의 견해가 매우 단기적이기 때문이다."[86]

그럼에도 불구하고 리더십과 정당은 여전히 중요하다. 그들은 수많은 사회적 요구들 가운데 대안을 선택하고 이를 시민 대중에게 제시함으로써 갈등의 방향을 잡고, 따라서 갈등의 범위를 결정한다. 미국 민주주의는 샤츠슈나이더가 제기했던 핵심 질문, 곧 "인민은 어떻게 정부를 통제할 수 있는가?"라는 물음을 지금도 회피하고 있다. 리더십이나 조직 그 어느 것도 정치의 가시성·강도·방향을 제시하지 못함으로써 그 범위를 전체 시민으로 확장시키지 못하고 있다. 대중 민주주의가 안고 있는 한계 안에서도, 일관된 대안이 있다면 시민들은 기존의 정책이나 지도자를 거부할 수 있는데, 그런 대안이 여전히 제시되지 못하고 있다. 시민으로부터 위임받은 것을 정부 정책으로 전환하는 과정에는 아직까지도 빈 공간이 남아 있는 것이다. 갈등은 민주주의의 중심적 요소이다. 갈등이 제대로 조직되지 않음으로써 시민이 정부를 통제하지 못하고 있다는 샤츠슈나이더의 경고는, 그의 생전에도 그러했듯이 오늘날에도 생생하게 울려 퍼지고 있다.

갈등은 민주주의의 중심적 요소이다. 갈등이 제대로 조직되지 않음으로써 시민이 정부를 통제하지 못하고 있다는 샤츠슈나이더의 경고는, 그의 생전에도 그러했듯이 오늘날에도 생생하게 울려 퍼지고 있다.

회고

　E. E. 샤츠슈나이더(1892~1971)는 당파성을 가진 최초의 민주주의 철학자였으며, 시민이 정부를 통제할 수 있는 수단을 발견하고 옹호한 정치학자였다. 그의 모든 저술 활동은 이 중대한 목표를 지향했다. 학생들을 가르치는 데도 마찬가지였다. 그는 미국정치학회 회장(1956~1957)을 역임했던 저명한 정치학자였음에도, 처음 잠시 다른 곳에서 학생들을 가르쳤던 경력을 제외한 나머지 기간의 대부분을 웨슬리언 대학에서 학부생들을 가르치는 데 할애했다. 그는 대학원 학생들을 가르치는 학문적 전문성의 좁은 길을 따르기보다는 젊은이들에게 그들이 만들어 나갈 민주주의에 관해 이야기하는 것을 더 좋아했다. 샤츠슈나이더는 젊은이들에게 정치에 참여할 것을 권했을 뿐만 아니라, 학생들의 정부 활동 연수 프로그램을 지원하는 정치교육센터National Center for Education in Politics의 핵심 인사이기도 했다.

　샤츠슈나이더 자신도 미들타운 시 위원회Middletown City Council, 주 선거법위원회State Election Laws Commission, 주 중재·조정위원회State Board of Mediation and Arbitration, 주 사면위원회State Board of Pardons에 참여했다. 그는 정치 활동과 지식인으로서의 삶 모두에서 자신이 가진 확고한 신념을 통해 분명한 족적을 남겼지만, 이런 모든 활동에는 그가 주창했던 민주주의 철학의 기반인 휴머니즘적 태도가 반영되어 있었다. 그가 죽은 뒤 웨슬리언 대학의 동료들은 그를 "미국 정치에 관한 새로운 해석을 개척한 저술가, 존경하지 않을 수 없는 스승, 뛰어난 재담가, 지식인 사회의 귀감, 정치적 행동

주의자"로 평가하곤 했다.[87]

샤츠슈나이더는 이미 잘 알려져 있듯이 이익집단·정당·갈등에 대한 연구에 큰 공헌을 했지만, 그보다 훨씬 더 위대한 유산을 남겼다. 그것은 현대 민주주의에서 시민이 어떻게 정부를 통제할 수 있는가에 대해 우리 스스로 끊임없이 묻고 또 물어야 한다는 그의 고집스런 주장 속에 담겨 있다. 또한 민주주의에 대한 그의 확신을 뒷받침하는 도덕적 신념 속에서도 그의 유산을 발견할 수 있다. 그는 인간 개개인의 고유한 가치를 소중히 여기는 서구의 철학적·종교적 전통을 수용했고, 이런 도덕적 전제에 계몽주의적 신념, 즉 합리적 의사소통을 통해 현명한 집단적 결정을 내릴 수 있는 인간 능력에 대한 믿음을 결합시켰다. 샤츠슈나이더의 모든 정치학은 바로 이런 윤리적 가정 위에서 만들어진 것이다. 그의 저작에서 확인할 수 있는 이런 정조는 그가 다른 사람을 위해 썼던 비문碑文에 가장 잘 나타나 있다.

> 그는 우리가 공적인 일에 관심을 가지며, 정치가 무엇에 관한 것인지를 이해할 수 있다고 생각했다. 이는 우리 인간에 대한 위대한 찬사이다. …… 그는 인간의 마음에 다가갈 수 있는 길은 욕망이 아니라 이성에 있다고 생각했다. 공적인 토론이 인민의 계몽을 가능하게 한다는 것, 바로 이것 때문에 그는 민주주의에 의미를 부여했다.

위스콘신 대학에서
데이비드 아더매니

38

1 | 갈등의 전염성

1943년 8월 무더운 오후, 뉴욕 시 할렘 가에 있는 한 호텔 로비에서 흑인 병사와 백인 경찰 간에 싸움이 벌어졌다. 이 소식은 그 지역 전체로 빠르게 퍼져 나갔다. 몇 분 만에 성난 군중이 호텔과 경찰서, 그리고 부상당한 경찰이 입원해 있는 병원 앞으로 모여들었다. 이때부터 질서가 회복될 때까지 약 4백 명의 부상자와 수백만 달러 상당의 재산 피해가 발생했다.

이 사건은 인종 폭동이 아니었다. 흑인 폭도들이 약탈한 상점과 그들이 파괴한 재산은 대부분 흑인들 소유였다. 처음 폭동을 촉발시켰던 백인 경찰과 흑인 병사 역시 이후 폭동의 전개 과정에서는 아무런 역할도 하지 않았다. 그들은 폭동에 참여하지도 않았고, 폭동을 조장하지도 않았으며, 폭동에 대해 아는 바도 없었다.

미국 문명의 생존을 위해서는 다행스러운 일이겠지만, 갈등이 1943년 할렘 가의 폭동처럼 폭력을 수반하면서 발생하는 경우는 드물다. 그러나 모든 갈등은 폭동으로 이어질 수 있는 요소를 안고 있다. 그 어떤 것도 싸움만큼 그렇게 빨리 군중을 끌어들일 수는 없다. 싸움만큼 전염성이 강한 것을 찾아보기도 어렵다. 의회에서 벌어지는 논쟁, 배심원들의 공판, 타운회의, 선거운동, 파업, 청문회, 이 모든 활동은 싸움이 갖는 자극적인 속성의 일정 부분을 포함하고 있다. 이들 모두는 거의 억제할 수 없을 만큼 사람들을 매혹하는 극적인 광경을 연출해 낸다. 이처럼 모든 정치의 근저에는 갈등이라는 보편적인 언어가 자리 잡고 있다.

자유로운 사회에서 확인할 수 있는 중요한 정치적 사실은 바로 갈등이 갖는 엄청난 전염성에 있다.

모든 싸움은 두 부분으로 이루어져 있다. 하나는 싸움의 중심에 적극적으로 가담하는 소수의 개인들이고, 다른 하나는 어쩔 수 없이 그 광경 속으로 끌려들어 가는 구경꾼들이다. 구경꾼들은 싸움꾼들만큼이나 중요한 비중을 가지면서 전체 상황을 구성한다. 그들은 상황의 필수적인 구성 요소이다. 왜냐하면 대개의 경우 구경꾼이 싸움의 결과를 결정하기 때문이다. 구경꾼은 일반적으로 소수의 싸움꾼들보다 몇 백배나 많기 때문에 놀랄 만한 잠재력을 가지고 있다. 게다가 구경꾼과 싸움꾼의 관계는 매우 유동적이다. 다른 모든 연쇄반응과 마찬가지로 싸움의 연쇄반응 역시 통제하기 어렵다. 따라서 어떤 갈등이든 그것을 이해하려면 싸움꾼과 구경꾼의 관계를 늘 염두에 두어야 한다. 왜냐하면 싸움의 결과를 결정하는 일은 대개 구경꾼들의 몫이기 때문이

모든 정치의 근저에는 갈등이라는 보편적인 언어가 자리 잡고 있다. 자유로운 사회에서 확인할 수 있는 중요한 정치적 사실은 바로 갈등이 갖는 엄청난 전염성에 있다.

다. 그 이유는 다음과 같다. 구경꾼은 수나 영향력에 있어 압도적인 존재이다. 또한 그들은 결코 중립적인 태도를 취하지 않는다. 갈등이 야기하는 자극과 흥분은 쉽게 군중에게 전달된다. 이것이 바로 모든 정치의 기본적 양상이다.

지금까지의 논의를 통해 도출할 수 있는 첫 번째 명제는 모든 갈등의 결과는 이에 관여하는 구경꾼의 규모에 따라 결정된다는 것이다. 즉 모든 갈등의 결과는 그것의 전염 범위에 의해 결정된다는 것이다. 어떤 갈등이든 거기에 관여하는 사람의 수가 앞으로 무슨 일이 벌어질 것인지를 결정한다. 참여자가 늘든 줄든 그 수의 변화는 늘 결과에 영향을 미친다. 간단히 말해, 첫 번째 명제는 A와 B 사이의 갈등에 C가 개입하면 그 갈등의 성격 또한 불가피하게 변한다는 것이다. C는 A의 편에 서서 A에게 유리한 방향으로 힘의 균형을 변화시키거나, B를 지지하면서 균형을 반대 방향으로 변화시킬 수도 있고, 아니면 그 갈등을 중단시키거나 A와 B 모두에게 C 자신의 해결책을 강요할 수도 있다. 그러나 그가 무엇을 하든, C는 1 대 1의 경쟁을 2 대 1의 갈등이나 3자 간의 갈등으로 변화시킬 것이다. 그 후에도 D, E, F 등 새로운 사람들이 그 갈등에 개입한다면, 갈등의 범위는 확대되고 따라서 힘의 관계도 변할 것이다. 왜냐하면 새로운 참여자가 들어오면 힘의 균형이 달라지기 때문이다. 역으로 참여자들 가운데 누군가가 그 갈등에 관여하는 것을 포기하는 경우에도 힘의 균형은 변하게 된다.

이것이 주는 교훈은 다음과 같다. 어떤 싸움이 시작되면, 그 주변을 둘러싼 군중을 주목할 필요가 있다. 왜냐하면 군중이 결

구경꾼은 수나 영향력에 있어 압도적인 존재이다. 또한 그들은 결코 중립적인 태도를 취하지 않는다. 갈등이 야기하는 자극과 흥분은 쉽게 군중에게 전달된다. 이것이 바로 모든 정치의 기본적 양상이다.

어떤 싸움이 시작되면, 그 주변을 둘러싼 군중을 주목할 필요가 있다. 왜냐하면 군중이 결정적인 역할을 하기 때문이다.

정적인 역할을 하기 때문이다.

정치의 핵심은 대중이 갈등의 확산에 참여하는 방식 및 대중과 갈등 간의 유동적인 관계를 관리하는 과정으로 구성되어 있다.

두 번째 명제는 첫 번째 명제의 귀결로, 정치에서 가장 중요한 전략은 갈등의 범위와 관련되어 있다는 것이다.

점점 더 많은 사람들이 관여해 갈등의 성격이 크게 변하게 되면, 애초의 참여자들은 그 갈등에 대한 통제권을 완전히 상실할 가능성이 크다. 이렇게 해서 할렘 가의 백인 경찰과 흑인 병사처럼, A와 B 또한 그들이 시작했던 싸움이 자신들의 손을 벗어나 구경꾼에게 넘어가는 상황을 볼 수 있다. 그러므로 갈등의 전염성과 그 범위의 신축성, 그리고 대중 참여의 유동성은 정치를 알 수 없는 방향으로 이끄는 미지의 요인이라 할 수 있다.

위의 명제들로부터 추론할 수 있는 또 하나의 명제가 있다. 그것은 갈등의 범위가 두 배나 네 배, 혹은 백 배나 천 배로 늘어난다 하더라도, 갈등의 양 편에 있는 사람들의 힘이 똑같이 커질 가능성은 거의 없다는 것이다. 즉 양 측의 힘이 보강되면 처음에 나타났던 힘의 균형은 변할 수밖에 없다는 말이다. 그 근거는 다음과 같다. 원래의 갈등에 참여했던 소수의 사람들이 전체 공동체를 대표하는 표본이 될 가능성은 낮다. 또 그 갈등에 점점 더 많은 사람들이 관여하더라도, 그들이 표본을 이루기도 어렵다. 갈등의 언저리에 있는 구경꾼들 가운데 B보다 A에 동조하는 사람들이 백 배나 많다면, 결국 무슨 일이 벌어질까. A는 갈등을 확대하고자 하는 동기를 강하게 갖지만, B는 갈등을 사적인 문제로 만들려고 할 것이다. 그러므로 갈등의 당사자들은 자신들

44

의 싸움에 구경꾼을 끌어들이거나 배제하는 데 성공하느냐에 따라 승자가 되기도 하고 패자가 되기도 한다.

다른 명제들도 살펴보자. 매우 작은 범위의 갈등이 갖는 특징 가운데 하나는, 경쟁하는 상대방의 힘을 사전에 미리 확인하기 쉽다는 것이다. 이때 강한 쪽은 공개적으로 힘을 겨뤄 보지 않고도 약한 상대에게 자신의 의사를 강요할 수 있다. 누구든 패배가 확실하다고 생각하면 싸우려 들지 않기 때문이다. 이것이 시사하는 바는 매우 중요하다. 왜냐하면 갈등의 범위는 그 시작 단계에서 가장 쉽게 제한될 수 있기 때문이다. 반면, 약한 쪽은 구경꾼들을 많이 동원할 경우에만 커다란 잠재적 힘을 가질 수 있다. 이 경우 강한 경쟁자는 자신이 상대방을 구경꾼들로부터 고립시킬 수 있을지 확신하지 못하므로 자신의 힘을 사용하는 데 주저할 수 있다.

이처럼 구경꾼은 모든 갈등에서 고려해야 할 중요한 요소이고, 그래서 애초의 경쟁자들이 가진 상대적 힘만을 평가함으로써 싸움의 결과를 예측하려는 시도는 어리석은 일이 되기 쉽다.

갈등의 범위와 관련된 모든 변화는 편향성bias을 띠고 있다. 그리고 그것은 본질적으로 파당적인 성격을 갖는다. 즉 참여자 수의 변화는 어떤 사안과 관련된 것이며, 새로운 참여자들은 그 사안에 공감하거나 반대하기 때문에 참여하는 것이라고 가정해야 한다. 이런 의미에서 갈등에 개입하는 관중은 중립적일 수 없다. 이와 같이 정치적 갈등에서 그 범위와 관련된 모든 변화는 힘의 균형을 변화시킨다.

앞에서 제시한 갈등에 대한 분석의 논리적 결과는, 어떤 갈등

갈등의 당사자들은 자신들의 싸움에 구경꾼을 끌어들이거나 배제하는 데 성공하느냐에 따라 승자가 되기도 하고 패자가 되기도 한다.

갈등의 범위와 관련된 모든 변화는 편향성을 띠고 있다. 그리고 그것은 본질적으로 파당적인 성격을 갖는다.

에서도 모든 사람이 관여하기 전까지는 힘의 균형이 고정될 수 없다는 것이다. 만약 전체 대중의 0.1%가 갈등에 관여하고 있다면, 관중의 잠재력은 적극적인 참여자들보다 999배나 크며, 결국 갈등의 결과는 이 99.9%가 무엇을 하느냐에 달려 있다. 대부분의 경우 실제 참여자들은 잠재적 참여자들보다 적다. 이런 분석은 공동체 내의 '관심층'과 '무관심층' 간의 관계뿐만 아니라 이익집단 정치의 여러 이론들을 재검토하는 데에도 도움을 준다. 자유로운 사회는 갈등의 전염을 극대화하기 때문에, 관중이 무관심하다고 가정하는 것은 매우 위험하다. 자유로운 사회는 참여를 장려하며 대중이 갈등에 참여하는 일을 높이 평가한다.

지금까지의 설명은 전적으로 이론적이고 분석적이었다. 그렇다면 여기서 개략적으로 제시한 이론은 정치에서 실제로 벌어지고 있는 일들에 얼마나 부합하는 것일까? 이론상으로 갈등의 범위를 통제하는 일이 절대적으로 중요하다면, 실제로 정치인들과 시사평론가들, 그리고 현장 실무자들이 이 요인을 의식하고 있다는 무슨 증거라도 있는 것일까? 현실 세계의 정치인들은 권력의 재분배를 위해 갈등의 범위를 관리하고자 노력하고 있을까? 이런 질문들은 중요한 의미를 담고 있다. 왜냐하면 이를 통해 정치의 역동성, 정치과정에서 실제로 벌어지고 있는 일들, 그리고 정치체제에서 성취할 수 있는 것과 없는 것을 이해할 수 있기 때문이다. 바꿔 말해, 정치에서 갈등의 범위는 너무나 큰 역할을 수행하기 때문에 정치체제에 대한 기존의 해석은 새롭게 변화될 필요가 있다.

만약 갈등에 관여하는 대중의 참여 범위가 정치적 경쟁의 결과를 결정한다는 명제가 참이라면, 지금까지 정치에 관해 논했던 많은 글들은 의미를 상실하게 되며, 정치에 관한 우리의 생각 또한 일대 혁명을 맞이하게 될 것이다. 그동안 우리는 측정 가능한 힘들 간의 줄다리기 모델에 바탕한 계산 논리로 정치를 이해해 왔다. 그러나 범위라는 요인은 이 익숙한 단순 논리를 단숨에 무너뜨린다. 여기서 우리는 강자가 전투에서 반드시 승리한다는 보장도 없고, 발 빠른 사람이 경주에서 꼭 이긴다는 보장도 없다는 선인들의 말을 떠올려 볼 수도 있겠다. 범위라는 요인은 정치의 세계를 다르게 이해할 수 있는 새로운 전망을 열어 준다.

고도의 전략성이 정치의 특징이라는 관점에서 볼 때, 전략적 수단을 선택하는 문제는 사람들의 관심이 적을수록 더욱 중요해진다고 해도 놀랄 일은 아니다.[1]

매디슨*은 갈등의 범위와 그 결과 간의 관계를 어느 정도 이해하고 있었던 것으로 보인다. 『연방주의자 논설』**에 포함된 그의 유명한 열 번째 논설을 지금까지 논의했던 맥락에서 다시 읽어 볼 수 있을 것이다.

만약 갈등에 관여하는 대중의 참여 범위가 정치적 경쟁의 결과를 결정한다는 명제가 참이라면, 지금까지 정치에 관해 논했던 많은 글들은 의미를 상실하게 되며, 정치에 관한 우리의 생각 또한 일대 혁명을 맞이하게 될 것이다. 그동안 우리는 측정 가능한 힘들 간의 줄다리기 모델에 바탕한 계산 논리로 정치를 이해해 왔다. 그러나 범위라는 요인은 이 익숙한 단순 논리를 단숨에 무너뜨린다.

---

*제임스 매디슨(James Madison, 1751~1836) : 미국의 4대 대통령(1809~1817). 미국 헌법을 입안하고 비준하는 데 큰 영향력을 행사했던 주요 인물들 가운데 한 사람이며, 『연방주의자 논설』의 공동 저자이기도 하다. 그는 『연방주의자 논설』에서 일명 매디슨 모델(Madisonian Model)로 지칭되는 권력에 대한 견제와 균형 원리를 강조함으로써 오늘날 미국 입헌주의의 초석을 놓았다.

**『연방주의자 논설』(Federalist Papers) : 1787~1788년에 뉴욕 주 유권자들을 상대로 헌법 비준을 지지하도록 설득하기 위해 알렉산더 해밀턴, 제임스 매디슨, 존 제이가 발행한 85편의 논설. 미국의 정치제도와 사상, 국가 이론과 민주주의 이론을 연구하는 데 가장 중요한 문헌들 가운데 하나이다.

사회가 작으면 작을수록, 그 사회를 구성하는 정파나 이익의 수 역시 적을 것이며, 하나의 정파가 다수를 구성할 가능성 또한 높아진다. 다수파를 구성하는 사람들의 수가 적으면 적을수록, 그리고 그들이 살고 있는 지역의 범위가 작으면 작을수록, 그들은 좀 더 쉽게 소수파에 대한 억압 계획을 조율하고 실행할 수 있다. 범위를 확대하라. 그러면 훨씬 더 다양한 정파와 이익이 들어올 것이다. 이렇게 되면, 전체 공동체의 다수파가 다른 시민의 권리를 침해하려는 동기는 그만큼 더 줄어들 것이다.

매디슨은 당시 당시의 상황에서 몇 가지 원리를 파악했지만, 그 뒤로 누구도 그의 선례를 이어받아 일반 이론으로 발전시키지는 못했다. 정치투쟁에 관한 문헌에서도 갈등의 범위 문제가 정면으로 다뤄진 적은 없다. 논쟁은 대개 이 문제와 관련이 있음에도 이를 인식하지 못한 채 절차적 문제로만 다뤄지곤 했다. 갈등의 범위라는 주제가 이렇게 소극적으로 다뤄졌다는 사실은 그것의 폭발적 잠재력을 역으로 입증하는 것이라 하겠다.

> 갈등의 범위라는 주제가 이렇게 소극적으로 다뤄졌다는 사실은 그것의 폭발적 잠재력을 역으로 입증하는 것이라 하겠다.

미국 정치에 관한 기존 연구에서는 갈등의 범위가 그 결과를 결정한다는 원리를 명시적으로 정식화한 경우를 찾아볼 수 없다. 그러나 오직 이 명제의 관점에서만 이해할 수 있는 상당수의 논쟁이 있다. 즉, 미국사 전반에 걸쳐 갈등의 범위를 통제하려는 엄청난 노력들이 있었지만, 이런 노력들에 대한 이론적 설명들은 흥미롭게도 혼란만 가중시켰을 뿐이다. 그렇다면, 이런 논의들에서 간과되었던 요소를 통해 미국 정치를 재해석할 수 있을까?

> 정치에 관한 문헌들을 훑어보면, 정말이지 갈등의 사사화와 사회화를 지향하는 상반된 경향들 간의 오랜 투쟁을 목격할 수 있다.

정치에 관한 문헌들을 훑어보면, 정말이지 갈등의 사사화와 사회화를 지향하는 상반된 경향들 간의 오랜 투쟁을 목격할 수 있다.

한편으로, 갈등의 범위를 제한하거나 심지어 공적 영역에서 그것을 완전히 배제하려는 의도에서 만들어진 일련의 이념들을 어렵지 않게 확인할 수 있다. 개인주의, 기업 활동의 자유, 지방주의, 사생활 보호, 재정 지출의 축소와 관련된 이념들의 긴 목록은 갈등을 사사화하거나 그 범위를 제한하기 위해, 혹은 공적 권위를 사용해 갈등의 범위를 확대하고자 하는 시도를 막기 위해 마련된 것이라 할 수 있다. 상당수의 갈등은 사적인 영역 내에 묶어 두는 방식으로 통제되었고, 그래서 갈등이 가시화되는 경우를 찾아보기는 어렵다. 정치를 다룬 문헌에서 이런 전략에 대한 언급은 무수히 많다. 그러나 이 전략에 대한 그 어떤 이론적 설명도 이런 이념들과 갈등의 범위 사이의 관계를 언급한 적이 없다. 갈등의 사사화는 이와는 다른 근거에서 정당화되었다.

다른 한편, 갈등의 사회화에 기여하는 일련의 이념들 또한 쉽게 확인할 수 있다. 우리 생활 속에 자리 잡은 보편적 이념들뿐만 아니라 평등과 공존, 모두에게 동등한 법의 보호, 정의, 억압으로부터의 자유, 이주의 자유, 언론 및 결사의 자유, 시민권과 관련된 이념들은 갈등을 사회화하는 경향을 갖고 있다. 이들 이념은 갈등을 전염시키는 경향이 있는데, 외부자들을 갈등에 참여시킴으로써 그 이전까지 사적인 것으로 치부되었던 문제를 개선하기 위해 공적 권위에 호소할 수 있는 근거를 만들어 낸다. 조금만 생각해 보면 이들 이념과 갈등의 범위 간의 관계를 쉽게 알 수 있음에도, 그간 이에 대한 이론적 설명들 또한 갈등 범위의 확장에 대해서는 아무런 관심도 두지 않았다. 결국 어떤 경우도 범위라는 개념은 초대받지 못한 손님일 뿐이었다.

그러므로 현실 정치에 참여하고 있는 사람들이 자신의 활동을 어떤 다른 근거를 가지고 설명한다 하더라도, 실제로 그들이 하는 일이란 갈등의 범위를 관리하는 것이라고 말할 수 있다. 문제를 이런 관점에서 이해하게 되면, 우리는 현실의 실제 이슈가 다른 방식으로 다뤄질 경우 너무나 위험해질 수 있다는 사실을 깨달을 수 있다. 이런 까닭에 정치에서 이야기되는 언술이 어떠하든, 우리는 갈등의 규모를 관리하는 것이 정치 전략의 최고 수단임을 인정하지 않을 수 없다.

미국 정치에서 가장 광범위한 논쟁을 불러일으켰던 몇몇 절차적 이슈들을 살펴보면, 범위라는 요인의 전략적 역할에 대해 우회적으로 언급하고 있는 것을 좀 더 잘 이해할 수 있다. 갈등의 범위와 관련해 이들 이슈는 현실적으로 어떤 의미를 갖는 것이었나?

하나의 정치체제에서 갈등이 어떤 역할을 하느냐 하는 것은, 먼저 그 공동체의 지배 집단에 도전하기 위해 반대 세력을 조직해야 하는 개인과 집단이 갖고 있는 사기·자신감·안전에 대한 확신 등에 달려 있다.

사람들은 어떤 싸움에 가담했다가 심각한 처벌을 받을 것이라는 확신이 들면, 아예 싸움을 시작하지도 않을 것이다. 이런 상황에서는 억압에 대한 이의 제기가 겉으로는 전혀 드러나지 않아 만장일치의 외양을 띨 것이다. 그 전형적 사례로 남부의 몇몇 지역에서 나타난 흑인들의 고립을 들 수 있다. 달라드John Dollard는 남부의 인종차별 제도에 대해 다음과 같이 말한다. "그것은 인종 간 갈등을 제한하는 방식이다. …… 중간계급의 흑인들은 특히 자신들이 지역사회에서 고립되어 있음을 민감하게 느

정치에서 이야기되는 언술이 어떠하든, 우리는 갈등의 규모를 관리하는 것이 정치 전략의 최고 수단임을 인정하지 않을 수 없다.

끼며, 남부 지역사회에는 인종 문제를 논의할 만한 장이 없다고 생각한다."[2] 인종 문제와 관련된 시민권 논쟁은 남부 흑인들의 저항권뿐만 아니라 '외부자들'이 갈등에 개입할 수 있는 권리와 관련된 것이기도 하다.

억압받는 소수자들의 시민권과 이들의 지위를 둘러싼 논쟁에 공적으로나 사적으로 개입할 수 있게 하는 모든 조치가 의미를 갖는 것은, 갈등을 가시화하려는 시도와 결부될 때이다. 범위의 문제는 이들 논의에서 핵심을 차지한다.

남부뿐만 아니라 북부의 일당체제 지역에서도 만장일치를 강요하려는 여러 시도가 있었다. 비디크Arthur J. Vidich와 벤스만Joseph Bensman은 뉴욕 주 북부 소도시의 학교 위원회가 갈등을 제한함으로써 정치적 상황을 통제하려 했던 과정을 기술하고 있다. 회의 운영 절차에 대해 언급하면서 저자들은 다음과 같이 말하고 있다. 이 위원회는 갈등을 "은폐하는 데 좀 더 많은 노력"을 기울임으로써 비판에 대처하고자 했다. 결국 이런 노력은 "만장일치의 결정 원칙을 좀 더 엄격하게 준수하는 것으로 귀결되었다."[3]

이와 비슷한 상황으로, 미시건 주의 한 마을에 있는 "제임스 쿠젠James Couzen 농업학교에서 지난 월요일 밤 교육위원장인 체스터 맥고니걸Chester McGonigal은 학교 위원회 회의를 비공개로 하는 관행을 옹호했다. 맥고니걸은 베스 학교 위원회는 앞으로도 위원회 모임을 일반 대중에게 개방하지 않고 오직 결정된 내용만 공표할 것이라고 말했다."[4]

아마도 미국 지방 정치의 전반적인 정치 전략 또한 이런 논의의 관점에서 다시금 검토되어야 할 것이다. 시정개혁 운동*에

억압받는 소수자들의 시민권과 이들의 지위를 둘러싼 논쟁에 공적으로나 사적으로 개입할 수 있게 하는 모든 조치가 의미를 갖는 것은, 갈등을 가시화하려는 시도와 결부될 때이다. 범위의 문제는 이들 논의에서 핵심을 차지한다.

서 두드러졌던, 지방정부의 비당파성에 대한 강조는 지방정부에 대한 대중의 관심을 약화시키는 예기치 못한 결과를 가져온 것으로 보인다. 비당파적 지방정부라는 이념 속에는 심각한 내적 모순이 존재한다.

현대에 들어 갈등의 사회화를 둘러싼 주요 투쟁은 노사 관계 분야에서 발생했다. 1902년 시어도어 루스벨트* 대통령이 석탄 산업 노동자들의 파업에 개입했을 때, 많은 보수적 성향의 신문 편집자들은 그의 행동을 사적 분쟁에 대한 '과도한 간섭'이라고 생각했다.[5] 다른 한편, 한때 고용주와 개별 노동자 간의 순수한 사적 문제로 간주되었던 많은 사안들이 이제는 '노동조합', '단체 교섭', '노조 인정', '파업', '산별노조 운동',** '산별 교섭'과 같은

현대에 들어 갈등의 사회화를 둘러싼 주요 투쟁은 노사 관계 분야에서 발생했다.

---

* **시정개혁 운동**(municipal reform movement) : 19세기 후반부터 20세기 초반까지 산업화, 도시화, 대량 이민에 따른 도시 전반의 문제를 행정의 효율성과 전문성 확보를 통해 해결하려고 했던 지방정부 개혁 운동. 이 운동은 당시 도시에 만연해 있던 머신 정치와 그로 인한 부패를 문제의 주요 원인으로 규정하고 그에 맞서 외부 전문가들이 시정을 주도하도록 하는 행정의 탈정치화를 모색했다. 구체적 개혁 방안으로 정당 기반 없는 선거(nonpartisan election), 정당 기반 없는 행정위원회(nonpartisan commission), 시정 책임자 모델(city-manager plan) 등이 제시되었고, 20세기 초반에 이르러서는 4백여 개 도시들이 이를 채택했다.

* **시어도어 루스벨트**(Theodore Roosevelt, 1858~1919) : 미국의 26대 대통령(1901~1909, 공화당). 대통령의 적극적인 역할을 강조하면서 대기업 규제, 소비자 보호, 환경 보존 등과 관련한 각종 규제 입법을 주도했다. 1902년 탄광 노동자들의 파업에 대해서도 전임 대통령들과 달리 '공정한 조치'(Square Deal)라는 이름으로 노사 양측의 이익을 적극적으로 중재하고자 했다. 그러나 그에게 대기업 규제 정책이나 노사 갈등의 중재는 중산층 시민들로부터 지지를 동원하기 위한 강력한 국가 내지 정부의 건설이라는 목표를 실현하는 한에서만 의미를 갖는 것이었다. 루스벨트는 이와 같은 목표를 실현하고자 하는 과정에서 오늘날 미국적 군사주의와 제국주의의 기반이 되는 낭만적 민족주의, 물질적 가치에 대한 불신, 지도자 개인에 대한 숭배, 공동체 구성원들의 사회경제적 차이를 초월하는 국가 이상과 같은 정치적 관념들의 원형적 양상을 보여 주었다.

** **산별노조 운동** : 동일 산업에 종사하는 노동자들을 하나의 노동조합으로 조직해 노동자들 간 폭넓은 연대를 확보하고 이를 바탕으로 그들의 권익을 향상시키고자 하는 운동. 산별노조는 기업 내지 사업장 단위로 설립되는 기업별노조와 달리 동일 산업에 종사하는 모

말과 함께 갈등의 거대한 사회화를 의미하게 되었다.

노사 갈등에서 범위의 문제는 산별노조와 숙련공노조,* 산업 교섭, 동조 파업, 노동조합 인정 및 그 활동에 대한 보장, 클로즈드 샵,** 피케팅, 정보 공개, 노조의 정치 활동, 노동입법 등 단체교섭에서 논쟁의 핵심을 이루는 사안들과 맞닿아 있다. 이 모두는 노사 갈등의 규모에 영향을 미친다. 언제 어디서나 노조 조직가, 주와 연방의 기관, 법원, 경찰과 같은 '외부자'의 개입은 논쟁의 대상이 되어 왔다. 이 논쟁의 상당 부분은 누가 싸움에 참여할 수 있고 누가 참여할 수 없는지에 관한 것이었다.

갈등의 당사자들은 조직의 규모를 확대하려는 상대방의 노력에 대해 경계를 늦추지 않는다. 막스 포레스터Max Forester는 다음과 같이 말하고 있다. "최근 미국의 고용주들은 협상 테이블에서 기업계의 '잃어버린 권력'의 일부라도 되찾기 위해 산별교섭에 새로운 관심을 보이고 있다."[6]

갈등의 범위를 통제하려는 시도는 연방·주·지방 사이의 관계에도 영향을 미친다. 왜냐하면 갈등의 범위를 제한하는 방법 가

든 노동자를 전국 수준에서 하나로 묶는 전국 단위의 노동조합을 의미한다.

*숙련공노조(craft union) : 동일 직종의 유사한 기술 수준에 있는 노동자들을 중심으로 조직된 노동조합. 19세기 후반부터 20세기 초반까지 미국 노동운동을 대표했던 미국노동연맹 (American Federation of Labor, AFL)은 이들 숙련공노조의 전국적인 연합체였다. 20세기 중반 이후 대량 생산 기술의 발전과 산별노조의 부상으로 숙련공노조의 규모와 위상은 크게 쇠퇴했다.

**클로즈드샵(closed shop) : 한 사업장에서 노동자를 고용할 때는 반드시 노동조합원만을 고용할 수 있도록 한 제도. 고용주는 노조에 가입하지 않은 사람을 고용할 수 없으며, 만일 해당 노동자가 노조를 탈퇴하거나 노조에서 제명될 경우 즉시 해고해야 한다. 이와 같은 제도는 숙련공노조가 노동시장을 장악할 수 있도록 하는 효과를 갖는다.

갈등의 범위를
통제하려는 시도는
연방·주·지방 사이의
관계에도 영향을 미친다.
왜냐하면 갈등의 범위를
제한하는 방법 가운데
하나가 그것을
국지화하는 것이라면,
갈등의 범위를 확대하는
방법 중의 하나는
그것을 전국화하는
것이기 때문이다.

운데 하나가 그것을 국지화하는 것이라면, 갈등의 범위를 확대하는 방법 중의 하나는 그것을 전국화하는 것이기 때문이다. 최근 미국 정치에서 가장 두드러진 변화는 연방정부·주정부·지방정부가 광범위한 공공정책 분야에서 비슷한 종류의 일을 하게 되었다는 사실이다. 이로 인해 경쟁자들은 어느 수준의 정부에서, 자신이 원하는 것을 가장 쉽게 얻을 수 있는지를 찾기 위해 정부의 각 수준을 자유롭게 오갈 수 있게 되었다. 그 결과 범위의 정치는 방대한 새로운 영역을 갖게 되었다. 따라서 연방주의, 지방자치, 중앙 집중화, 분권화에 관한 논쟁은 실제로는 갈등의 범위에 관한 논쟁이라 하겠다.

인구가 350만 명인 한 주에 1천 명이 사는 마을이 있다고 가정해 보자. 한 마을에서 발생한 논쟁이 주나 전국 수준으로 확대되면, 논쟁의 범위 역시 3천5백 배나 18만 배로 늘어난다. 이런 조건에서 경쟁의 결과는 불가피하게 그에 대한 결정이 이뤄지는 수준에 의해 통제된다. 갈등의 범위가 1억8천만 명의 미국인들 전체를 포괄해서 18만 배로 늘어나면, 무슨 일이 일어날까? 첫째, 원래의 경쟁자들이 그 문제에 대한 통제권을 상실할 가능성이 매우 커진다. 둘째, 많은 새로운 고려 사항과 복잡한 문제들을 논의하게 되고, 갈등을 해결하기 위한 수많은 새로운 자원들을 이용할 수 있게 된다. 즉 낮은 수준에서는 생각할 수도 없었던 해결책이 좀 더 높은 수준에서는 마련될 수 있는 것이다.

정치의 전국화는 필연적으로 낡은 지방 권력local power과 지역 권력sectional power을 붕괴시킨다. 실제로 이 새로운 차원의 변화는 조직의 규모와 권력의 소재에 너무나 큰 영향을 미쳤기 때문에

54

거의 혁명적인 성격을 띤다고 할 수 있다. 지역 갈등 구도로부터 전국적인 갈등 구도로의 전환과 그에 따른 정당 균열의 변화는 새로운 정치의 세계, 가능한 것과 불가능한 것 사이의 새로운 질서를 가져왔다.

1920년 이래 미국의 흑인 인구는 대략 5백만 명 정도 증가했으며, 이런 증가는 주로 북부 주에서 나타났다. 이제는 남부의 아칸소Arkansas 주보다 흑인 인구가 많은 주가 북부에 여섯 개나 있다. 이와 같은 흑인들의 이주는 인종 문제를 전국화했으며 인종차별과 분리를 둘러싼 갈등에서 새로운 힘의 비율을 만들어 냈다. 이제 갈등에 참여한 사람들은 남부에 거주하는 13%의 미국인들뿐만 아니라 그 밖의 지역에 거주하는 87%의 미국인들에게도 도움을 호소할 수 있게 되었다.

언제 어디서나 갈등을 사회화하거나 사사화하려는 흐름은 중앙집중화나 분권화, 정치의 전국화나 지역화로 위장한 채 나타난다.

범위의 문제는 정치조직에 관한 모든 개념 속에 내재되어 있다. 정당과 이익집단의 성격과 역할, 지역적 정당 구도와 전국적 정당 구도의 상대적 장점, 정당의 지역 조직에 대한 규율, 정당 조직 내의 권력 소재, 정당체제의 경쟁성, 정당이 이슈를 발전시키는 방식, 그리고 당내 민주화를 둘러싼 모든 논쟁은 정치체제의 범위와 관련되어 있다.

정치·정치인·정당을 공격하고 비당파성에 찬사를 보내는 것은 갈등의 규모를 통제하려는 것으로, 매우 중대한 의미를 갖는다. 뚜렷한 지역적 정당 구도의 한 측면인 지역 일당 체제는 갈등을 제한하고 정치 참여를 억압하는 데 있어 매우 유용한 도구

정치·정치인·정당을 공격하고 비당파성에 찬사를 보내는 것은 갈등의 규모를 통제하려는 것으로, 매우 중대한 의미를 갖는다. 뚜렷한 지역적 정당 구도의 한 측면인 지역 일당 체제는 갈등을 제한하고 정치 참여를 억압하는 데 있어 매우 유용한 도구로 기능해 왔다.

로 기능해 왔다. 이는 정당 기반 없는 정부*를 구성하기 위한 조치나 중요한 공적 업무에서 정치를 완전히 배제하기 위한 조치 모두에서도 동일하게 확인할 수 있다.

자유로운 사적 기업 활동을 보장하는 체제는 사적 소유권 체제만을 의미하는 것이 아니다. 그것은 기업 거래에 관한 정보를 상당 정도 비밀에 묶어 두어야 존속할 수 있는 체제이다. 내부 거래를 완전히 공개하면 기업 체제가 살아남을 수 없다는 말은 사실에 가까운 것으로 보인다. 왜냐하면 정보의 공개는 너무나 많은 갈등을 드러내고 확대시켜 대규모의 공적 개입이 불가피한 상황을 만들어 낼 것이기 때문이다.

현대사회에서 정부의 역할에 대한 모든 논의는 본질적으로 갈등의 규모라는 문제를 다루는 것이라 해도 과언이 아니다. 미국 사회에서 민주적 절차를 통해 구성된 정부는 갈등을 사회화하는 하나의 가장 거대한 도구이다. 이런 관점을 통해 민주주의에 관한 논쟁을 새롭게 해석할 수 있다. 민주주의에서 정부는 갈등의 규모를 확대하는 거대한 엔진이다. 갈등이 발생하는 상황에서 정부는 결코 먼 곳에 떨어져 있는 존재가 아니다. 다른 한편, 정부가 권력이나 자원이 부족하다면 대다수의 잠재된 갈등들은 현실화되지 못한 채 묻혀 버릴 수밖에 없다. 왜냐하면 이들 갈등에 대해 공동체는 아무것도 할 수 없기 때문이다. 그러므로 정부는

민주주의에서 정부는
갈등의 규모를 확대하는
거대한 엔진이다.

---

*정당 기반 없는 정부(nonpartisan government): 앞서 언급했던 '시정개혁 운동'이 요구했던 제도 변화의 결과물로서, 정당의 공천이나 개입을 배제한 '정당 기반 없는 선거'를 통해 선출된 대표들로 구성된 정부를 일컫는다.

갈등을 토대로 발전한다. 사적 세계의 모든 균열을 이용하도록 고안된 다수의 공적·사적 기구들 및 조직들은 정부의 활동을 돕거나 방관해 왔다. 경쟁성은 사적 갈등에 대한 외부의 간섭이 정당화됨으로써 더욱 강화된다. 사적 갈등을 공개하고 확대하는 데 있어 정부가 사용할 수 있는 도구의 범위와 다양성을 확인하는 일은 정당, 이익집단, 법원, 국정조사, 정부 규제 기관, 언론의 자유를 언급하는 것만으로도 충분하다. 어떻게 정부가 한 나라의 가장 큰 언론사로 기능할 수 있었겠는가? 왜 공적 업무에 관한 모든 사안이 기업의 업무보다 뉴스 가치가 훨씬 높겠는가?

전 세계적인 위기는 미국 내 정치적 갈등의 범위에 영향을 미쳤으며, 세계적 차원에서 활동하는 강력한 연방정부의 발전을 촉진했다. 산업화·도시화·전국화는 '지역'이라는 말의 의미를 무색하게 만들었고, 공적 이익과 관련해 새로운 거대 영역을 열어 놓으면서 전례 없는 규모의 갈등과 그에 바탕한 새로운 세력 구도를 창출했다. 공간의 소멸은 새로운 세계를 볼 수 있게 해주었고 갈등의 가시성에 영향을 미쳤다. 미국 역사상 갈등을 사회화하려는 가장 야심찬 시도였던 보통 선거권은 정치의 전국화와 전국적인 유권자 집단의 부상과 함께 새로운 의미를 갖게 되었다.

미국 정치제도의 발전은 각각의 제도가 갈등에 참여하는 정도를 반영한다. 미국 상원의 역사를 통해 우리는 하나의 공적 제도가 전국적 차원의 정치에 좀 더 광범하게 관여함으로써 스스로 변화하게 되는 방식을 확인할 수 있다. 일련의 결정을 따라, 상원은 먼저 개별 상원의원들이 주 입법부의 지시에 구속받지 않는다는 원칙을 세웠다. 다음으로 시민이 직접 상원의원을 선출하게 함으로써 상원은 민주주의 체제에 통합되었다. 상원의원에 대한 직접선거 이후 곧바로 각 정당의 주별 '수뇌부' 회의가 폐지되었다는 것은 주목할 만한 사실이다. 오늘날 상원은 전국적인 제도로 기능하고 있다. 주요한 정치제도로 상원이 존속할 수 있었던 까닭은 이 제도가 정치의 세계를 확장하는 과정에서 함께 보조를 맞출 수 있었기 때문이다.

대통령직의 역사 또한 동일한 경향을 보여 준다. 정당의 부상과 선거권의 확대는 국민투표에 의한 대통령직plebiscitary Presidency을 만들어 냈다. 대통령이 정당에 대한 리더십을 강화하고 전국적인 유권자 집단을 포괄하는 정치적 기구로 발전함에 따라 이 공직의 권력은 엄청나게 확대되었다. 그 결과 이제 대통령직은 정치를 전국화하는 주요한 도구가 되었다.

보통선거권의 보장과 전국적인 유권자 집단의 부상, 그리고 이 유권자들이 선출하는 대통령직의 발전은 갈등의 사회화를 촉진했다. 이와 같은 방식으로 현대의 정부는 갈등체제의 주요 형성자가 되었다.

다른 한편, 공적 영역에서조차 공공 기관의 내부 활동을 공개하지 않도록 하는 예외적 조처들이 이따금씩 취해지곤 한다. 연방대법원이 내부 활동을 처리하는 방식이나 외교문서를 공개하지 않는 방식, 대통령이 주재하는 각의를 언론으로부터 차단하는 방식이나, 정부 활동의 많은 중요 영역에 대한 시민들의 공적 개입을 막기 위해 외형상 만장일치를 사용하는 방식을 주목해 보라. 혹은 의회가 그 자신의 내부 지출에 관한 공적 정보를 어떻게 비공개로 처리하는지 주목해 보라. 언제 어디서나 비밀과

보통선거권의 보장과 전국적인 유권자 집단의 부상, 그리고 이 유권자들이 선출하는 대통령직의 발전은 갈등의 사회화를 촉진했다. 이와 같은 방식으로 현대의 정부는 갈등체제의 주요 형성자가 되었다.

공개 여부는 정부가 사용하는 강력한 도구이다.

갈등을 억제할 수 있는 최선의 시점은 그것이 시작되기 이전 단계에 있다. 일단 갈등이 시작되면, 그것을 통제하기란 쉽지 않다. 왜냐하면 한 당사자가 싸움을 일방적으로 좌우하기는 어렵게 되기 때문이다. 지나치게 밀리는 한쪽 편에서 외부자들을 끌어들여 그 불균형을 변화시키려는 충동은 거의 억제할 수 없는 것이다. 이런 까닭에 남부 정치에서는 지역 일당 체제의 확립이라는 엄청난 대가를 치르고서야 비로소 흑인을 배제할 수 있었다.

갈등의 확장은 원래의 참여자들에게는 극도로 불리한 결과를 가져올 수도 있다.[7] 1932년 이후 민주당의 엄청난 성장은 기존 당 조직과 신참 세력 간의 갈등을 야기했다. 이를테면, 왜 기존의 당 조직들이 '스티븐슨을 지지하는 사람들의 모임'*과 같은 비공식 조직에 속한 신참 활동가들을 배려해야 하는가?

민주당 내 또 다른 긴장은 노조의 정치 활동이 활성화되면서 생겨났다. 즉 민주당 내 기존 조직과 노동운동의 새로운 정치기구 사이의 긴장이 그것이다. 다른 한편, 최근 공화당을 침체에 빠뜨린 요인들 가운데 하나는 기존 공화당 조직들이 새로운 활동가들을 받아들이려 하지 않았다는 데서 찾을 수 있다. 수천만의 미국인들이 정치에 새롭게 관심을 보이는 상황에서 신참자들

---

* **스티븐슨을 지지하는 모임**(Volunteers for Stevenson) : 1952년과 1956년 선거에서 민주당 대통령 후보로 출마했던 아들레이 스티븐슨(Adlai E. Stevenson II)의 선거 활동을 지원했던 사람들의 모임. 당시 대통령 선거운동 과정에서 스티븐슨은 자신의 유세 지원자들을 공식적인 당 활동가 팀과 비공식 자원 활동가 팀으로 나누어 운영했다. 스티븐슨은 지적인 정치인이자 자유주의의 대변자로 널리 알려졌으나, 두 차례의 선거 모두에서 공화당의 아이젠하워 후보에게 패했다.

을 기존 조직 속으로 끌어들이는 일은 중요한 문제이다. 조직의 확장은 권력을 재분배하는 경향을 갖는다는 사실 때문에 이는 더욱 어려운 과제가 아닐 수 없다. 운동의 성공 그 자체도 어려움을 만들어 낸다.

이 주장은 노동운동에도 해당되지 않을까? 노동조합 내의 비민주적 절차들은, 조합원 수의 급격한 증가에 대응해 기존 간부들이 노조에 대한 통제권을 유지하려는 시도와 관련된 것이 아닐까? 조직의 성장은 처음 그 영역을 개척했던 개인들에게 결코 축복일 수만은 없다. 이는 성장해 가는 모든 공동체, 또 다른 예로 급속히 확장되고 있는 교외의 지역공동체에도 타당한 것처럼 보인다.

갈등의 범위와 관련하여 그 확장의 동학은 다음과 같은 특징을 갖는다.

경쟁은 갈등의 범위를
확대하는 메커니즘이다.

1. 경쟁은 갈등의 범위를 확대하는 메커니즘이다. 패자는 언제나 외부에 도움을 요청하려 한다(제퍼슨은 워싱턴 행정부 내의 정책 경쟁에서 패하자 외부의 지지를 얻기 위해 시민들 곁으로 다가갔다). 유권자의 확대는 표를 얻기 위한 정당 간 경쟁의 결과이다. 새로운 사회집단이 투표권을 획득할 가능성이 높을 때면 그 즉시 양대 정당은 유권자의 확대를 지지한다. 이것이 바로 정치 세계의 확장 논리이다. 다른 한편, 정치를 독점하려는 모든 시도는 갈등의 범위를 제한하려는 시도라고 해도 과언이 아니다.

가시성은 갈등의 범위를
확대하는 요인이다.

2. 가시성은 갈등의 범위를 확대하는 요인이다. 민주주의에서 정부는 공개의 원칙을 토대로 운영된다. 이 명제는 비민주적 체제에서 정보 통제가 이뤄지고 있음을 확인함으로써 입증할 수

60

있다. 마이클 린제이Michael Lindsay는 중국의 공산주의 체제에 관해 다음과 같이 말하고 있다.

> 민주주의 국가의 평범한 시민은, 전체주의 국가에서 신뢰할 만한 정보를 획득하는 것이 얼마나 어려운지 상상하기 어려울 것이다. 민주주의 국가, 특히 미국에서 정책에 대한 논의와 결정은 대부분 공개적으로 진행된다. 중화인민공화국과 같은 전체주의 국가로 시선을 돌리면, 상황은 완전히 다르다. 모든 출판물은 정부에 의해 통제되어 공인된 선전물과 다름없다. 비판과 토론은 정부가 허가할 때만 가능하다. 정책 형성 과정은 거의 완벽한 비밀 속에서 진행된다.[8]

3. 민주주의에서 정부가 갈등을 사회화하고자 할 때 그 효과는 정부가 가진 권력과 자원의 크기에 달려 있다. 강력하고 풍부한 자원을 가진 정부는 갈등 상황에 대해 그것을 위한 장을 제공하고, 갈등의 내용을 공개하며, 거기에 참여한 사람들을 보복으로부터 보호하고, 불만의 소재가 되는 상황을 바로잡는 조치를 취할 수 있다. 또한 이런 정부는 새로운 범주의 불만 사항들을 수렴하는 새로운 기구를 설립하여 그에 대한 특별 대책을 실행할 수도 있다.

모든 사회제도는 그것의 내부 활동이 공개되는 방식으로부터 영향을 받는다. 예를 들어, 사회제도 가운데 하나인 가족의 존속에는 사생활에 대한 비밀 보장이 중요하다. 만약 사적 영역의 모든 갈등을 공적 개입의 대상이 되도록 내던져 놓는다면, 사회의 어떤 힘들이 분출하게 될지 상상하기조차 어렵다. 갈등의 확장력을 통제하는 절차가 곧 정치체제의 양상을 결정한다.

갈등의 어떤 주어진 범위에 대해 그것이 본질적으로 좋거나

민주주의에서 정부가 갈등을 사회화하고자 할 때 그 효과는 정부가 가진 권력과 자원의 크기에 달려 있다.

갈등의 확장력을 통제하는 절차가 곧 정치체제의 양상을 결정한다.

나쁘다고 말할 수는 없다. 큰 갈등이 작은 갈등보다 좋은지의 여부는 그 갈등이 무엇에 관한 것이며, 사람들이 무엇을 성취하고자 하느냐에 달려 있다. 범위의 변화는 새로운 경쟁의 유형, 새로운 힘의 균형, 그리고 새로운 결과를 만들어 낸다. 그러나 그와 동시에 다른 많은 것을 불가능하게 만든다.

정치의 언어는 자주 완곡하고 때로는 우회적인 형식을 띠지만, 갈등의 사사화와 사회화라는 상반된 경향이 모든 전략을 뒷받침한다는 사실을 보여 주기는 별반 어렵지 않다.

정치를 연구하기 위해서는 비율에 대한 인식이 필요하다. 지금까지의 논의를 따르자면, 경쟁자와 구경꾼들 간의 상대적 비율을 인식해야 한다는 말이다. 모든 정치적 갈등의 시작 단계에서는 경쟁자와 구경꾼 간의 관계가 매우 유동적이어서 상대방의 힘을 확인하기란 불가능하다. 모든 구경꾼들이 갈등에 참여하기 전까지는 힘의 비율이 확정되지 않기 때문이다.

정치적 갈등은 경기장에 들어갈 수 없는 관중 앞에서 정해진 수의 선수들이 일정 규격의 운동장에서 승부를 다투는 축구 경기와는 다르다. 정치는 모든 사람이 자유롭게 참여할 수 있는 원시적인 축구와 훨씬 더 비슷하다. 그것은 자유롭게 장소를 바꿔 가며 한 마을의 모든 주민이 다른 마을의 모든 주민과 경기를 벌일 수 있는 그런 게임이다.

많은 갈등이 다양한 장치들을 통해 좁은 범위로 한정된다. 그러나 정치적 갈등의 뚜렷한 특징은 선수와 관중 사이의 관계가 분명하게 정의되지 않으며, 대개 어떤 것도 관중이 경기에 참가하는 것을 막을 수 없다는 데 있다.

The Scope and Bias of the Pressure System   2장   이익집단 체제의
범위와 편향성

2 | 이익집단 체제의 범위와 편향성

갈등의 범위는 정치조직의 규모와 정치 경쟁의 정도를 보여 준다. 동원되고 있는 지지자들의 규모, 즉 사람들이 관여하고자 하는 갈등의 포괄성 내지 배타성은 정치가 어떻게 조직되며 어떻게 조직되어야 하는지를 설명하는 모든 이론과 관련되어 있다. 바꿔 말해, 거의 모든 정치 이론은 누가 싸움에 참여할 수 있고 누가 싸움에서 배제될 수밖에 없는가 하는 문제를 다룬다고 하겠다.

모든 정치체제는 이런 종류의 이론들을 검증할 수 있는 시험장이다. 다른 나라의 정치도 그렇겠지만, 특히 미국 정치는 두 가지 종류의 대조적인 정치, 곧 이익집단 정치와 정당 정치의 조직에 관한 가정들을 검증할 수 있는 풍부한 소재를 제공해 준다.[1] 이와 같은 정치형태를 뒷받침하는 개념들은 정치 행위에 관한

모든 정치체제는 이런 종류의 이론들을 검증할 수 있는 시험장이다. 다른 나라의 정치도 그렇겠지만, 특히 미국 정치는 두 가지 종류의 대조적인 정치, 곧 이익집단 정치와 정당 정치의 조직에 관한 가정들을 검증할 수 있는 풍부한 소재를 제공해 준다.

일반 이론의 재료가 된다. 이 두 가지 조직 양식 사이에서 문제가 되는 이슈는 갈등의 크기와 범위이다. 이익집단은 소규모 조직인 데 반해, 정당은 규모가 매우 큰 조직이다. 여기서 대규모 조직의 지지자들과 소규모 조직의 지지자들이 확연히 다르다 해도 놀랄 필요는 없다. 왜냐하면 정치라는 게임의 결과는 그것이 이뤄지는 규모에 달려 있기 때문이다.

정치조직의 규모에 관한 논쟁을 이해하려면 먼저 이익집단 정치에 관한 몇몇 이론들을 살펴볼 필요가 있다. 이익집단은 미국 정치에서 중요한 역할을 수행해 왔다. 그러나 이들이 훨씬 더 주목할 만한 역할을 수행한 곳은 미국의 정치 이론 분야였다. 20세기 초반 미국의 정치적 조건을 감안하면, 특수이익집단에 대한 논의가 '집단' 중심의 정치 이론으로 발전한 것은 어쩌면 불가피했을지도 모른다. 그것은 집단 활동의 관점에서 모든 것을 설명하려 했던, 즉 보편적인 이익집단 이론을 수립하고자 했던 시도라 할 수 있다. 집단 중심의 정치 세계를 창조하려 했던 대가들의 시도는 분명 정치 이론을 향상시켜 놓았다. 어떤 이념이 얼마나 설득력 있는지를 실험해 보는 가장 좋은 방법 가운데 하나는 그것을 통해 현실을 해석하는 것이다. 이익집단 이론가들이 여러 대담한 명제들을 통해 모든 정치 현상을 설명할 수 있다고 주장하기도 했지만, 이제 우리는 그 이념의 한계가 무엇인지 파악할 수 있어야 한다.

20세기 초반의 미국 정치는 이 이념에 매우 호의적인 조건을 갖추고 있었다. 1896년부터 1932년까지 공화당 우위의 견고한 지역 정당체제에서 기업의 역할은 자신들의 절대적 지위를 항구적인 사회질서의 한 부분처럼 보이게 만드는 것이었다. 게다가 정치체제 역시 전반적으로 안정된 것처럼 보였기에 미국 공동체의 존속에 관한 문제는 제기되지도 않았다. 이런 환경에서 공동체의 보편적 이익과 관련된 사안들은 쉽게 간과되었다.

비어드Charles A. Beard, 라탐Earl Latham, 트루먼David B. Truman, 라이서슨Avery Leiserson, 달Robert A. Dahl, 린드블롬Charles E. Lindblom, 라스키Harold Laski 등이 이뤄 낸 탁월하고도 도발적인 학문적 업적에도 불구하고, 이익집단 이론은 많은 어려움에 봉착해 있다. 이 어려움은 이론적인 것으로, 일부는 그 이념을 지나치게 과장한 데서, 또 다른 일부는 현대 정부의 성격을 제대로 파악하지 못한 데서 비롯되었다.

이익집단 정치에 관한 문헌들에서 공통적으로 확인하게 되는 한 가지 문제는 이익집단 이론의 관점에서 모든 것을 설명하려한 데서 연유한다.[2] 일반적인 견해에 비춰 하나의 가설이 미국 정치처럼 복잡한 주제의 모든 것을 설명할 수 있다면, 그것은 실로 놀랄 만한 일이 아닐 수 없다. 또 다른 문제는 집단이란 개념이 지나치게 일반적인 관점에서 사용되어 이익집단 정치가 어떤 형식이나 형태도 없는 것처럼 보인다는 사실에서 비롯된다.

다음과 같은 질문을 제기해 볼 수 있다. 이익집단은 모든 정치 상황의 보편적이고도 기본적인 구성단위인가? 그리고 이들 이익집단으로 모든 것을 설명할 수 있는가? 이 질문에 답하기 위해서는 기초적인 정치 이론 몇 가지를 검토하는 작업이 필요하다.

이익집단 이론에서 나타나는, 집단에 대한 신조를 검증하기 위해서는 먼저 간단하지만 중요한 문제 두 가지를 해결해야 한

이익집단 정치에 관한 문헌들에서 공통적으로 확인하게 되는 한 가지 문제는 이익집단 이론의 관점에서 모든 것을 설명하려 한 데서 연유한다.

다. 첫 번째는 공익 집단과 특수이익집단을 구분할 수 있는가와 관련된 문제이다. 두 번째는 조직화된 집단과 그렇지 않은 집단을 구분하는 문제이다. 이 두 가지 문제를 꼼꼼히 따져 보고 나면, 우리는 좀 더 명확하게 우리 생각을 말할 수 있을 것이다. 물론 이런 문제들을 제기한다고 해서 이익집단 이론의 주요 내용이 허물어지는 것은 아니다. 그러나 이는 보편적인 명제들을 좀 더 정확하게 정의하려 할 때 유용한 조건들이다. 만약 위의 두 가지 구분 모두를 입증할 수 있다면, 우리는 범위와 경계로 정의될 수 있는 무언가를 확보하게 될 것이다. 보편적인 관점에서 정치 현상을 논할 때 맞닥뜨리게 되는 난처함은 토론의 주제에 시작과 끝이 없다는 것이다. 즉 주제의 범위를 한정짓는 경계와 편향성을 확인하지 않을 경우, 하나의 주제를 다른 주제와 구분할 수도 없고 관련된 세력의 편향성을 파악할 수도 없다는 말이다. 한 주제의 외적 경계를 확인하고 그것을 다른 주제와 구분한 뒤에야 비로소 우리는 그 주제를 포착했다고 말할 수 있다.

위의 문제를 그 구성 요소별로 나누어 우선 공적 이익과 사적 이익을 구분하는 일부터 시작해 보도록 하자.[3] 만약 이 구분을 증명할 수 있다면, 우리는 이익집단 정치라는 주제의 경계 가운데 하나를 확립하게 될 것이다.

사실 공적 이익과 사적 이익의 구분은 오랜 역사를 지니고 있다. 그것은 정치 이론에서 가장 오래된 개념 구분 가운데 하나이다. 이 주제에 관한 문헌에서 공적 이익은 공동체의 모든 혹은 실질적 의미의 거의 모든 구성원이 공유하는 공통의 보편적인 이익을 의미한다.[4] 아마도 국익에 대한 어떤 관념이 없다면 국민

이익집단 이론에서 나타나는, 집단에 대한 신조를 검증하기 위해서는 먼저 간단하지만 중요한 문제 두 가지를 해결해야 한다. 첫 번째는 공익 집단과 특수이익집단을 구분할 수 있는가와 관련된 문제이다. 두 번째는 조직화된 집단과 그렇지 않은 집단을 구분하는 문제이다.

공적 이익은 공동체의 모든 혹은 실질적 의미의 거의 모든 구성원이 공유하는 공통의 보편적인 이익을 의미한다.

이 존재할 수 없듯이, 공동의 이익이 없다면 공동체 역시 존재할 수 없을 것이다. 만약 사적 이익과 공적 이익을 구분할 수 없다면, 이는 이익집단 이론가들이 정치사상에 일대 혁명을 가져온 것으로 그 결과를 예측하기란 불가능할 것이다. 이런 이유에서 우리는 그 구분을 매우 신중하게 검토해야 한다.

민족주의가 세계에서 가장 강력한 이념들 가운데 하나로 평가되는 시점에서, 국익이 실제로 존재한다는 사실은 어렵지 않게 이해할 수 있다.[5] 국가의 존속에 대한 공동의 이익이 얼마나 큰지 실감하기 위해서는 미국 예산에서 국방비가 차지하는 비중을 고려하는 것만으로도 충분하다. 달러로 측정할 때 이는 세계에서 가장 큰 이익 가운데 하나이다. 게다가 이런 이익을 특수한 것으로 간주하기도 어렵다. 미국이라는 리바이어던을 사육하는 데 필요한 식단에는 잡다하고 이질적인 특수이익들 이상의 무언가가 포함되어 있다. 민주주의 이론에 대한 문헌을 살펴보면, 공동체에서 발견할 수 있는 공동의 합의된 의견을 '컨센서스'consensus 라고 부르며, 이것 없이는 어떤 민주주의 체제도 존속할 수 없다고 한다.

공동의 이익이 실제로 존재하는가의 여부는 공동체가 증명해 보이는 그 존속 능력을 통해 확인할 수 있다. 사람들을 하나로 묶어 주는 무언가가 분명 존재하는 것이다.

공동의 이익에 반대되는 말은 특수이익이다. 특수이익이란 소수의 사람이나 공동체의 한 분파만이 공유하는 이익이다. 그것은 다른 이익들을 배제하며 그들에 대해 적대적일 수도 있다. 특수이익은 사적 소유가 배타적인 것과 거의 동일한 방식으로

특수이익이란 소수의 사람이나 공동체의 한 분파만이 공유하는 이익이다.

배타적인 양태를 보인다. 복잡한 사회에서 공동체의 모든 혹은 실질적 의미의 거의 모든 구성원이 공유하는 이익과, 그렇게 광범위하게 공유되지 않는 이익이 함께 존재한다는 사실은 놀랄 일이 아니다. 여기서 사적 이익과 공적 이익의 구분이 유용한 까닭은, 사람들이 논쟁적인 사안에서 자기 이익을 한편으로 공적 이익이라 주장하기도 하고, 다른 한편으로 사적 이익이라 주장하기도 하는 혼란스런 상황이 자주 나타나기 때문이다.

공동체에서 완벽한 동의는 언제나 가능한 것이 아니다. 그러나 하나의 이익이 사실상 보편적이라고 할 만큼 널리 공유될 때, 우리는 그것을 공적 이익이라고 말할 수 있다. 같은 방식으로 99%의 동의와 완벽한 동의 간의 차이는 그렇게 큰 것이 아니기 때문에 모든 이익은 특수하다, 곧 99%의 이익은 1%의 이익만큼이나 특수하다는 주장도 부정할 수는 없다. 그런데 여기서 한 가지 예를 들어 보자. 모든 사형 판결에는 거의 언제나 한 명의 반대자가 있다는 사실에도 불구하고, 법은 별다른 혼란 없이 공적 이익을 정의하는 자신의 임무를 적절히 수행하고 있다. 즉 법은 그에 반대하는 사람들이 있다는 사실에도 불구하고 공적 이익을 정의하고 있는 것이다.

이론의 기능 가운데 하나는 현실을 설명하는 것이다. 이런 이유에서 모든 것을 특수이익의 관점에서 설명하려는 시도보다 공적 이익과 사적 이익을 구분하여 정치에서 무슨 일이 일어나고 있는지를 설명하는 것이 훨씬 더 쉽다는 말을 덧붙일 수 있겠다. 모든 이익은 특수하다는 주장을 입증하려는 시도는 사람들이 공동의 이익 속에서 특수이익을 취한다고 주장하는 경우와 동일하다. 둘 모두는 그저 불필요하고 부정확한 표현일 뿐이다. 물론 그렇게 주장할 수도 있다. 그러나 그것은 유용한 구분을 회피하기 위한 방법에 다름 아니다.

공적 이익과 사적 이익의 구분이 '주관적'이며 따라서 '비과학적'이라는 주장에 대해서는 어떻게 말할 수 있을까?

특수이익이든 보편이익이든 이익에 관한 모든 논의는 사람들의 동기와 바람, 의도와 관련되어 있다. 이런 의미에서 이익에 대한 모든 논의는 주관적이다. 정치에 대한 연구가 발전할 수 있었던 이유는 사람들의 정치적 행태와 그들에 대한 객관적 정보, 즉 재산 소유권, 소득, 경제적 지위, 직업 등과 관련된 자료들 간의 일정한 관계를 관찰해 왔기 때문이다. 공적이든 사적이든 이익에 관해 우리가 알고 있는 모든 것은 이런 종류의 추론을 기반으로 하고 있다. 어떤 주어진 사례에서 그에 대한 구분이 타당한가의 여부는 증거와 그 증거로부터 도출한 추론이 어떤 것이냐에 달려 있다.

전미제조업협회National Association of Manufacturers와 같은 조직의 이익에 대해 의미 있게 말할 수 있는 유일한 방식은, 이 협회에는 오직 제조업자만이 가입할 수 있다는 사실로부터 일정한 추론을 발전시키고 이를 바탕으로 객관적 자료와 협회의 활동을 관련시켜 보는 것이다. 여기서 관계와 논리, 추론은 오직 그 사실을 합리적으로 설명할 수 있을 경우에만 설득력을 갖는다. 이것이 이익에 관한 이론이 할 수 있는 전부이다. 예를 들어, 제조업자들만 가입할 수 있는 조직에 그들이 참여하는 이유가 자선사업을 하거나 문화적·종교적 이익을 증진하기 위함이 아니라는 것쯤

특수이익이든 보편이익이든 이익에 관한 모든 논의는 사람들의 동기와 바람, 의도와 관련되어 있다. 이런 의미에서 이익에 대한 모든 논의는 주관적이다.

은 정치학 연구자들도 쉽게 동의할 수 있다. 이 조직의 관심사는 회원 가입 기준으로부터 추론할 수 있다. 이렇게 회원에 대한 자료를 통해 이끌어 낸 결론은 그 조직이 주창하는 정책에 대해 우리가 아는 바와도 부합한다. 즉 그들의 정책은 제조업자들의 배타적 이익을 반영한다. 이와 같은 방법이 완벽한 것은 아니지만, 다른 종류의 분석들보다 낫고 또한 유용하다고 하겠다. 왜냐하면 특수이익집단들은 자주 자신들의 특수이익을 공적 이익으로 합리화하는 경향을 보이기 때문이다.

전미제조업협회 회원들의 이익과 미국사형제폐지연맹American League to Abolish Capital Punishment 회원들의 이익은 구분할 수 있는 것일까? 후자의 사례는 전자와는 다른 사실을 보여 준다. 우선 사형제폐지연맹의 회원들은 분명 곧 사형당할 처지에 있는 사람들이 아니다. 사형제폐지연맹의 회원 자격은 살인죄로 기소되었거나 극형에 처하게 될 사람들에게만 한정되어 있지도 않다. 누구나 사형제폐지연맹에 가입할 수 있다. 자신들이 옹호하는 정책을 통해 개별적으로 혜택을 받는 것이 아님에도, 이 조직의 회원들은 사형제에 반대하고 있다. 따라서 사형제폐지연맹의 이익은 적대적이지도 배타적이지도 특수하지도 않다고 추론할 수 있다. 그것은 자원 고갈을 근거로 세액 공제를 요구하는 석유협회Petroleum Institute의 이익과는 다른 것이다.

다른 사례들도 살펴보도록 하자. 전미아동노동위원회National Child Labour Committee 회원들은 고용주의 착취를 막아 줄 법적 보호를 필요로 하는 어린아이들이 아니다. 세계평화재단World Peace Foundation 회원들은 당연히 평화를 바라는 사람들이다. 그러나 이들은 모든 사람을 위해 평화를 원할 것임에 틀림없다. 왜냐하면 사태의 성격상 공동체의 일부가 교전 중인 상황에서는 어떤 집단도 평화를 누릴 수 없기 때문이다. 마찬가지로 전미안보연맹National Defense League 회원들이 오직 자기들만을 위해 안보를 원한다 할지라도, 국가 안보란 분할될 수 없는 것이기에 그들은 전체 국민의 안보를 위해 일할 수밖에 없다. 오직 순진한 사람들만이 미국은행인협회American Bankers Association 회원들과 외교정책협회Foreign Policy Association 회원들의 정치적 관여가 동일한 성격을 띤다고 생각할 것이다. 바꿔 말해, 우리는 한 집단의 구성원뿐만 아니라 그 조직이 추구하는 혜택의 성격이 배타적이냐 혹은 포괄적이냐에 따라서도 일정한 추론을 끌어낼 수 있다. 이들 집단의 성격을 구분할 수 있는 근거는 어떤 주관적 과정을 통해서가 아니라 입증 가능한 사실로부터 도출되는 합리적 추론에 있다.

다른 한편, 몇몇 특수이익집단들이 자기 이익을 공적 이익과 동일시하려 한다는 이유만으로 공적 이익에 대한 모든 관념이 허위라고 말할 수는 없다. 제너럴 모터스에 좋은 것이 국민에게도 좋은 것이라는 윌슨*의 유명한 말은 대부분의 사람들이 실제 공적 이익을 바라고 있다는 가정에 바탕을 둔 것이다. 추측컨대 윌슨이 제너럴 모터스의 특수이익을 공적 이익의 관점에서 설명하려 했던 이유는 그것이 자기 회사에 속해 있지 않은 사람들에게

> 우리는 한 집단의 구성원뿐만 아니라 그 조직이 추구하는 혜택의 성격이 배타적이냐 혹은 포괄적이냐에 따라서도 일정한 추론을 끌어낼 수 있다. 이들 집단의 성격을 구분할 수 있는 근거는 어떤 주관적 과정을 통해서가 아니라 입증 가능한 사실로부터 도출되는 합리적 추론에 있다.

---

* **찰스 윌슨**(Charles E. Wilson): 미국 자동차 회사 제너럴 모터스의 사장(1941~1953)을 지냈으며, 이후 아이젠하워 행정부에서 국방장관(1953~1957)으로 활동했다. 위의 진술은 1952년 상원 군사위원회의 장관 인준 청문회 당시 국방장관으로서 내려야 할 결정이 제너럴 모터스의 이익에 배치될 경우 어떻게 하겠느냐 라는 질문에 대한 답변 속에 포함된 내용이다.

말할 수 있는 유일한 방식이었기 때문이다. 제너럴 모터스 내부에서는 적나라한 자기 이익의 관점에서 논의가 진행되었을 것이다. 그러나 공적인 논의는 공적인 관점에서 이뤄져야 한다.

모든 공적 논의는 공동체 전체를 대상으로 한다. 특수이익집단들 간의 갈등을 하나의 정치 형식으로 서술한다는 말은 갈등이 일반화되었다는 것, 즉 좀 더 광범위한 대중이 관여하는 문제가 되었음을 의미한다. 사태의 성격상 특수이익들 간의 정치적 갈등은 이해 당사자 집단들만의 싸움으로 남아 있을 수 없다. 오히려 (상대적으로 소수인 이해 당사자들은) 그 논쟁으로부터 멀리 떨어져 있어 다소간 다른 관점을 갖는 수많은 사람들에게 지지를 호소한다. 따라서 윌슨의 진술은 공적 이익이 허위임을 증명하는 것이 아니라, 그 역시 공적 이익이 너무나 중요해서 거대한 사적 기업조차도 공적 이익을 존중해야 한다고 생각하고 있음을 입증한다.

공적 이익과 사적 이익의 구분은 정치를 연구하는 데 필요한 핵심적인 도구이다. 이런 구분을 없애 버리면, 서로 다른 것들을 마치 동일한 것처럼 취급하게 되어 정치학은 혼란에 빠질 수밖에 없다. 이런 종류의 구분은 인간 사회를 다룬 모든 문헌에서 흔히 발견할 수 있다. 그리고 이를 수용할 때, 우리는 이익집단 정치라는 주제의 외적 경계 가운데 하나를 확립하게 된다. 우리는 이익의 세계를 절반으로 나누었고, 이런 종류의 정치적 갈등이 포괄하는 범위를 정의하는 데 한 발짝 더 다가서게 되었다.

이제 두 번째 구분, 즉 조직화된 집단과 그렇지 않은 집단 간의 구분을 살펴보도록 하자. 여기서 문제는 이런 구분이 가능한가가 아니라 그럴 만한 가치가 있느냐 하는 것이다. 지금까지 조

공적 이익과 사적 이익의 구분은 정치를 연구하는 데 필요한 핵심적인 도구이다. 이런 구분을 없애 버리면, 서로 다른 것들을 마치 동일한 것처럼 취급하게 되어 정치학은 혼란에 빠질 수밖에 없다.

직은 집단의 발전 과정에서 "상호 작용의 한 단계 내지 정도로만" 서술되어 왔다.[6]

집단을 조직화 여부로 구분하는 것은 유용하다. 그러나 이로부터 우리는 어떤 결론을 도출해 낼 수 있을까? 조직화된 집단과 조직화되지 않은 집단 간의 구분을 '단순히' 정도의 차이로만 이해할 경우에는 문제를 해결할 수 없다. 왜냐하면 세상에서 커다란 차이라고 하는 것 가운데 많은 경우는 정도의 차이이기 때문이다. 특수이익 정치에 관해 말할 때 우리는, 한 잔의 맥주를 위해 습관적으로 선술집에 들르는 소수의 노동자들과 미국 군대 사이의 차이는 단지 정도 차이에 불과하기 때문에 이들 양자는 본질적으로 동일하다는 논리에 빠져서는 안 된다. 바로 이 지점에서 우리는 차이를 분명하게 해주는 구분을 갖게 된다. 조직화된 집단과 그렇지 않은 집단을 구분하는 것은 그럴 만한 가치가 있다. 그 이유는 이런 구분을 통해 우리는, 보편적인 집단 중심의 정치 이론으로 시작하지만 결국에는 이익집단 정치를 본질적이고 보편적이며 항구적이고 불가피한 것으로 옹호하는 분석을 경계할 수 있기 때문이다. 이런 종류의 혼란은 집단 개념을 보편화함으로써 범주들의 구분이 불분명해져 발생한 것이다.

지식의 역사가 시작된 이래 학자들은 서로 다른 것들을 구분하고, 연구 소재들은 범주별로 나누어 좀 더 정확하게 조사함으로써 학문의 발전을 이뤄 내고자 했다. 그런데 이익집단 이론가들이 모든 범주를 파괴해 보편적 관점에서 자신들의 주제를 논한다면, 이는 뭔가 대단히 낯선 것이 아닐 수 없다. 왜냐하면 이런 방법으로는 어떤 것도 이해하기 어렵기 때문이다.

조직화된 집단과 그렇지 않은 집단을 구분하는 것은 그럴 만한 가치가 있다. 그 이유는 이런 구분을 통해 우리는, 보편적인 집단 중심의 정치 이론으로 시작하지만 결국에는 이익집단 정치를 본질적이고 보편적이며 항구적이고 불가피한 것으로 옹호하는 분석을 경계할 수 있기 때문이다.

따라서 우리가 공적 이익과 사적 이익, 조직화된 집단과 그렇지 않은 집단을 구분할 수 있다면, 우리 주제의 주요한 경계들은 확정된 셈이다. 즉 우리는 이 주제에 구체적인 형태와 범위를 부여한 것이다. 이제 우리는 탐구하고자 하는 영역을 정의할 수 있는 위치에 섰다. 파이를 네 개의 조각으로 자른 다음 원하는 조각은 가지고 나머지는 다른 사람을 위해 남겨둘 수 있게 되었다. 여러 근거들에 비춰 가장 연구할 만한 분야는 조직화된 특수이익집단들의 영역이다. 조직화된 집단에 집중할 때의 이점은 이들 집단이 사회적으로 알려져 있어 확인 가능하고 인식 가능하다는 데 있다. 특수이익집단에 초점을 맞출 경우의 이점은 이들이 공통적으로 보여 주는 한 가지 중요한 특징에서 찾을 수 있다. 그 특징은 이들 모두가 배타적이라는 것이다. 파이로부터 떼어 낸 이 조각(조직화된 특수이익집단)을 우리는 이익집단 체제라고 부를 것이다. 이익집단 체제는 우리가 정의할 수 있는 경계를 가지고 있다. 우리는 이 체제의 범위를 확정할 수 있으며, 그것의 편향성에 대해서도 평가할 수 있다.

여러 근거들에 비춰 가장 연구할 만한 분야는 조직화된 특수이익 집단들의 영역이다.

먼저 모든 조직화된 특수이익집단은 정치에 일정 종류의 영향을 미친다고 가정할 수 있다. 1942년 미국 상무부 산하 업종협회국Trade Associations Division이 실시한 조직 관련 표본조사는 "(이들 업종협회의) 70~100%가 정부와의 관계, 업종진흥, 업종실무, 홍보, 연례회의, 여타 조직과의 협력, 그리고 정보 서비스 분야에서 활동을 계획하고 있다"고 결론 내렸다.[7]

만약 우리의 관심을 어떤 특정 집단, 그러니까 정치에 상당한 이해관계를 가진 까닭에 자신을 회원과 규약, 임원을 가진 공식적인 조직으로 통합하는 집단들로 한정한다면, 우리는 분석 대상이 되는 주제를 다룰 만하고 통제 가능한 수준으로 줄일 수 있을 것이다. 이렇게 정의하는 것의 추가적 이점은 조직화된 특수이익집단이야말로 자신의 이익을 가장 분명히 의식하고 있으며, 가장 잘 발달되어 있고, 가장 열성적이며 활동적인 집단이라고 가정할 수 있다는 것이다. 이익집단 이론이 어떤 주장을 제기하든, 타당성을 가지려면 이들 집단에 관한 증거를 통해 그 이론이 뒷받침되어야 한다.

다양한 자료집(이를테면, 미국 상무부가 정기적으로 출간하는 『미국의 전국협회』*National Associations of the United States*, 특별 연감, 기록물 등과 미국 하원이 출간하는 『로비 일람집』*Lobby Index*에 실려 있는 조직화된 집단들은 아마도 이익집단 체제에 속한 조직들을 대부분 포괄할 것이다. 물론 어떤 편찬물이든 완벽할 수는 없다. 그러나 여기에 수록된 집단들의 목록은 충분히 광범위하여 이익집단 체제의 범위를 측정하는 데 필요한 기반을 제공해 준다.

하나의 집단이 어떤 이익을 증진하기 위해 스스로를 조직하는 시점에서, 그것은 또한 특정 종류의 정치적 편향성을 갖는다고 가정할 수 있다. 왜냐하면 조직 그 자체는 어떤 활동을 위한 편향성의 동원이기 때문이다. 이들 집단은 확인이 가능하며 그들만의 회원을 가지고 있기 때문에(즉 그들은 사람들을 포괄하는 동시에 배제하기 때문에), 이들로 구성된 체제의 범위를 생각해 볼 수 있다.

이들 조직의 목록을 검토할 때 발견하게 되는 가장 주목할 만한 사실은 이 체제가 매우 작다는 것이다. 조직화되고 확인 가능하며 사회적으로 알려져 있는 집단의 범위는 놀랄 만큼 협소하

> 하나의 집단이 어떤 이익을 증진하기 위해 스스로를 조직하는 시점에서, 그것은 또한 특정 종류의 정치적 편향성을 갖는다고 가정할 수 있다. 왜냐하면 조직 그 자체는 어떤 활동을 위한 편향성의 동원이기 때문이다.

다. 즉 여기에서 보편적인 것이라고는 찾아볼 수가 없다. 결사체의 목록을 만드는 출판사들은 기업 조직을 과도하게 강조하는 경향이 있다. 이것은 대개 기업 부문이 사회에서 가장 잘 조직화된 부문이기에 불가피한 현상으로 보인다. 게다가 출판사들은 정보에 대한 대중의 요구를 반영할 수밖에 없다. 그럼에도 불구하고, 이익집단 체제에서 기업집단이 갖는 우위는 과도하게 부각되어 있기에 이를 출판업계의 관행으로 치부해 버리기는 어렵다.

이용 가능한 거의 모든 목록은 이익집단 체제의 친기업적 속성을 보여 주고 있다. 『미국의 전국협회』[8]에는 4천 개에 이르는 조직들의 목록이 작성되어 있으며, 이들 가운데 1,860개를 기업 관련 조직으로 분류해 놓았다. 그리고 이 목록에는 빠져 있지만 1만6천 개의 기업가 조직을 언급하고 있다(VIII쪽). 알려지지 않은 결사체들의 세계가 어떤 내용으로 구성되어 있는지는 확인할 수 없지만, 다른 간행물에 실린 자료들을 고려해 볼 때 기업들이 매우 잘 대표되고 있음을 부정하기는 어렵다. 이 체제의 전반적인 범위와 관련한 몇몇 증거들은 1만5천 개의 전국업종협회들이 대략 1백만 개의 기업 회원을 보유하고 있다는 추정치를 통해서도 확인할 수 있다.[9] 물론 이들 자료는 불완전하다. 그러나 이것이 상세한 지도는 아니라 하더라도, 이를 통해 어렴풋하게나마 전체를 확인할 수는 있다.

이익집단 정치와 훨씬 더 직접적으로 관련된 자료는 로비 활동에 관한 하원 특별위원회House Select Committee on Lobbying Act 보고서로 출간된 『로비일람, 1946~1949』(연방로비법에 따라 등록되어 있거나 분기별로 보고서를 제출하는 조직 및 개인들의 목록)이다. 이

편찬물에서도 총 1,247개 단체들(개인과 인디언 부족은 제외) 가운데 825개는 기업을 대표하고 있었다.[10] 『로비일람』에 포함된 단체들 가운데 가장 중요한 것으로 선별된 집단의(로비에 가장 큰 액수의 자금을 지출하는 집단) 목록은 『계간 의회기록』*Congressional Quarterly Log*을 통해 발표되는데, 여기서도 전체 265개 집단들 가운데 149 개는 기업 조직이었다.[11]

　이익집단 체제의 기업 및 상층계급 편향성은 도처에서 확인할 수 있다. 기업인들이 자기 지역 국회의원에게 편지를 쓸 가능성은 육체 노동자들보다 네 배 혹은 다섯 배가량 높다. 대학 졸업자들은 교육 수준이 가장 낮은 사람들에 비해 훨씬 더 자주 자기 지역 의원에게 편지를 쓰는 경향을 보인다.[12]

　기업이 주축이 되는 이익집단 체제의 협소한 범위는 이용 가능한 모든 통계자료에서 드러난다. 기업 조직들 가운데 가장 큰 단체는 (약 2만 개의 법인 회원을 가진) 전미제조업협회와 (회원 규모가 이와 비슷한) 미국 상공회의소Chamber of Commerce of the United States 이다. 통상의 기업협회들은 이보다 훨씬 더 작다. 『미국의 전국 협회』에 포함된 금속산업 관련 421개 업종협회 가운데 153개는 회원 수가 20인 미만이다.[13] 금속업종협회의 규모는 24~50인 정도가 중간을 이룬다. 목재·가구·제지 산업에서도 회원의 규모는 비슷한데, 목록에 포함된 협회들의 37.3%는 회원 수가 20인 미만이었으며, 중간 정도의 회원 규모 또한 25~50인 범위 내에 있다.[14]

　이들 사례의 통계 수치들은 그 외 거의 모든 산업에서도 동일하게 나타난다.

이익집단 체제의 기업 및 상층계급 편향성은 도처에서 확인할 수 있다.

다른 자료들 또한 이익집단 체제가 전반적으로 상층계급 편향성을 갖는다는 명제를 뒷받침하고 있다. 자발적 조직의 참여자들이 사회경제적 상위 집단에 집중되어 있음을 보여 주는 증거는 압도적으로 많다. 즉 상위 계층의 참여율은 다른 계층보다 훨씬 높게 나타난다. 라자스펠드Paul Lazarsfeld는 이 보편적 명제를 다음과 같이 분명하게 서술하고 있다.

사회경제적 지위가 낮은 사람들이 어떤 조직에 속해 있을 가능성은, 사회경제적 지위가 높은 사람들보다 낮다(A에서 D까지 네 등급으로 나누어 볼 때, A와 B 수준에 있는 응답자들의 72%는 하나 이상의 조직에 가입해 있다. 사회경제적 지위가 하락할수록 공식 조직의 회원이라고 답한 사람들의 수도 함께 낮아져, D 수준에서는 결사체에 가입한 응답자의 비율이 35%에 불과하다).[15]

이익집단 체제의 편향성은 기업 이외의 조직들조차 상층계급적 성향을 보인다는 사실을 통해서도 확인할 수 있다.

라자스펠드의 일반화는 도시와 농촌의 주민들에게도 동일하게 해당되는 것 같다. 그 동전의 이면에는 대다수 사람이 사적 조직의 체계로부터 완전히 단절되어 있다는 사실이 놓여 있다. 필라델피아의 한 지역을 조사한 아이라 라이드Ira Reid의 연구에 따르면, 963명의 표본 가운데 85%는 어떤 사회조직이나 자선조직에도 가입하지 않았으며, 74%는 직업이나 기업 결사체 혹은 전문가 집단에도 속해 있지 않았다. 또 다른 필라델피아 지역 연구는 1,154명의 여성 가운데 55%가 어떤 종류의 결사체에도 가

입하지 않았음을 보여 주었다.[16]

몇 년 전 『포춘』*Fortune*이 농민을 대상으로 실시한 여론조사에 따르면, 농민의 70.5%는 어떤 농업 조직에도 가입해 있지 않았다. 갤럽이 실시한 두 차례의 여론조사도 이와 비슷한 결론에 도달했는데, 시골 농민들 가운데 1/3만이 농업 조직에 가입해 있었다.[17] 『포춘』의 또 다른 여론조사 역시 저소득 농민층의 86.8%가 어떤 농업 조직에도 가입하지 않았음을 보여 주었다.[18] 이용 가능한 모든 자료들은 농촌 지역 조직에 참여하지 않은 농민들 대부분이 가난한 사람들이라는 일반화를 뒷받침해 준다.

농촌 사회학자들이 수행한 상당수의 연구도 동일한 결론을 보여 준다. 만거스A. R. Mangus와 코탐H. R. Cottam은 오하이오 주 농가 가구주와 그들의 아내 556명을 대상으로 연구를 한 뒤 이를 바탕으로 다음과 같이 말하고 있다.

> 현재의 연구는 생활 지수를 기준으로 하층에 속한 사람들 가운데 극소수만이 공동체 조직의 회원이나 참가자 혹은 기부자나 지도자로 활동했음을 보여 준다. 다른 한편, 생활 지수의 상층에 있는 사람들의 상당수는 공식적인 집단 활동에 적극적으로 참여하고 있었다. …… 이 연구가 정의한 하층계급 사람들 가운데 2/3는 비참여자들인 반면, 상층계급과 중간계급의 비참여자들은 각각 1/10과 1/4에 불과했다. …… 보편적인 생활수준 지수에 따라 가구들을 분류했을 때, 상층계급의 적극 참여자들은 하층계급의 적극 참여자들에 비해 16배나 더 많았다.[19]

같은 맥락에서 리처드슨P. D. Richardson과 바우더Ward W. Bauder는

"사회경제적 지위가 참여의 정도와 직접적인 관련이 있다"고 주장했다.[20] 또 다른 연구에서도 "소득과 공식적인 참여 사이에 매우 높은 상관관계가 있다"는 사실이 밝혀졌다.[21] 이 연구에 따르면, 4년제 대학 이상의 교육을 받은 사람들은 4년 미만의 교육을 받은 사람들에 비해 (1백 명당) 20배나 많은 회원 신분을 유지하고 있었으며 비종교조직에서 직책을 보유할 가능성 또한 40배나 높았다. 게다가 5천 달러 이상의 소득을 가진 사람들은 250 달러 미만의 소득을 가진 사람들에 비해 94배나 많은 직책을 보유하고 있었다.[22]

린드스트롬D. E. Lindstrom은 농업 노동자들의 72%가 어떤 조직에도 속해 있지 않다는 사실을 발견했다.[23]

사적 결사체에 참여하는 일이 계급적 편향성을 띤다는 명제는 수많은 자료들을 통해 뒷받침할 수 있다.[24]

결사체 활동의 계급적 편향성은 이익집단 체제의 협소한 범위가 갖는 중요성을 말해 준다. 왜냐하면 범위와 편향성은 동일한 경향의 두 측면이기 때문이다. 여러 자료들은 특수이익집단이 모든 이익을 반영하는 정치조직의 보편적 형식이라는 명제에 심각한 의문을 제기한다. 모든 사람이 이익집단 활동에 참여하고 모든 이익이 이익집단 체제를 통해 조직된다는 가정은, 이익집단 정치라는 정치 형식을 무의미하게 만드는 것이다. 이익집단 체제가 의미를 갖는 경우는, 공동체의 어느 한 부분이 이를 정치적 도구로 사용할 때뿐이다. 이 체제는 선별적이고 편향된 기제를 통해 결과를 만들어 내기 때문이다. 만약 모든 사람이 조직 활동에 참여한다면, 조직이라는 형식이 갖는 독특한 이점은 사라질 것이다.

사적 결사체에 참여하는 일이 계급적 편향성을 띤다는 명제는 수많은 자료들을 통해 뒷받침할 수 있다. 결사체 활동의 계급적 편향성은 이익집단 체제의 협소한 범위가 갖는 중요성을 말해 준다. 왜냐하면 범위와 편향성은 동일한 경향의 두 측면이기 때문이다.

왜냐하면 모든 이익이 동원될 때 그것은 교착상태로 귀결될 가능성이 크기 때문이다.

특수이익에 기반한 조직은 자신들의 배타적 이익을 명확하게 인식하고 있는 소수의 개인들을 대상으로 할 때 가장 쉽게 형성된다. 이런 식으로 이익집단의 조직화 조건을 서술하는 것은 그것이 대개 기업 편향적 현상임을 말해 준다. 소수의 거대 조직(교회, 조직 노동, 농업 조직, 재향군인회)을 제외할 때, 그 나머지는 전체 공동체의 작은 부분에 불과하다. 이익집단 정치는 본질적으로 소규모 집단의 정치이다.

이익집단 이론의 심각한 문제점은 그것이 이익집단 체제의 가장 중요한 측면들을 숨긴다는 데 있다. 다원주의가 지향하는 천국의 문제는 천상의 합창에서 상층계급의 목소리가 가장 크게 들린다는 것이다. 대략 인민의 90% 정도는 이익집단 체제에 들어갈 수 없다.

이익집단 체제가 공동체 전체를 자동적으로 대표한다는 관념은 모든 것을 다 설명하려는 현대 이익집단 이론의 보편화 경향이 조장한 신화이다. 이익집단 정치는 분산된 이익들에 봉사하기는커녕 이들을 배제하도록 잘못 설계된 선별 과정이다. 이 체제는 소수 분파에 유리하도록 편향되어 있고, 뒤틀려져 있으며, 불균등한 상태를 유지시킨다.

다른 한편, 이익집단 정치의 전술은 일반이익을 동원하는 데에서도 주목할 만한 성과를 보여 주지 못했다. 이익집단 조직들이 다수의 이익을 대표하고자 할 때에도, 그들이 접촉할 수 있는 사람들의 규모는 대개 전체 지지자들의 작은 부분일 뿐이었다. 미국의 1천5백만 흑인* 가운데 전미유색인지위향상협회National

다원주의가 지향하는 천국의 문제는 천상의 합창에서 상층계급의 목소리가 가장 크게 들린다는 것이다. 대략 인민의 90% 정도는 이익집단 체제에 들어갈 수 없다.

Association for the Advancement of Colored People에 가입한 사람은 극소수에 불과하다. 미국 여성들의 0.05%만이 여성유권자연맹League of Women Voters에 가입해 있으며, 소비자들의 0.16%만이 전미소비자연맹 National Consumers' League에 가입해 있고, 미국 자동차 운전자들 역시 6%만이 미국자동차협회American Automobile Association에 가입해 있다. 퇴역 군인의 경우도 대략 15%만이 미국재향군인회American Legion 에 가입해 있다.

미국 대중의 지지를 얻기 위한 이익집단과 정당의 다툼은 소규모 정치조직과 대규모 정치조직이 성취할 수 있는 결과 간의 차이로 나타난다. 이익집단 정치와 정당 정치의 결과는 매우 다를 수밖에 없다.

이익집단 이론에 대한 비판

이익집단 이론의 기본 가정들이 경제결정론을 구성하는 여러 개념들에 의해 뒷받침되지 않았더라면 이 이론은 현재와 같은 지위를 누리지는 못했을 것이다. 정치에 대한 경제결정론적 해석은 하나의 궁극적 원인, 즉 모든 정치 현상을 설명할 때 적용될 수 있는 현자의 돌을 찾고자 했던 정치철학자들에게는 언제

---

*2005년 인구조사에 따르면, 미국에 거주하는 흑인 인구는 3,990만 명으로 전체 인구의 13.8%를 차지하고 있다.

나 매력적이었다. 궁극적인 하나의 원인을 탐구하는 것은 집단 개념을 통해 정치에 관한 모든 것을 설명하려는 시도와 관계가 있다. 경제결정론의 논리는 갈등의 기원을 찾아내고 이에 근거하여 결론을 추정하는 것이다. 이런 종류의 사고에는 몇 가지 망상이 숨어 있다. 이런 몽유병적 사고는 이익집단 활동의 성공 사례만을 다루려는 연구 경향에서 발견할 수 있고, 또 어떤 결과가 실제로 상정한 원인에서 비롯된 것인지를 끝까지 추적하지도 않은 채 이익집단을 그 원인으로 간주하는 데 만족하려는 학자들의 무책임한 성향에서도 볼 수 있다. 이런 종류의 사고를 유별난 것으로 받아들일 수밖에 없는 이유는 정치적 경쟁에서는 성공만큼이나 실패가 많이 존재하기 때문이다. 이익집단 정치를 다룬 문헌 어디에서 이 실패를 논의하고 있는가?

특수이익정치를 연구하는 사람들에게는 지금까지 그들이 개발해 놓은 것보다 더 정교한 지적 도구들이 필요할 것이다. 단일 원인을 찾고자 하는 과정에서 이론적 문제와 맞닥뜨릴 수밖에 없는 이유는, 민주주의에서 모든 권력관계는 상호적이기 때문이다. 최초의 단일 원인을 발견하려는 노력은 대양의 파도 현상을 연구하면서 최초의 파도를 발견하려는 것과 같다.

설사 갈등의 기원을 이해했다 하더라도, 우리가 갈등에 대해 알려진 모든 것을 알게 되었다고 자신 있게 말할 수 있을까? 정치에 관해 우리가 알고 있는 모든 것이 시사하는 바는, 어떤 갈등이 정치화될 때 그 갈등은 커다란 변화를 겪게 된다는 것이다. 싸움의 상대방과 부딪히는 과정에서 애초 자신이 가졌던 입장을 그대로 유지하는 사람은 거의 없다. 일단 하나의 갈등이 정치의

> 민주주의에서 모든 권력관계는 상호적이라는 것이다. 최초의 단일 원인을 발견하려는 노력은 대양의 파도 현상을 연구하면서 최초의 파도를 발견하려는 것과 같다.

장으로 들어가게 되면, 갈등의 참여자로부터 갈등의 내용과 사용 가능한 자원에 이르기까지 모든 것이 변한다. 싸움의 발단을 찾는 것만으로 결과를 예측할 수는 없다. 왜냐하면 그 갈등에 누가 또 참여하게 될지 모르기 때문이다. 사태를 결정하는 요인으로 갈등의 사사로운 기원만 강조할 경우, 우리는 정치과정에 아무런 가치도 부여하지 않게 된다.

이익집단 정치를 일컫는 '압력정치'pressure politics라는 표현 때문에, 우리는 자주 특수이익집단의 정치적 역할을 오해하게 된다. '압력'이라는 말은 이성이나 정보 이외의 물리적 힘이나 위협과 같은 방식을 통해 정부 당국으로 하여금 정부가 최선이라고 판단한 바와 다르게 행동하도록 유도하는 것을 의미한다. 앞에서 인용했던 라탐의 유명한 진술에서 입법부는 경쟁하는 집단들 간의 "힘의 균형, 즉 그들 권력의 상대적 크기를 공인하고 기록하는 심판"으로 서술되어 있다.[25]

입법부 즉, 의회는 그 자신의 의사나 힘도 없으며 새로운 세력을 끌어들여 힘의 균형을 변화시킬 수도 없다는 의미를 이보다 더 효과적으로 표현하기도 어려울 것이다.

실제로 정치적 갈등의 결과는 물리학에서 말하는 대립하는 힘들의 '결과'와는 다르다. 대립하는 물리적 힘들의 결과를 물리학자들이 도표화하듯 정치적 환경 아래 있는 힘들도 도표화할 수 있다고 가정하는 것은, 시민사회의 제도화를 뒷받침했고 오랜 역사를 가진 보편적이고도 공적인 고려 사항 모두를 깨끗이 잊어버리자는 것이나 다름없다.

게다가 '압력'이라는 관념은 이와 관련된 권력관계의 이미지

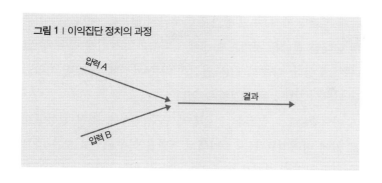

그림 1 | 이익집단 정치의 과정

압력 A

압력 B

결과

도 왜곡한다. 사적 갈등이 공적 영역으로 들어가게 되는 정확한 이유
는, 처음 갈등에 관여했던 이해 당사자들 간 힘의 비율이 역전되기를
바라는 사람들이 있기 때문이다. 갈등을 단지 사적 이익들의 힘을
시험하는 수단으로 간주한다면, 그것은 가장 중요한 요인을 무
시하는 것이나 다름없다. 이는 분명한 사실이며, 그런 까닭에 사
적 권력들 간의 비율을 그대로 유지하는 유일한 방법은 갈등이
공적 영역으로 들어가지 못하게 하는 것이다.

오직 '이해 당사자들'만이 중요하다는 가정은 앞에서 제시한
논의의 관점에서 다시 검토되어야 한다. 이익집단 정치에 관한
기존 연구들은 다수가 가진 저강도의 힘을 무시하는 경향을 보여
왔다. 그 이유는 이 연구들이 집단 간 힘의 등식을 처음부터 고정된
것으로 가정했기 때문이다.

이익집단 이론가들의 가정을 따르면, 다수파라는 이념에 대
해 공격하는 것은 당연하다. 그들의 가정에서 갈등은 협소한 범
위의 이해 당사자들만이 관여하는 것이다. 갈등이 이렇게 협소

하게 정의될 때, 다수의 공간은 존재하지 않는다. 이익집단 이론의 중대한 결함은 정치체제 내에서 다수파의 공간을 찾을 수 없다는 데 있다. 다수의 힘은 완전히 다른 차원에 있으며, 이익집단 이론의 잣대로는 측정할 수 없다.

이익집단으로 분류할 수 없는 모든 정치형태·조직·갈등구도를 없애 버리기보다는, 정치체제 전반을 아우르면서 모든 종류의 정치 활동에 적절한 의미를 부여할 수 있는 종합적 접근을 시도하는 것이 더 바람직하지 않을까?

이익집단 정치와 정당 정치를 종합할 수 있는 한 가지 방법은 정치를 갈등의 사회화로 서술하는 것이다. 즉 정치과정은 다음과 같은 순서로 진행된다고 말할 수 있다. 먼저 갈등은 높은 수준의 동기와 긴장을 가진 집단들에 의해 시작된다. 이들은 그 갈등에 대해 매우 직접적인 이해관계를 가진 까닭에 상반되는 자신들의 주장을 스스로 정당하게 판단하기 어렵다. 이들 집단의 갈등이 사적인 영역에 (경제적 경쟁, 사적인 협상과 흥정, 기업 통제권을 둘러싼 투쟁, 혹은 조직 구성원의 지지를 확보하기 위한 경쟁의 관점에) 머무는 한, 어떤 정치과정도 시작되지 않는다. 오직 좀 더 많은 대중을 끌어들이려는 시도가 이루어질 때에만 갈등은 비로소 정치화된다. 이익집단 정치는 갈등의 사회화에 포함된 하나의 단계로 서술할 수 있다. 이런 분석에 바탕할 때, 이익집단 정치는 정당 정치를 포함하는 모든 정치 활동의 구성 요소 가운데 하나가 된다.

이익집단 정치의 기원에서 확인할 수 있는 특징들 가운데 하나는 기업계 일반의 규율 붕괴에서 찾을 수 있다. 정부에 대한 호소는 상시적으로 나타난다. 이런 일은 경쟁하는 권력 집단들이 대면하는 곳이면 어디서나 발생할 수 있다. 공적 권위가 개입해 시정이나 보상을 해주기를 바라는 집단은 기업계 내부의 갈등에서 패배한 자들이다. 우위에 있는 기업들은 정부에 호소하지 않는다. 패배한 사적 이익을 지원하는 정부의 역할은 정부가 사적 권력관계의 비판자로 기능한다는 사실을 보여 준다.

사적인 갈등에서 경쟁자들 간 힘의 관계는 언제나 불평등하기 마련이므로, 당연히 가장 강력한 특수이익은 사적인 해결을 원한다. 외부의 개입 없이 갈등이 사적인 채로 남아 있는 한, 강자가 갈등의 결과를 결정할 수 있기 때문이다. 만약 A가 B보다 백 배 더 강하다면, 그는 자신의 의사를 B에게 쉽게 강요할 수 있다고 생각하기 때문에 제3자의 개입을 환영하지 않는다. 즉 그는 B를 고립시키기를 원한다. A는 특히 공적 권위의 개입에 반대할 것이다. 왜냐하면 공적 권위는 가장 압도적인 형태의 외적 개입이기 때문이다. 이와 같이 만약 $A/B=100/1$이라면, A와 B를 합친 것보다 백만 배나 강한 제3자를 관여하게 하는 것은 분명 A에게 유리한 전략이 아니다. 따라서 공적 권위에 도움을 요청하는 사람들은 강자가 아니라 약자이다. 갈등을 사회화하고자 하는 사람들, 즉 힘의 균형이 변할 때까지 더욱 더 많은 사람을 갈등에 끌어들이고자 하는 사람은 약자이다. 학교 교정에서 "선생님에게 고자질하는" 사람은 골목대장이 아니라 힘없는 작은 소년이다. 선생님이 관여하게 되면, 교정에서 나타났던 힘의 균형은 급격하게 변할 것이다. 공적 권위의 기능은 갈등의 범위를 넓혀 사적 권력관계를 변화시키는 것이다. 공적 권위는 단지 약자에 대한 강자의 우위를 그대로 반영

공적 권위에 도움을 요청하는 사람은 강자가 아니라 약자이다. 갈등을 사회화하고자 하는 사람들, 즉 힘의 균형이 변할 때까지 더욱 더 많은 사람들을 갈등에 끌어들이고자 하는 사람들은 약자이다.

할 뿐이라는 가정은 가장 잘못된 판단 가운데 하나이다. 공적 질서의 존재만으로도 이미 수많은 형태의 사적 압력이 배제되었음을 알 수 있다. 기업계에서 패배한 기업들이 도움과 보호를 받기 위해 의회를 찾을 수는 있으나, 그들이 의회를 강제해 그들 뜻대로 할 수 있다고 가정하는 것은 황당한 일이다.

이런 분석의 타당성을 입증하는 증거는 거대한 사적 이익과 작은 이익들 사이에 공적 갈등이 벌어질 때 반드시 거대 이익이 승리하는 것은 아니라는 사실에서 찾을 수 있다. 예를 들어, 로비스트가 주로 대기업의 대리인이라는 이미지는 의회 청문회의 기록을 봐도 지지하기 어렵다. 이 나라에서 가장 거대한 기업들은 이익집단과 로비스트들이 의회 위원회 앞에서 싸워야 하는 상황을 피하려 한다. 이런 과정을 기업이 의원들을 위협한다는 관점에서만 보는 것은 실제로 벌어지고 있는 일들을 오해하는 것이다.

이익집단 정치가 정부와 기업 사이의 전형적인 관계라거나 심지어 가장 중요한 관계라고 가정하는 것은 잘못된 생각이다. 이익집단은 기업계의 완벽한 도구가 아니다. 거대 기업은 무엇을 원할까? 기업 간 분쟁의 승자들은 ① 간섭 받지 않으면서(그들은 자율을 원한다), ② 기업계의 결속이 유지되기를 원한다. 이런 목적을 성취하는 데 있어 이익집단 정치는 그리 만족스런 방식이 아니다. 기업계의 전략에서 자신들에게 이익이 되는 가장 기본적인 고려 사항은 어떤 특수이익집단보다도 폭넓은 기반 위에서 공동의 정책을 개발하는 데 있다.

기업의 정치적 영향력은 한편으로 모든 기업이 단결하여, 정부

이 나라에서 가장 거대한 기업들은 이익집단과 로비스트들이 의회 위원회 앞에서 싸워야 하는 상황을 피하려 한다.

와 분쟁 중에 있는 모든 기업인을 지원하고, 다른 한편으로 기업계 내부의 분쟁이 공적 영역으로 나아가지 못하게 하는 그런 종류의 결속에 달려 있다. 이런 체제에서 기업인들은 공적인 장에서 서로를 공격하려는 충동을 억제하며 기업계의 개별 구성원들이 기업 간 갈등을 정치의 장으로 가져가려는 노력을 저지한다.

기업계 전체의 통일전선을 도모하려는 시도는 이익집단 정치에 대한 고전적 관념과는 다른 것이다. 기업 정치의 논리는 그들 자신을 위한 것이라면 가능한 한 모든 주장을 지지함으로써 기업계 내부의 평화를 유지하는 데 있다. 이런 경향은 정부와 대립하고 있는 모든 기업인, 노동과 대립하고 있는 모든 기업인을 지지하는 것으로 나타난다. 이와 같은 방식을 통해 특수이익 정치는 정당 정책으로 전환될 수 있다. 이제 기업계는 이익집단의 역사가 보여 준 그 어떤 사례들보다 광범위한 규모의 정치조직에 대한 전략적 필요에 근거하여 정치적 동원의 폭넓은 기반을 찾게 된다. 일단 기업계가 대규모 정치조직의 관점에서 사고하기 시작하면, 공화당은 기업 정치에서 중요한 존재로 부상하게 된다.

기업이 선거 승리에 필요한 정치조직을 만들 수밖에 없었다는 것, 즉 정치체제의 가장 광범위한 영역에서 권력을 위해 경쟁할 수밖에 없었다는 사실은 미국 민주주의의 위대한 성과이다. 다른 한편, 기업과 타협할 수 있는 공화당의 힘은 기업이 서로 고립된 채로 있을 수 없다는 사실에 기반한다.

공화당은 기업계의 정치적 조직화에서 주요한 역할을 수행했으며, 이는 정치학 연구자들이 생각하는 것보다 훨씬 더 중요한 의미를 갖는다. 공화당 내에서 기업의 영향력이 크긴 하지만, 결

기업계 전체의 통일전선을 도모하려는 시도는 이익집단 정치에 대한 고전적 관념과는 다른 것이다.

기업계가 대규모 정치조직의 관점에서 사고하기 시작하면, 공화당은 기업 정치에서 중요한 존재로 부상하게 된다.

코 절대적인 것은 아니다. 오히려 기업이 공화당에 상당 정도로 의존하고 있기 때문이다. 기업계는 너무 작고, 너무나 많은 적대감을 불러일으키며, 그 목표가 지나치게 협소하기 때문에 다수 인민의 지지를 획득할 수 없다. 공화당은 기업에 대한 정치교육을 담당하고 있으며, 그 누구보다도 이 일을 잘 수행하고 있다.

기업계의 정치적 업무를 관리하는 데 있어 공화당은 이제껏 존재했던 어떤 이익집단 연합보다도 훨씬 더 중요한 역할을 하고 있다. 특수이익이 의회에서 만족할 만한 성과를 얻을 수 있었던 이유는 이들 이익집단의 '압력' 때문이라기보다는 의회 내 공화당 의원들이 먼저 친기업적 태도를 취했다는 사실 때문이다. 기업집단이 공화당 의원들로 하여금 기업 측 법안에 투표하도록 강요한다는 생각은 미국 정치에서 공화당이 취하고 있는 전반적인 입장을 과소평가하는 것이다.[26]

기업계의 정치적 이익을 관리하는 것은 쉬운 일이 아니다. 왜냐하면 기업계 내부의 갈등에서 패한 집단들은 도움과 보호를 위해 끊임없이 정부를 찾아갈 것이기 때문이다. 따라서 완벽한 결속이란 불가능하며, 결속이 깨질 때면 언제나 거의 자동적으로 정부가 관여하게 된다. 기업들이 분열을 피하면서 미국 정치에 커다란 영향력을 행사해 왔다는 사실은 대개 공화당의 전반적인 중재 역할에 따른 결과이다. 이와 같은 기능을 수행할 수 있는 이익집단이나 이익집단 연합은 일찍이 존재한 적이 없다.

특수이익이 의회에서 만족할 만한 성과를 얻을 수 있었던 이유는 이들 이익집단의 '압력' 때문이라기보다는 의회 내 공화당 의원들이 먼저 친기업적 태도를 취했다는 사실 때문이다.

3 | 이익집단 정치와 정당 정치

이익집단 체제의 범위와 편향성에 대한 검토를 통해 우리는 정치조직의 한 형식인 이익집단 정치의 몇 가지 한계들을 추론해 볼 수 있다. 이익집단이 일반적으로 활동하는 상대적으로 협소한 범위의 정치가 아닌 다른 차원의 정치에서 이익집단을 활용하려 할 때, 이익집단 정치의 한계는 좀 더 분명해진다.

보편적인 공적 대의의 실현을 위해 활동하는 수많은 공익 집단들을 살펴보면 이런 한계들 가운데 일부를 확인할 수 있다. 널리 흩어져 있는 이익들을 증진하기 위해 이익집단의 압력 전술을 사용한다면, 어떤 일이 벌어질까? 이에 대해 조금만 조사해 봐도 우리는 이 영역에서 압력 전술이 발휘하는 효과에 대해 회의적인 태도를 취할 수밖에 없다.

이들 공익 집단에 시간과 정력, 금전을 투자하는 공적 이익에

표 1 | 아래의 공익 집단들은 그들이 맡은 과제를 수행하기에 적합한 조직일까?

(단위 : 명)

결사체 명칭	회원 수
미국사형제폐지연맹 (American League to Abolish Capital Punishment)	720
전미아동노동위원회 (National Child Labor Committee)	15,000
미국시민자유연합 (American Civil Liberties Union)	22,000
전미공공서비스연맹 (National Civil Service League)	3,000
전미방위연맹 (National Defense League of America)	5,747
외교정책협회 (Foreign Policy Association)	17,000
산업민주주의연맹 (League for Industrial Democracy)	3,000
전미지방자치연맹 (National Municipal League)	3,500
미해군전우회연맹 (Navy League of the United States)	10,000
전미지역계획협회 (National Planning Association)	2,000
공공교육협회 (Public Education Association)	2,000
미국공공복지협회 (American Public Welfare Association)	5,000
전미생활안전위원회 (National Safety Council)	8,500
해안보존협회 (Shore and Beach Preservation Association)	350
전미조세협회 (National Tax Association)	2,100
전미결핵협회 (National Tuberculosis Association)	5,000
미국여성유권자연맹 (League of Women Voters of the United States)	106,000
미국통합을 위한 공동위원회 (Common Council for American Unity)	3,000
미국가족계획연합 (Planned Parenthood Federation of America)	10,000
정신건강을 위한 전미위원회 (National Committee for Mental Hygiene)	800
인민의 로비 (People's Lobby, Inc.)	2,370

투철한 사람들은 그와 같은 대의에 맞는 게임을 하고 있는 것일까? 이런 집단이 맡은 과제의 규모와 그들이 동원할 수 있는 자원 간의 관계를 고려해 보는 것은 어떨까? 이들이 맡고 있는 과제에 적합한 정치조직의 규모는 어느 정도일까?

회원이 350명인 해안보존협회는 의회에 어떤 종류의 '압력'을 행사할 수 있을까? 이런 종류의 집단들의 영향력은 전적으로 갈등을 사회화할 수 있느냐의 여부에 달려 있다는 점을 인정하는 것이 낫지 않을까? 이 집단이 어떤 연쇄반응의 출발점이 될 수는 있겠지만, 그 후 일이 어찌될지 누가 보장할 수 있는가? 결국 보편적인 공익을 위한 정책이란 정치체제 전체에 요구하는 것이다. 얼마 지나지 않아 우리는 미국 정치가 나아갈 대전략에 대한 질문에 봉착하게 된다. 이렇게 질문해 볼 수 있겠다. 작은 전투에서만 승리하고 큰 전투에서는 패배하도록 조직되어 있다면, 우리는 무슨 이득을 얻을 수 있을까? 끝까지 싸워 이길 수도 없으면서 수많은 전투를 개시하는 것이 과연 능사일까?

다른 모든 일과 마찬가지로 정치에서도 어떤 게임에 참가하느냐가 큰 차이를 만들어 낸다. 게임의 규칙이 승리에 필요한 조건을 결정한다. 특정 종류의 게임에서 승리하는 데 충분한 자원이 다른 종류의 게임에서는 완전히 부적절한 것일 수 있다. 이런 고려는 정치 전략의 핵심 가운데 하나이다. 이익집단 정치와 정당 정치의 차이는 우리가 경기의 참여자들을 어떤 한 게임에서 다른 종류의 게임으로 옮겨 놓으려는 순간 분명하게 나타난다.

이익집단 체제가 얼마나 작은지는 이익집단의 회원들을 정당 지지표로 환산해 보면 쉽게 알 수 있다. 이 나라에서 정치세력들이 가장 많은 사람들을 동원하는 경우는 대통령 선거이다. 그러므로 정당 정치에서 이익집단 체제가 차지하는 위상을 확인할 수 있는 좋은 방법은 대통령 선거에 나타난 특수이익의 대략적인 비중을 평가해 보는 것이다.

작은 전투에서만 승리하고 큰 전투에서는 패배하도록 조직되어 있다면, 우리는 무슨 이득을 얻을 수 있을까? 끝까지 싸워 이길 수도 없으면서 수많은 전투를 개시하는 것이 과연 능사일까?

우선 대통령 선거운동 시기에 실시되었던 다수의 여론조사를 검토해 몇몇 거대 특수이익집단들의 정당 선호를 알아보는 일부터 시작해 보도록 하자. 물론 이들 가운데 회원의 규모가 가장 큰 이익집단은 조직 노동이다. 대통령 선거에 나타난 조직 노동의 영향력은 어느 정도일까?

1940년과 1944년에 실시되었던 여론조사에 따르면, (비노조원들보다 민주당 성향이 강한) 조직 노동의 약 70%는 민주당에 투표했다[위의 두 차례 선거에서 산별회의CIO 회원들의 79%와 78%가 민주당에 투표했다]. 1936년, 1943년, 1944년, 1945년, 1946년에 실시되었던 일련의 여론조사에서도 조직 노동의 민주당 선호도는 각각 72%, 72%, 64%, 74%, 69%였다.[1] 좀 더 최근에 실시되었던 선거 결과들의 작은 변동에 비춰 조직 노동의 민주당 선호가 예전만 못하다고 볼 수도 있겠지만, 계산상의 편의를 위해 위의 수치들을 전형적인 것으로 간주해 보겠다. 앞으로 살펴볼 내용에서도 언급하겠지만, 여기서 사용된 통계 수치는 조직 노동의 영향력을 다소 과장하고 있다.

어떤 집단의 전체 회원을 정당 지지표로 환산하는 것은 사실상 불가능하지만, 일정한 단서 조항을 염두에 두면 의미 있는 결과를 끌어낼 수 있다. 〈표 2〉가 보여 주는 모델은 '사회집단에 의한 정치적 동원의 불완전성 법칙'을 고려한, 정치에 대한 계산 방식을 보여 준다. 이는 전형적인 선거에서 확인할 수 있는 미국노동연맹-산별회의*의 예상 영향력을 나타내고 있으며, 여기에 포함된 수치와 비율은 예증을 위해 단순화한 것이다.

아마도 이 분석은 조직 노동의 정치적 비중을 과장하고 있을

표 2 | 조직 노동과 대통령 선거 (단위 : 명)

미국노동연맹-산별회의(AFL-CIO)의 전체 노조원 수	16,000,000
대통령 선거에 참여하지 않은 노조원 수 (약 절반이 투표하지 않았음)	(−) 8,000,000
선거에 참여한 AFL-CIO의 노조원 수	8,000,000
선거 참여자 가운데 민주당에 투표한 노조원 수 (8백만 명 가운데 70%)	5,600,000
공화당에 투표한 노조원 수 (8백만 명 가운데 30%)	(−) 2,400,000
민주당 지지표에서 공화당 지지표를 뺀 값, AFL-CIO로부터 받은 민주당의 순 득표수	3,200,000

것이다. 왜냐하면 노조원들의 절반은 실제로 대통령 선거에 참여했다고 보기 어렵기 때문이다. 민주당의 전체 지지표에서 320만이라는 조직 노동의 순 지지는 큰 비중을 차지한다. 그러나 이수치는 노동조합이 전체 회원들로 하여금 민주당에 투표하도록 동원했을 때 얻을 수 있는 지지표의 1/5에 불과하다.

특수이익집단이 만장일치의 성격을 갖는다고 간주하는 경향 때문에 이익집단 정치에 관한 논의는 매우 혼란스러워지곤 한다. 이익집단 권력을 정당 권력으로 전환하려 할 때, 우리는 사회집단의 불완전한 정치적 동원의 법칙을 감안해 정치에 대한

---

* **미국노동연맹-산별회의**(AFL-CIO, American Federation of Labor-Congress of Industrial Organizations) : 1881년에 조직된 전미노동연맹(American Federation of Labor)과 1938년에 조직된 산별회의 (Congress of Industrial Organizations)가 1955년에 통합하여 만든 미국 노동조합의 전국중앙 조직. 현재 AFL-CIO는 약 1백여 개의 전국 단위 노조와 1천만 명 이상의 노조원을 포괄하고 있다. 미국의 노동운동은 한때 30%(1955년)를 웃도는 높은 노조 조직률을 보였으나 현재는 12.1%(2007년)의 매우 저조한 수준에 머물러 있다.

표 3 | 대통령 선거에 나타난 노조원과 비노조원의 민주당 지지 비율 (단위 : %)

년도	노조원	비노조원
1944	72	56
1940	72	64
1936	80	72
평균	74.7	64

출처 : *Gallup Political Almanac* (1946), p. 205. 또한 Campbell and Cooper, *Group Differences in Attitudes and Votes*, Survey Research Center, University of Michigan, 1956, pp. 54-55를 참조.

계산법을 수정해야 한다.

그러나 조직의 효과는 위의 계산이 시사하는 것보다 훨씬 작다고 하겠다. 예를 들어, 비록 노동조합에는 가입해 있지 않더라도 상당수의 노동자들은 민주당에 투표했을 것이다. 대표적인 일련의 여론조사들은 세 번의 대통령 선거에 나타난 노조원들과 비노조원들의 투표 성향을 보여 준다(〈표 3〉 참조).

'조직'은 노동자들의 민주당 편향성을 대략 10% 정도 증가시켰음에 분명하다. 이제 이 자료를 앞의 계산에서 도출했던 민주당에 대한 노조원들의 순 지지 값 320만 표에 적용해 보면, 우리는 새로운 수치를 얻을 수 있게 된다(〈표 4〉 참조).

여기서 노조원의 아내들이 던진 표를 언급할 필요는 없다. 왜냐하면 비노조원과 공화당 지지 노동자에게도 아내가 있기 때문이다.

이런 계산 과정에는 일부 '모호한' 요소들이 포함되어 있으며, 이와 관련된 문제들을 해결할 수는 없다. 그러나 조직 노동의 투표 권력과 관련된 질문만큼은 쉽게 제기할 수 있다. 만약 전국에

표 4 | 대통령 선거에 나타난 노동자 투표에 대한 재계산 (단위 : 명)

AFL-CIO의 전체 노조원 수	16,000,000
대통령 선거에 참여하지 않은 노조원 수	(−) 8,000,000
선거에 참여한 AFL-CIO의 노조원 수	8,000,000
노조가 노동자들을 조직하지 않았더라도, 민주당에 투표했을 것으로 추정되는 64%	5,120,000
노조가 노동자들을 조직하지 않았다면 공화당에 투표했을 것으로 추정되는 36%	(−) 2,880,000
민주당의 순 이익 (노조가 노동자들을 조직하지 않았을 경우)	2,240,000
앞의 계산에서 민주당이 조직 노동으로부터 획득한 순 득표수	3,200,000
노조가 노동자들을 조직하지 않았을 경우 민주당의 순 득표수	(−) 2,240,000
노조가 노동자들을 조직함으로써 민주당이 얻은 순 득표수	960,000

서 가장 큰 특수이익집단인 미국노동연맹–산별회의가 1백만 표 정도밖에 좌우할 수 없다면, 평범한 이익집단들은 선거에서 얼마나 큰 영향력을 행사할 수 있을까? 이익집단 정치와 정당 정치는 서로 다른 것이며, 후자에 대한 전자의 영향력은 피상적인 분석을 통해서는 파악할 수 없다.

정당 정치의 관점에서 이익집단이 영향력을 행사할 수 있는 범위는 제한되어 있다. 만약 한 집단이 선거에서 같은 비율로 분열되어 정당들을 지지하게 된다면, 그 집단은 아무런 영향력도 행사할 수 없다. 다른 한편, 어떤 큰 사회집단의 70% 이상이 특정 정당을 지지하는 경우는 매우 드물다. 이와 같이 모든 실질적인 효과들을 감안할 때, 이들 집단이 발휘하는 영향력의 '범위'는 대략 20% 정도에 불과하다. 회원의 20%란 특수이익집단이 정당 정치에 미치는 영향력치고는 일반적인 평가에 비해 매우 작은 수치라 하겠다.

만약 조직 노동의 사례에서 사용한 계산 방식을 미국은행인협회(회원 1만7천 명)에 적용하면, 어떤 결과를 얻을 수 있을까? 설사 은행인들이 노조원들보다 훨씬 더 높은 비율로 동원된다 하더라도 최종적인 결과로 보면 큰 의미는 없을 것이다. 실제로 거의 모든 기업 관련 조직들은 그 회원 규모가 매우 작아서 투표를 위해 이들을 정치적으로 동원한다해도 별다른 효과를 얻을 수 없다.

특수이익집단이 실제 선거에서 부정적인 효과를 미칠 수도 있다는 사실은 이들 집단이 정당 정치에 행사하는 영향력을 더욱 더 제약한다. 예를 들어, 한 여론조사는 미국 유권자들에게, 어느 의원 후보가 조직 노동의 지지를 받고 있다는 정보를 듣는다면 어떤 영향을 받게 될 것인지를 물어 보았다. 여기서 비우호적인 답변 대 우호적인 답변의 비율은 5대 1이었다.[2] 만약 이 여론조사가 시사하는 추론을 따른다면, 앞의 계산 방식은 아무런 쓸모도 없을 것이다.

수많은 특수이익집단들이 정당 정치에 미치는 '역효과'는 매우 강력한 것처럼 보인다. 1944년의 한 여론조사는 전미제조업협회의 지지가 해당 후보들에게 부정적인 영향을 미쳤음을 보여 주었다.[3]

1950년 워싱턴 여론조사연구소Washington Public Opinion Laboratory가 실시한 연구에 따르면, 잘 알려진 13개 조직 각각의 지지는 해당 후보의 평판에 다소간 부정적인 효과를 미친 것으로 나타났다.[4]

선거에 대한 이익집단의 영향력을 평가할 때 모든 계산은 거의 모든 특수이익집단이 좋은 평판을 누리지 못한다는 사실을 반드시 고려해야 한다. 이익집단은 작을 뿐만 아니라 많은 사람들이 싫어하는 조직이다.

모든 종류의 손실 요인들(투표 불참, 동원의 불완전성, 분열된 표로 인한 상쇄 작용, 특수이익집단의 역효과)을 고려해 보면, 이익집단 정치가 정당 정치로 옮겨 가기란 거의 불가능하다는 사실을 쉽게 알 수 있다. 이런 논의는 이익집단이 일반 여론에 영향을 미칠 수도 있다는 명제로 귀결된다. 그러나 이 지점에서 이익집단 정치는 더 이상 이익집단 정치가 아닌 다른 무엇이 된다.

사무엘 루벨Samuel Lubell은 이 문제를 (정당 정치의 새로운 이론을 정식화한) 그의 저작에서 다음과 같이 언급하고 있다. "어떤 한 집단이 불만을 갖게 될 때, 이들의 힘과 이들에게 적대적인 집단의 힘은 각각 자동적으로 강화되며, 그들의 정당에 대한 지지 역시 마찬가지이다. 이들 집단으로 구성된 정당들이 서로에 대해 매우 적대적이라는 바로 그 이유 때문에, 어느 한 정당의 활성화는 다른 정당의 통합력을 높이는 데 도움을 준다."[5]

그러나 사실상 루벨은 정당이 이익집단을 중심으로 구성되어 있다는 매우 과장된 주장을 제시하고 있다. 정당이 끊임없는 협상과 양보의 과정을 거쳐 형성된 특수이익집단의 집합체라는 관념은 비현실적이다.

1. 이는 우리가 양당제를 갖고 있다는 사실로부터 비롯되는 결과를 과소평가한다. 정당은 다른 정당과 경쟁한다. 정당은 이익

모든 종류의 손실 요인들(투표 불참, 동원의 불완전성, 분열된 표로 인한 상쇄 작용, 특수이익집단의 역효과)을 고려해 보면, 이익집단 정치가 정당 정치로 옮겨 가기란 거의 불가능하다

정당은 다른 정당과 경쟁한다. 정당은 이익집단과 경쟁하지 않는다.

집단과 경쟁하지 않는다. 각 정당이 무엇보다 먼저 상대 정당과 경쟁해야 한다는 사실은 그들이 특수이익집단과 협상할 수 있는 내용을 제약한다. 어떤 정당도 이익집단에게 과도하게 양보할 만한 여유를 가질 수는 없다.

2. 다수가 형성되는 과정에 대한 훨씬 더 적절한 설명은, 양당 제가 다수파를 자동적으로 만들어 낸다는 것이다. 두 정당이 경쟁하는 선거에서 어느 한 정당은 거의 확실하게 다수파가 된다. 선거에서 승리하려면 보편적인 관심사를 중심으로 광범위한 일반 대중에게 지지를 호소하고 특히 반대당에 주의를 기울이는 전략이 중요하다.

3. 이익집단 체제의 범위와 편향성은 정당 정치의 계산 방식에 부합되기 어려운 것이다. 첫째, 이익집단 체제는 때때로 자신들이 맡은 역할을 수행하기에는 너무 작다. 둘째, 이익집단이 정당에 대해 중립을 취한다는 가정은 대부분 신화에 불과하다.[6]

특수이익집단이 한 정당 진영에서 다른 진영으로 옮겨가는 것은 쉽지 않은 일이다. 이를 감안하면, 이익집단들에게 지지를 호소하기보다는 이들에 대한 대중의 적대감을 활용하는 편이 좀 더 나은 전략이 아닐까? 이익집단 정치를 정당 정치로 전환하려는 시도는 매우 큰 손실을 초래한다. 따라서 우리는 한 종류의 정치적 힘을 다른 종류의 힘으로 전환하려는 시도가 실제로 아무런 도움이 되지 않는다고 결론을 내릴 수 있다.

위의 분석을 바탕으로 할 때, 정당을 특수이익집단의 집합체로 서술하는 것은 설득력이 떨어짐을 알 수 있다. 게다가 다수파

선거에서 승리하려면 보편적인 관심사를 중심으로 광범위한 일반 대중에게 지지를 호소하고 특히 반대당에 주의를 기울이는 전략이 중요하다.

가 수많은 특수이익집단들의 지지를 축적함으로써 형성된다는 관념도 좋은 정치 분석은 아니다. 왜냐하면 이는 단순한 설명을 복잡한 설명으로 대체하고 있기 때문이다. 만약 연주회장의 출구가 단지 두 개뿐이라면, 어느 한 쪽의 출구는 다른 쪽보다 더 많은 사람들에게 이용될 수밖에 없다. 양당제 역시 이처럼 단순한 방식으로 다수파를 만들어 낸다![7]

마지막으로 지푸라기 하나가 낙타 등을 부러뜨린다는 주장의 논리적 오류에 대해 언급해야겠다. 이와 관련된 우화의 내용은 낙타가 지푸라기 99만9,999개의 무게는 견딜 수 있었지만, 1백만 번째 지푸라기 때문에 그 등이 부러졌다는 것이다. 이 유서 깊은 오류는 1백만 개의 지푸라기 하나하나가 똑같이 낙타 등을 부러뜨리는 데 기여했다는 명백한 사실을 무시하고 있다. 불행하게도 이익집단 정치를 다룬 문헌에서는 이런 종류의 논리가 계속해서 언급된다. 구체적인 사례에서 그 주장은 다음과 같이 전개된다. 아이오와 주의 옥수수 재배자들은 공화당이 적절한 저장 시설을 제공하지 않는 것에 분노했다. 그래서 1948년 선거에서는 공화당 대신 민주당을 지지해 트루먼*을 대통령으로 뽑았다. 이 이야기의 이면에 있는 추론을 검토해 보도록 하자.

만약 연주회장의 출구가 단지 두 개뿐이라면, 어느 한 쪽의 출구는 다른 쪽보다 더 많은 사람들에게 이용될 수밖에 없다. 양당제 역시 이처럼 단순한 방식으로 다수파를 만들어 낸다!

---

* **해리 트루먼**(Harry S. Truman 1884~1972) : 미국의 33대 대통령(1945~1953, 민주당). 1944년 프랭클린 루스벨트의 죽음으로 대통령직을 승계했으며, 1948년 선거에서는 일반의 예상을 뒤엎고 재선에 성공했다. 제2차 세계대전 후반 일본에 대한 원폭 투하를 결정했고, 1947년에는 대소 봉쇄 정책을 담은 트루먼 독트린을 발표하여 냉전 시대의 도래를 알렸으며, 마셜플랜을 통해 전후 서유럽의 경제 회복을 이끌었다. 국내에서는 페어딜(Fair Deal)이라는 슬로건 하에 각종 노동·복지 정책을 실행하려 했으나, 의회 내 공화당과 보수적인 남부 민주당의 반대로 대부분 실패하고 말았다.

트루먼이 1948년 선거에서 2만8천 표 차이의 승리로 아이오 와 주 선거인단을 확보했고 아이오와 주의 옥수수 재배자들이 그 만큼의 표를 제공했으리라는 것은 사실이다. 그러나 트루먼 은 아이오와 주에서 52만2천 표를 얻었고, 분명 이들 52만2천 표 각각은 똑같이 그의 승리를 도왔다. 트루먼을 지지한 표는 그 것이 옥수수 재배자의 표든 배관공의 표든 학교 선생님의 표든 최종 결과에서는 똑같은 것으로 계산되었다. 왜냐하면 모든 표 는 산술적으로 동일한 가치를 갖고 있기 때문이다. 설사 트루먼 이 한 표 차의 승리로 그 주의 선거인단을 확보했더라도, 이 계 산 방식에 변화는 없었을 것이다. 이런 상황에서 트루먼에게 투 표한 모든 사람은 그 해의 선거에서 결정적인 표를 던졌다는 영 예를 똑같이 누릴 수 있다.

정당 정치의 계산 방식과 이익집단 정치의 계산 방식은 전적 으로 다르다. 이런 까닭에 이익집단 차원의 정치를 정당 차원의 정치로 변환하고자 할 때, 이익집단의 힘은 사라져 버리는 경향 이 있다. 수는 어떤 차원에서는 모든 것이지만, 다른 차원에서는 거의 아무런 의미도 없다. 우리는 지금 정치의 두 가지 서로 다 른 전략과 정치조직의 두 가지 서로 다른 개념을 다루고 있다. 정당 정치의 최종적인 결과는 이익집단 정치의 결과와 다를 수밖에 없다. 당연히 상당수의 사람들은 둘 중 어느 한 게임을 선호할 수 밖에 없다는 것이다.

이익집단은 이론상으로는 비당파적 조직이다(즉, 이들은 정당 간 갈등에서 중립적인 태도를 취한다). 이익집단이 상황 변화에 따 라 당적과는 무관하게 피아를 구분하면서 자신의 영향력을 행사해 그 친구들에게는 보상을 제공하고 그 적들에게는 처벌을 가한다는 것은 아주 오래된 가정이다.

그러나 실제로 정당 정치에 대한 이익집단의 중립성은 대개 신화일 뿐이며, 정당과 이익집단의 연계를 일컫는 정치적 정렬 political alignment은 그 개념이 의미하는 만큼 그렇게 유동적인 것이 아니다. 적어도 정당이 이익집단의 포로인 그 정도만큼 이익집단은 정당의 포로라고 할 수 있다. 왜냐하면 이익집단은 갈등하고 있는 두 정당 모두와 쉽게 협상을 벌일 수는 없기 때문이다. 만약 기업집단이 공화당 후보만을 지지한다면, 공화당이 그 이익집단을 지배하고 있는 것이다. 이로써 공화당은 기업들과의 관계에서 상당한 자유를 누릴 수 있다. 왜냐하면 공화당의 유일한 경쟁자는 민주당이며 기업들에게는 공화당 외에 다른 정당 대안이 없기 때문이다.[8]

미국 정치에서 정치적 정렬이란 정당들이 한편이 되어 그 반대편에 있는 이익집단들의 거대한 동원에 맞서는 구도가 아니다. 이와는 반대로 주요 정당들 각각은 이익집단들과 느슨한 연계를 유지하고 있다. 따라서 경쟁이 야기하는 정치적 정렬은 민주당과 그에 연계된 지지 집단을 한편으로 하고 공화당과 그 지지집단을 다른 한편으로 하는 구도로 나타난다. 이런 종류의 정렬에서 기업과 공화당의 관계는 주인과 하인의 관계가 아니다 (공화당을 비판하는 사람들만이 이 정당이 기업의 샌드백이라고 주장한다). 왜냐하면 공화당은 기업 이익의 정치적 독점이라 할 만한 것을 가지고 있기 때문이다. 정당이 어떤 특수이익을 독점한다는 것은 정당이 포획자이고 특수이익집단이 포로임을 의미한다.

정당 정치에 대한 이익집단의 중립성은 대개 신화일 뿐이며, 정당과 이익집단의 연계를 일컫는 정치적 정렬은 그 개념이 의미하는 만큼 그렇게 유동적인 것이 아니다.

정당이 어떤 특수이익을 독점한다는 것은 정당이 포획자이고 특수이익집단이 포로임을 의미한다.

기업과 공화당의 관계는 조직 노동과 민주당의 관계와 매우 유사하다. 공화당 지지자들은 민주당을 비판하면서 이 정당을 조직 노동의 노예로 표현하기를 좋아한다. 실제로 노동은 대개의 경우 달리 갈 만한 곳이 없다. 노동이 선거를 중요하게 생각하는 한, 그들은 일반적으로 민주당을 지지해야만 한다. 정치 세계에서 부정할 수 없는 사실은 기업이든 노동이든 그들 자신의 힘만으로는 선거에서 승리할 수 없다는 것이다.

일단 양당제가 확고하게 자리 잡힌 상황에서는 주요 정당들이 자동적으로 선거에 대한 독점권을 갖게 된다. 바꿔 말해, 그들은 전체 정치체제에서 권력에 이르는 가장 거대하고도 단일한 통로를 독점하고 있는 것이다. 정당은 선거를 좌우할 수 있다는 점에서 정치체제에서 매우 중요한 지위를 확보하고 있다.

만약 2만 개의 이익집단과 두 개의 정당이 존재한다면, 이들 양자 간 협상에서 누가 더 유리한 지위에 있을까? 이런 수적 차이에도 불구하고, 이익집단이 정당들을 서로 경쟁시켜 그로부터 이득을 얻을 가능성은 극히 낮다고 하겠다.

우리는 다음과 같은 근거에서 이익집단과 정당의 관계를 다소간 상세하게 분석했다. 이 근거는 미국 정치에서 사용되고 있는 전략과 직결된 것이기도 하다.

첫째, 정당은 이익집단의 포로가 아님을 보여 줄 필요가 있었다. 두 번째 명제는 이 첫 번째 명제로부터 도출되는데, 대중은 전략에 대한 선택권을 가지고 있다는 것이다. 대중은 이슈에 대한 선택뿐만 아니라 정치조직의 전략과 이론 또한 선택할 수 있다. 사실상 이슈의 선택은 그에 따른 위임을 실행할 조직에 의해 뒷받침되지 않는다면 무의미해질 가능성이 높다.

군 지휘관이 아군을 배치하기에 가장 적합하고, 적군에게는 불리한 지형에서 전투를 전개하고자 한다는 것은 전쟁의 기본 공리이다. 따라서 스파르타인들이 테르모필라이 전투*에서 그랬던 것처럼, 작은 규모의 군대는 큰 규모의 적이 그들의 수적 우위를 이용할 수 없을 만큼 매우 협소한 전장에서 전투를 벌이고자 노력한다. 이와 같이 큰 수에 적합한 전략이 있고 작은 수에 적합한 전략이 있는 것이다.

이익집단은 작은 규모의 조직이다. 그들에게는 가장 큰 판돈이 걸려 있는 거대한 경기장에서 싸울 만한 정치적 자원이 없다. 큰 게임은 정당들 간의 게임이다. 왜냐하면 앞의 분석에서 확인했듯이 선거에서의 승리를 대신할 만큼 그렇게 큰 정치적 성과물은 없기 때문이다. 이는 선택된 전장의 원칙이다. 현명한 정치 지도자는 권력을 얻을 수 있는 전장을 선택한다.

정당 조직의 문제는 그보다 작은 결사체의 문제와는 너무나 달라서 자주 오해되곤 했다. 정당은 대개 그보다 작은 조직들과 비교되며, 이는 거의 언제나 정당에 불리한 결과를 가져온다. 그러나 정당은 다른 조직들을 평가하는 데 사용되는 기준으로 판단할 수 없는 조직이다. 주요 정당의 유능함을 판단할 수 있는

---

* **테르모필라이 전투**(Battle of Thermopylae) : 기원전 480년 압도적으로 다수인 페르시아 군에 대항해 소수의 그리스 도시국가 연합군이 치열한 방어전을 펼쳤던 역사적 전투. 테르모필라이는 산과 바다 사이에 있는 좁은 고갯길로, 당시 스파르타 군 3백 명을 포함해 2천여 명의 군대를 이끌었던 스파르타의 왕 레오니다스는 이 길목을 전장으로 선택함으로써 대규모 페르시아 군의 진격을 3일 동안 저지할 수 있었다. 그러나 이 전투는 그리스 내부인의 배신으로 결국 페르시아 군의 승리로 끝났다.

가장 명백한 기준은 상대 정당에 대처하는 그들의 능력이다. 바꿔 말해, 정당은 그들 나름의 유능함에 대한 기준을 확립해 놓고 있는 것이다. 정당과 관련된 조직적 문제의 대부분은 독특한 성격을 띠고 있다. 정당체제는 이 나라에서 가장 많은 사람을 동원할 수 있다. 정당은 자신보다 작은 조직이 갖고 있는 많은 특질을 갖고 있지 못하지만 그들 나름의 압도적인 자산 한 가지를 보유하고 있다. 그것은 그들이 선거에서 승리할 수 있는 유일한 조직이라는 것이다.

미국의 두 정당은 양당제를 유지함으로써 그들에게 가장 중요한 조직적 문제를 매우 쉽게 해결해 왔다. 양당제로 인해 두 정당은 다른 경우라면 필요했을지 모르는 정도보다 훨씬 단순한 구조로도 유지될 수 있었다. 왜냐하면 각 정당은 똑같이 거대하고 느슨하게 조직된 상대 정당과 경쟁할 수 있기만 하면 되기 때문이다.

그랜드 센트럴 역Grand Central Station을 오가는 군중들을 지켜본 사람이라면 누구나 정당 조직의 본질에 대해 무언가를 배울 수 있을 것이다. 이 군중은 전혀 조직되지 않은 것처럼 보인다. 그러나 관찰자가 지켜보게 되는 것은 혼란스런 무질서가 아니다. 왜냐하면 시간표와 개찰구가 그 많은 사람을 통제하고 있기 때문이다. 이 체제에서 군중을 이루는 각각의 사람들이 자기 자리를 찾아갈 수 있는 (즉 이 체제가 이들을 조직할 수 있는) 이유는 그들에게 주어진 대안이 제한되어 있기 때문이다.

정당은 유권자들이 선택할 수 있는 대안을 극단적으로 단순화하는 방식을 통해 이들을 조직한다. 이것은 조직화에 있어 매우 중요한 행동 방식이다. 두 개의 정당만이 존재하며 이들 모두

정당은 자신보다 작은 조직이 갖고 있는 많은 특질을 갖고 있지 못하지만 그들 나름의 압도적인 자산 한 가지를 보유하고 있다. 그것은 그들이 선거에서 승리할 수 있는 유일한 조직이라는 것이다.

110

는 갈등의 한 세기를 거친 매우 노련한 베테랑들이기 때문에, 사람들이 이 체제에서 자기 자리를 찾기란 어렵지 않은 일이다. 이들 사이의 경쟁은 오랫동안 지속되어 왔으며 잦은 쇄신을 거듭하기도 했다. 따라서 이들이 대면하는 일체감이나 조직화의 문제는 이따금씩 효율성의 모델로 간주되는 새롭고 작은 일시적 집단들의 문제와는 전혀 다른 것이다. 대다수의 미국인은 정당이 중심이 된 정치 전쟁의 베테랑들이다. 그들은 이 체제에서 자신이 어디에 속해 있는지를 알고 있다.

실제로 정당은 미국 사회에서 가장 경쟁적인 대규모 조직이다. 그들은 교회나 노조, 기업보다 훨씬 더 경쟁적이다.

결국, 권력과 정치조직에 관한 이론은 시민이 성취하고자 하는 것과 관련되어 있다. 정치 없이도 사회는 자동적으로 조화를 이룰 수 있다는 이론이나 정치 무용론은, 공동체가 잘 확립되어 있고 충분히 안정적이어서 누구도 공동체의 미래에 대해 생각할 필요가 없다는 가정으로부터 나온다. 다른 한편, 격동의 시기에 사람들은 공동체의 생존에 대해 관심을 갖게 되는데, 이때 그들은 사태를 의식적으로 통제할 수 있게 해주는 이념을 요구하며 공적 이익과 다수의 지배, 그리고 정당에 높은 가치를 부여한다.

공동체의 존속을 뒷받침하는 보편적 이익이 조직화를 가능하게 할 만큼 충분히 강력하다면, 우리는 그것에 맞는 형태의 정치조직, 즉 정치체제의 잠재력을 활용할 능력이 있는 정치조직을 만들고자 할 것이라고 가정해야 한다. 이제 필요한 것은 이런 종류의 요구에 부응할 수 있는 정치 행동에 관한 이론이다.

The Displacement of Conflicts

4장　　갈등의 치환

4 | 갈등의 치환

정치에서 어떤 일들이 벌어질 것인지는 파벌·정당·집단·계급 등 사람들이 나누어지는 방식에 달려 있다. 정치라는 게임의 결과는 무수히 많은 잠재된 갈등 가운데 어떤 갈등이 지배적 지위를 차지하느냐에 달려 있다. 이 명제는 단순화해서 다음과 같은 그림으로 표현할 수 있다(〈그림 1〉).

이 그림에서 원은 정치 세계를 뜻하며, 선분 AB와 CD는 수많은 잠재된 갈등 가운데 두 개의 갈등을 나타낸다. 그림 속에 있는 균열은 서로 완전히 상반되는 것이다. 즉 한 균열이 다른 균열로 변화하게 되면 완전히 새로운 정치적 갈등 구도가 만들어진다. 이와 같은 변화로 인해 균열선 양편의 구성이 달라질 뿐만 아니라 CD의 갈등 구도는 필연적으로 AB의 갈등 구도와는 다른 무엇을 둘러싸고 진행되며, 따라서 그 갈등의 결과 역시 다르게 나타난다. 정치 세계는 이런 변화에도 불구하고 그대로 남

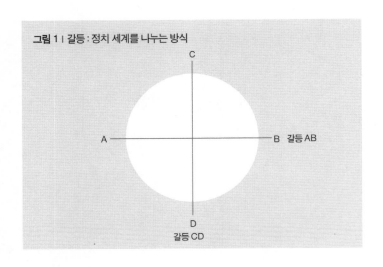

그림 1 | 갈등 : 정치 세계를 나누는 방식

아 있다. 그러나 사람들이 무엇을 할 수 있고 무엇을 할 수 없느냐는 그들이 어떻게 나누어지느냐에 달려 있다. 균열선과 관련된 모든 변화는 갈등의 성격에 영향을 미치며, 새로운 승리자와 새로운 패배자, 그리고 새로운 종류의 결과를 만들어 낸다. 이와 같이 균열선의 방향과 위치 변화가 정치체제 내에 있는 각 개인들의 위치, 즉 그가 어느 편에 있는지, 그 밖에 다른 누가 그의 편에 있는지, 누가 그의 반대편에 있는지, 반대편은 얼마나 큰지, 갈등은 무엇에 관한 것인지, 그리고 누가 승리할 것인지를 결정한다. 이는 다수파와 소수파가 만들어지는 과정인 까닭에, 균열선의 방향 및 위치와 관련된 모든 변화는 새로운 다수파와 새로운 권력 분포를 만들어 낸다고 말할 수 있다.

독자들은 위의 단락에서 제시된 아이디어를 이리저리 응용해

116

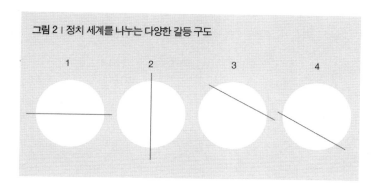

그림 2 | 정치 세계를 나누는 다양한 갈등 구도

보면서 재미를 느끼고 싶어 할지도 모르겠다. 가상의 유권자들을 상정한 후, 이들을 〈그림 2〉와 같이 수많은 다양한 방식으로 나누어 보자.

유권자들이 동일한 상태로 유지되고 있음에도 불구하고, 분명 이 네 가지 사례에서 경쟁의 의미와 권력의 분포는 각기 다르게 나타날 것이다. 이 명제가 참인 이유는 크든 작든 균열이 변하면 그에 따라 상호 적대 관계에 있는 사람들의 구성도 변하기 때문이다.

정치 세계가 갈등에 의해 나누어질 때 거기에서 무슨 일이 벌어지는지를 자세히 살펴보면, 균열선의 변화가 갖는 영향력을 좀 더 잘 이해할 수 있다. 갈등이 발전하는 데 필요한 선결 조건은 무엇일까? (상호 적대적인 세력의 동원을 요구할 만큼 중요한) 주요 갈등의 전개에는 양편에 있는 사람들 각각을 결속시키려는 노력이 수반된다. 따라서 〈그림 3〉의 선분 XY에 의해 나누어진 갈등은 Bb 영역에 있는 사람들에 대항하여 Aa 영역에 있는 사

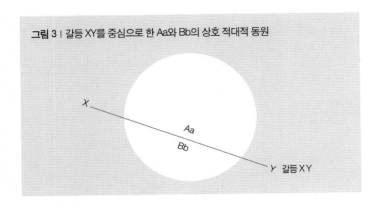

그림 3 | 갈등 XY를 중심으로 한 Aa와 Bb의 상호 적대적 동원

람들을 통합하려는 시도가 진행되고 있음을 의미한다. 즉 갈등은 균열선 양측에 있는 사람들의 동원을 전제로 한다.

　이 명제가 참인 까닭은 상호 적대적인 파벌 각각이 자신들에 대한 지지를 통합해 내지 않고서는 어떤 갈등도 발전할 수 없기 때문이다. 따라서 갈등은 사람들을 분열시키는 동시에 통합한다. 통합 과정은 분열 과정만큼이나 갈등에 필수적인 요소이다. 갈등이 완연하게 발전하면 할수록 갈등은 좀 더 격렬해지며, 갈등이 격렬해지면 격렬해질수록 상호 적대적인 양 진영의 내적 통합은 더욱 강화된다. 정치에 대한 몇 가지 잘못된 생각은 통합과 분열이 동일한 과정의 일부임을 이해하지 못한 데서 비롯되었다.

　위의 분석으로부터 도출되는 명제는, 정치적 균열들은 상호 양립할 가능성이 거의 없다는 것이다. 즉 어떤 갈등의 발전은 다른 갈등의 발전을 막게 되는데, 그 이유는 오직 모든 경쟁자들이 기존 관계 및 그에 대한 우선순위를 변화시키는 대가를 치른 뒤

정치에 대한 몇 가지 잘못된 생각은 통합과 분열이 동일한 과정의 일부임을 이해하지 못한 데서 비롯되었다.

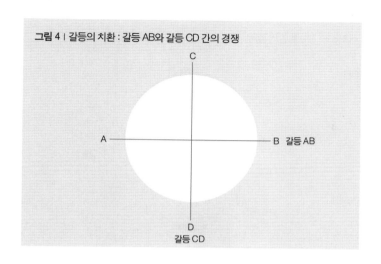

그림 4 | 갈등의 치환 : 갈등 AB와 갈등 CD 간의 경쟁

C

A ——————————— B 갈등 AB

D
갈등 CD

에야만 정치적 갈등 구도의 완전한 변화는 이루어질 수 있기 때문이다.

갈등 구도 AB로부터 갈등 구도 CD로의 변화는 기존의 갈등 구도가 약화되어야 새로운 갈등이 이용될 수 있음을 의미한다. 이 과정에서 지금까지의 관계가 전반적으로 재편되면서 친구는 적이 되고 적은 친구가 된다. 새로운 갈등이 지배적 지위를 차지할 수 있는 조건은 오직 기존의 갈등이 부차화되거나, 모호해지거나, 잊히거나, 그 경쟁자들을 자극할 만한 능력을 상실하거나, 시대적 타당성을 잃어버리는 경우이다. 기존의 갈등을 유지하면서 동시에 새로운 갈등을 촉진하는 것은 불가능하기 때문에, 사람들은 여러 갈등 가운데 어느 하나를 선택해야 한다. 바꿔 말해, 갈등 또한 서로 경쟁하고 있는 것이다.

사람들은 여러 갈등 가운데 어느 하나를 선택해야 한다. 바꿔 말해, 갈등 또한 서로 경쟁하고 있는 것이다.

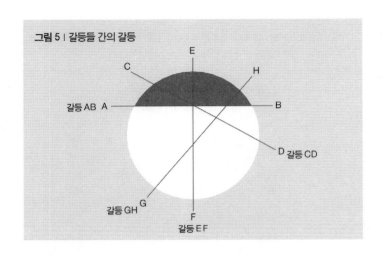

그림 5 | 갈등들 간의 갈등

E

C · H

갈등 AB A · B

D 갈등 CD

G

갈등 GH · F

갈등 EF

　만약 위의 분석이 타당하다면, 우리는 갈등의 본질에 대해 다시 한 번 생각해 봐야 한다.

　〈그림 5〉에서 실제의 갈등은 겉으로 보이는 것이 (선분 AB로 나누어지는 흑과 백 사이의 갈등) 아니라, 갈등 AB를 유지하고자 하는 사람들과 균열을 선분 AB로부터 선분 CD나 EF 혹은 GH로 바꿔 새로운 싸움을 전개하고자 하는 상대적으로 잘 보이지 않는 사람들 간의 갈등일 수 있다. 새로운 균열은 새로운 권력 분포를 야기하기 때문에, 위와 같이 기존의 정렬을 변화시키고자 하는 사람들의 동기는 어렵지 않게 이해할 수 있다. 권력을 가진 백에 있는 사람들은 권력을 갖지 못한 채 낙망하고 있는 흑에 있는 사람들보다 기존 정렬을 유지하는 데 더 많은 유인을 갖고 있다.

　우리의 관심을 흑에 대한 백의 정면 공격으로부터, 기존의 갈등을 새로운 갈등으로 대체하기 위한 측면 공격으로 돌려 보자. 그러면 정치에 대한 계산이 훨씬 더 복잡해지고 그에 따라 나타날 수 있는 결과들 또한 엄청나게 증가할 것임을 알 수 있다. 측면 공격은 갈등 AB를 다른 갈등으로 대체하고자 하는, 갈등들 간의 갈등을 만들어 낸다.

현대사회라면 어디에서나 무수히 많은 갈등이 잠재되어 있지만, 오직 몇몇 갈등만이 중요한 의미를 갖게 된다. 갈등의 수를 줄이는 일은 정치가 수행하는 핵심적인 기능이다. 정치는 갈등들 간의 지배와 종속을 다룬다. 민주주의 사회가 존속할 수 있는 이유는 수많은 잠재된 갈등들에 대해 우선순위를 부여하는 방식으로 갈등을 관리하기 때문이다.

공동체 내의 모든 긴장을 이용하려는 정치체제는 산산이 부서져 해체될 수밖에 없다. 다른 한편, 어떤 종류의 결사체를 만들든 그곳에는 한 갈등의 우위와 다른 갈등의 종속이 수반된다. 정치는 갈등을 이용하려는 노력을 다룬다. 모든 정당은 단결이 승리를 가져온다는 사실에 의해 내부 갈등을 제어할 수 있는 서로 상충하는 집단들로 구성되어 있다. 문제는 늘 다음과 같은 것이다. 우리가 승리하기를 바라는 가장 중요한 싸움은 무엇에 대한 것인가?

정치의 기원이 투쟁인 이상, 정치 전략은 갈등의 조장·이용·억압을 다룰 수밖에 없다. 갈등은 매우 강력한 정치적 도구이기 때문에 모든 정치체제는 필연적으로 그것을 관리하고, 그것을 통해 통치하며, 그것을 변화·성장·통합의 도구로서 효과적으로 사용하는 데 관심을 갖는다. 정치의 근본 전략은 갈등과 관련된 공공정책을 다루는 것이다. 이것이 가장 중요한 정책이다.

정치는 갈등들 간의 지배와 종속을 다룬다. 민주주의 사회가 존속할 수 있는 이유는 수많은 잠재된 갈등들에 대해 우선순위를 부여하는 방식으로 갈등을 관리하기 때문이다.

정치의 기원이 투쟁인 이상, 정치 전략은 갈등의 조장·이용·억압을 다룰 수밖에 없다.

갈등을 통제할 수 있는 가장 강력한 수단은 갈등 그 자체이다. 30여 년 전 미국의 저명한 사회학자 로스E. A. Ross는 갈등들은 서로를 간섭하는 경향이 있으며 현대사회가 포괄하는 균열의 다양성은 사회적 적대의 격렬함을 완화하는 경향이 있다고 지적한 바 있다.[1]

로스 교수의 주장에 숨겨져 있는 가정은, 갈등들 사이에는 일종의 등가적 상쇄 관계가 존재한다는 것이다. 만약 이런 가정이 옳다면, 양립할 수 없는 수많은 갈등의 부상은 공동체 내의 모든 적대를 완화하면서 긴장도가 낮은 체제를 만들어 내는 경향을 보일 것이다. 이런 가정은 타당한가?

갈등들마다 강도가 다르다고 가정하는 것이 훨씬 타당하지 않을까? 왜 우리는 사람들이 모든 이슈에 대해 동일한 수준으로 열광한다고 가정해야만 하는가? 다른 한편, 갈등의 강도가 서로 균등하지 않다면 그것으로부터 추론할 수 있는 논리적 결과는 무엇일까? 더 격렬한 갈등이 덜 격렬한 갈등을 대신할 가능성이 크다는 가정은 타당한 것처럼 보인다. 이로부터 도출되는 것은 갈등들 사이의 지배와 종속 체제이다. 모든 주요한 갈등은 그보다 덜 주요한 갈등을 압도하고 종속시키며 가려 버린다.

어떤 분파가 대면하는 가장 큰 위험은 반대파의 정면 공격이 아니라, 같은 편에 속해 있으면서도 좀 더 크고 서로 모순되며 관련이 없는 경쟁자들이 대중의 관심과 지지를 얻기 위해 단행하는 측면 공격이다. 만약 갈등에 강도가 존재한다면, 좀 더 격렬한 갈등이 지배적 지위를 차지할 것이다. 그 결과는 발전할 수 있는 갈등의 수가 줄어든다는 것이다. 이 과정은 끊임없이 나누고 나누는 것이 아니라 나누면서 동시에 통합하는 것이다. 이런 이유에서 공동체 내에는 좀 더 강력한 적대의 체계로 인해 가려진 채 발전하지 못하는 수많은 잠재된 갈등들이 존재할 가능성이 높다. 이처럼 갈등의 불균등한 강도가 정치체제의 형태를 결정한다.

갈등들 간의 경쟁에서 큰 갈등이든 작은 갈등이든 그에 대한 우리의 선호와 관련하여 고귀함을 주장할 만한 것은 아무 것도 없다. 모든 것은 우리가 가장 원하는 것에 달려 있다. 결과는 사람들이 원하는 것뿐만 아니라 그들이 부여하는 우선순위에 따라 결정된다. 사람들이 더 많이 원하는 것은 그들이 더 적게 원하는 것과 대립하게 된다. 따라서 정치는 싸구려 잡화점에서 물건을 사는 일이라기보다는 아내를 선택하는 일과 같은 것이다.

갈등들 간의 갈등은 정치학에서 오랫동안 학자들을 당혹스럽게 했던 몇 가지 문제들을 설명해 준다. 정치적 갈등은 경쟁자들이 미리 이슈에 대한 정의를 합의해 놓고 논쟁을 벌이는 대학 간 토론회와 같은 것이 아니다. 사실상 대안을 정의하는 것이야말로 최고의 권력 수단이다. 어떻게 정의할 것이냐 하는 문제에는 권력이 수반되기 때문에 경쟁자들이 무엇을 이슈로 정할 것인지에 대해 동의하는 경우는 매우 드물다. 정치가 무엇에 관한 것이냐를 결정하는 사람이 나라를 운영한다. 왜냐하면 대안의 정의는 갈등의 선택을 의미하고 갈등의 선택이 권력을 배분하기 때문이다. 이와 같은 이유에서 모든 갈등은 혼란스러운 것이라 할 수 있다.

군사적 갈등을 서술하는 역사가들은 이와 같은 혼란을 '전쟁의 포연'fog of war으로 표현한다. 한콕 장군General Hancock의 참모였던 젊은 장교 프랭크 하스켈Frank Aretas Haskell의 게티즈버그 전투에

대안을 정의하는 것이야말로 최고의 권력 수단이다. 어떻게 정의할 것이냐 하는 문제에는 권력이 수반되기 때문에 경쟁자들이 무엇을 이슈로 정할 것인지에 대해 동의하는 경우는 매우 드물다. 정치가 무엇에 관한 것이냐를 결정하는 사람이 나라를 운영한다.

대한 묘사는 이 말의 핵심을 잘 보여 준다.

엄청난 혼란이 잠시 동안 우리를 사로잡았다. 포탄이 사방에서 터지고 있었다. 부하들은 공포에 질려 살기 위해 도망쳤고 이내 사라져 버렸다. 전령이 고삐를 쥐고 있거나 나무에 느슨하게 매여 있던 말들은 놀라 울부짖으며 달아났고 기수도 없이 들판으로 내달렸다. 장군은 칼을 뽑은 후에 전선을 향해 걸어가기 시작했다. 나는 말을 불러오라고 명령했다. 그러나 아무도 응답하지 않았다. 그때 나는 군량 마차를 끄는 말들 가운데 한 마리가 포탄에 맞아 찢기는 모습을 보았다. 말 두 마리가 갑자기 날뛰었고 기수가 고삐를 놓치면서 말과 기수와 마차는 나무 옆의 퇴비 더미로 달려갔다. 탄약을 진 채로 가까이 붙어 있던 노새 두 마리는 포탄에 맞아 사지가 떨어져 나갔다. 기본 장군General Gibbon의 마부가 자신의 말에 올라탔고 장군에게 말을 가져다주려는 순간 총알이 날아와 그의 가슴에 구멍을 냈다. 그는 죽으면서 말에서 떨어졌고 말들은 계속 내달렸다. 첫 번째 총격이 시작된 지 몇 분도 지나지 않은 상황에서 나는 말에 올라 장군의 뒤를 쫓았다. 바로 그때 거대한 굉음이 천지를 뒤흔들었다. 이렇게 긴 총탄 줄기는 어디로부터 나온 것인가? 쉿 소리를 내며 발사되는 포탄들은 어디를 향하고 있는가? 이 포연은 얼마나 계속될 것인가? 보병은 어디에 있는가? 그들은 연기 속에서 사라져 버린 것인가? 이것은 악몽인가 마술사의 속임수인가? …… 우리를 둘러싼 이와 같은 갈등을 누가 서술할 수 있겠는가?[2]

만약 하스켈이 정치학자였다면, 그는 게티즈버그 전투가 실제 전투가 아니라 모의전模擬戰임을 증명하는 책을 썼을지도 모른다. 왜냐하면 이 전투에서는 대치선이 분명하지 않았기 때문이다.

정치적 갈등의 포연은 전쟁의 포연만큼이나 뿌옇게 뒤덮여 있어 사방을 분간하기 어렵다. 정치적 갈등은 지배적 이익과 그것을 중심으로 묶여 있는 하위 이익들의 연합체들에 의해 전개된다. 어떤 정치투쟁에서든 경쟁자들은 상대편의 갈라진 틈을 활용하는 동시에 자기편의 통합을 유지하고자 노력한다. 이런 상황에서는 필연적으로 많은 사람들이 서로 다른 많은 것들을 동시에 말하게 된다.

게티즈버그 전투에 대한 하스켈의 설명에 필적할 만한 것은 1856년 선거*에 대한 헌트^{Morton M. Hunt}의 설명이다. 1856년은 미국 정치사에서 실로 운명적인 한 해였다.

전당대회 이후에 나타난 정치적 상황은 지극히 비논리적이었다. 민주당은 노예제를 승인했고 하원의원 브룩스**와 보더 러피안들***

---

* **미국의 1856년 선거** : 미국 정치사에서 처음으로 노예제 이슈가 주요 쟁점으로 떠오르면서 새로운 정치적 정렬이 이루어졌던 선거. 1856년 선거의 역사적 의미를 이해하려면 먼저 1854년에 제정된 캔자스-네브래스카 법(Kansas-Nebraska Act)에 대한 약간의 설명이 필요하다. 이 법의 핵심 내용은 미시시피 강 서쪽의 중부 지역에 캔자스와 네브래스카라는 두 개의 준주(準州)를 설치하고, 이들 준주에서의 노예제 합법화 여부는 인민주권 원칙에 따라 해당 지역 주민의 결정에 따른다는 것이었다. 캔자스-네브래스카 법이 통과된 이후 남북 양 지역의 노예제를 지지하거나 반대하는 사람들이 준주 주민의 다수를 점하기 위해 이곳으로 몰려들었고, 그 결과 대규모 유혈 충돌이 벌어지기도 했다. 다른 한편, 이 법의 제정을 계기로 휘그당이 분열해 사라지면서 과거 휘그당과 민주당의 대립 구도가 붕괴되고 노예제 확대를 반대하는 사람들을 중심으로 공화당이 결성되어 새로운 민주-공화 양당 시대가 열리게 되었다. 이 선거는 주로 '유혈의 캔자스'(bleeding Kansas) 이슈를 중심으로 전개되었는데, 그것은 곧 인민주권의 개념을 둘러싼 민주당과 공화당의 싸움이기도 했다. 선거 결과 민주당의 뷰캐넌(James Buchanan) 후보가 선거인단의 174표(일반투표 : 183만6,072표, 45.3%)를 얻어 대통령에 당선되었다. 그러나 당시 선거에서 분열되어 있던 반대파들이 얻은 표를 합치면 그보다 많았는데, 공화당은 선거인단 114명의 표를(일반투표 : 134만2,345, 33.1%), 노우낫싱은 선거인단 8명의 표를(일반투표 : 87만3,053, 21.6%) 획득했다.

** **프레스톤 브룩스**(Preston S. Brooks, 1819~1957) : 사우스캐롤라이나 주 출신의 민주당 하원

의 행동에 갈채를 보냈다. 동시에 종교적 관용을 억압하고 외국인 혐오를 조장한다며 공화당을 비난했다. 공화당은 개혁주의자들이었지만 북부의 노우낫싱* 세력과 함께 일했다. 노우낫싱의 공식 대통령 후보 필모어**는 남부에서는 노예제 폐지론자로 비난받았고, 북부에서는 백 명의 노예를 소유하고 있다고 자랑했던 남부의 대농장주, 앤드류 (백 명의 검둥이) 도넬슨***을 부통령 후보로 수용한 데 대해 비난을 받았다. 민주당은 공화당에 대해 노예제 폐지론자라고 비난하고 있었다. 그러나 윌리엄 개리슨****은 공화당에 분노

의원이자 대표적인 노예제 지지자. 1856년 당시 노예제에 반대하며 캔자스-네브래스카법을 '캔자스에 반하는 범죄'라고 비판했던 매사추세츠 출신의 같은 당 상원의원 찰스 섬너(Charles Sumner)를 의사당 내에서 폭행했고, 이로 인해 섬너 의원은 3년 반 동안이나 상원 의회에 출석하지 못했다. 이 사건으로 남부인들에 대한 북부인들의 분노가 절정에 달했다.

*** **보더 러피안**(Border Ruffian) : 말 그대로 옮기면 '주 경계 지역의 불한당'이라는 뜻. 1850년대 캔자스 주가 노예제를 합법화하도록 하기 위해 이곳으로 이주해 왔던 미주리 주의 거주민들. 노예제에 반대하는 세력이 캔자스 주가 노예제를 폐지하도록 만들기 위해 활동할 때, '보더 러피안'들은 캔자스 주에서 부정선거와 폭력을 자행하면서 노예제 반대자들을 위협했다. 이와 같은 무법적 상황을 종결하기 위해 연방군이 파견되기도 했다.

* **노우낫싱**(Know-Nothing Party) : 1850년대에 활동했던 미국의 정당들 가운데 하나. 가톨릭과 이민자들에 대한 반대를 주요 노선으로 내걸었던 이 정당은 1849년 뉴욕 시에서 결성된 비밀 결사체에 기원을 두고 있다. 이 정당의 명칭은 당의 활동에 대해 질문을 받을 때, 그 당원들이 "나는 아무것도 모른다"(I Know Nothing)라고 답한 데서 유래했다. 노우낫싱은 1854~1855년 캔자스-네브래스카 법에 따른 혼란의 와중에 시카고로부터 보스턴에 이르는 주요 도시의 선거에서 승리했고, 매사추세츠 주 입법부와 주지사 직을 장악하기도 했다. 그러나 1856년 선거 이후 노예제 문제를 두고 분열되면서 정당으로서의 영향력을 상실했다.

** **밀라드 필모어**(Millard Fillmore, 1800~1874) : 미국의 13대 대통령(1850~1853, 휘그당). 12대 대통령이었던 자카리 테일러(Zachary Taylor)가 재임 16개월 만에 사망하면서 대통령직을 승계했다. 1854년 휘그당이 해체된 이후 링컨을 비롯한 상당수의 휘그당원들이 공화당에 가입한 데 반해, 필모어는 공화당에서 활동하기를 거부했다. 그 대신 그는 노우낫싱의 대통령 후보 지명을 받아들여 1856년 선거에 나섰지만 3위에 그쳐 당선에 실패했다. 이후 남북전쟁이 종결될 때까지 링컨의 정책에 반대하는 입장을 취했다.

*** **앤드류 도넬슨**(Andrew J. Donelson, 1799~1871) : 미국의 정치가이자 외교관. 앤드류 잭슨 대통령의 처조카로 잭슨 대통령 재임 당시 그의 비공식 비서로 활동했다. 1856년 대통령 선거에서 노우낫싱의 부통령 후보로 지명되었다.

**** **윌리엄 개리슨**(William Lloyd Garrison, 1805~1879) : 미국의 언론인이자 노예해방 운동

하여 그 당의 정강이야말로 노예들에 대한 배신이라 선언했고, 자신이 속한 노예제폐지당Abolitionist Party과 함께 승산없는 선거운동을 펼쳤다. 아일랜드인과 독일인들은 공히 이 나라에 새로 이주해 온 사람들이었으며, 노우낫싱은 이들 두 이민자 집단 모두를 똑같이 혐오했다. 그러나 아일랜드인들은 모두 민주당을 지지했고, 독일인들은 모두 공화당을 지지했다. 뉴욕 주에 있는 상당수의 노우낫싱은 필모어의 대의를 지지하면서도 동시에 반反가톨릭·반외국인·반공화당·반보더러피안·반깡패브룩스의 전선을 동시에 유지해 나갔다. 비록 이들이 어떤 지향을 가졌다 하더라도, 그것이 무엇인지 아는 사람은 아무도 없었다. 이런 상황은 지극히 비논리적이었다. 게다가 그것은 이 나라에 지극히 위험한 것이었다.[3]

모든 정치는 갈등의 치환이나 갈등의 치환에 저항하는 노력을 다룬다. 갈등의 대체를 혼란스러운 것으로 생각할 수도 있겠지만, 정치인들은 겉으로 보이는 것만큼 그렇게 혼란스러워 하지 않는다.[4]

만약 우리가 이익들 간의 갈등이라는 관점에서 정치에 대해 말해야 한다면, 최소한 그것들이 자유롭고 균등한 효과를 갖는 것처럼 말하는 방식은 피해야 한다. 우리는 이익의 불균등성, 즉 지배적 이익과 종속적 이익의 위계적 질서를 발견할 필요가 있다.

정치에서 핵심적인 문제는 갈등을 관리하는 것이다. 이 문제

> 모든 정치는
> 갈등의 치환이나
> 갈등의 치환에 저항하는
> 노력을 다룬다.

> 정치에서
> 핵심적인 문제는
> 갈등을 관리하는 것이다.

가. 1831년 노예제에 반대하여 『해방자』(*Liberator*)라는 신문을 창간했으며 노예제가 폐지된 해인 1865년까지 이 신문을 발간했다. 또한 1833년에는 미국노예제반대협회를 결성하여 1843년부터 1865년까지 이 협회의 회장으로 활동했다. 노예제가 폐지된 이후에는 금주운동과 여성참정권 운동에 주력했다.

를 다루지 못하면, 어떤 체제도 유지될 수 없다. 모든 정치, 모든 리더십, 모든 조직은 갈등을 관리하는 데 관여한다. 모든 갈등은 정치 세계의 공간을 분할한다. 갈등의 결과는 너무나 중요하기 때문에, 그와 같은 갈등의 체계를 형성하지 않는다면 어떤 정치 체제도 존속할 수 없다.

미국인들은 미국을 제외한 전 세계 모든 나라의 선거를 합친 것보다 더 많은 선거를 치른다. 그러나 우리가 투표로 결정할 수 없는, 혹은 우리가 원하는 시점에서 투표할 수 없는, 아니면 우리가 원하는 대로 정의할 수 없는 수백만 가지의 이슈들이 존재한다. 갈등의 부상을 확실하게 막을 수 있는 방법은, 단순히 그것을 위한 공간을 제공하지 않거나 그것에 대해 무언가 할 수 있는 권력을 가진 공적 기구를 만들지 않는 것이다. 정치체제 내에는 갈등의 발전을 막기 위해 고안된 엄청나게 많은 장치들이 존재한다. 지역주의는 갈등의 전체적인 질서를 보이지 않도록 하기 위한 장치이다. 모든 입법 절차는 폭발적인 갈등의 재료들이 정부기구로 유입되는 것을 막기 위해 마련된 장치들로 가득 차 있다. 모든 형태의 정치조직은 특정 종류의 갈등은 이용하면서도 다른 종류의 갈등은 억압하는 편향성을 갖고 있다. 왜냐하면 조직은 편향성의 동원을 통해 형성되기 때문이다. 어떤 이슈들은 정치 영역 내로 들어오도록 조직되지만, 다른 이슈들은 정치 영역 밖에 머물도록 조직된다.

정치조직에 대한 공화당의 관념과 민주당의 관념이 다르다는 말은 어쩌면 과장이 아닐지도 모른다. 민주당은 친정당적 경향을 보이는 데 반해, 공화당은 반정당적 경향을 보인다. 정당체제

모든 형태의 정치조직은 특정 종류의 갈등은 이용하면서도 다른 종류의 갈등은 억압하는 편향성을 갖고 있다.

의 미래를 둘러싼 대부분의 논쟁은 주로 정치조직의 목적에 관한 정당 간 견해 차이로부터 비롯된다. 이는 정당 정치의 무의미성을 보여 주는 증거가 아니라 그 중요성을 입증하는 증거이다. 왜냐하면 사람들은 중요하지 않은 것들에 대해서는 이를 둘러싼 조직 이론이나 전략 이론을 경쟁적으로 고안해 내지 않기 때문이다. 바꿔 말해, 정치의 목적 못지않게 정치의 수단에 대해서도 많은 논쟁이 벌어지기 마련이다.

정치가 내용보다는 대개 절차를 (그 자체가 목적이라고 말하기 어려운 권력, 제도, 조직 개념, 권리, 정부를) 다룬다는 바로 그 사실은 그것의 전략적 성격을 증명해 준다. 우리가 정치의 의미를 두고 혼란에 빠지는 이유는 전략의 중요성을 과소평가하기 때문이다.

학자들이 미국 정치를 해석할 때 언제나 겪게 되는 한 가지 어려움은 정치의 근본 전략이 다른 무엇보다도 제도의 구조와 관련되어 있다는 데서 기인한다. 제도의 기능은 갈등을 전달하는 것이다. 축구 경기의 규칙이 모든 형태의 폭력을 차별 없이 동일하게 취급하지 않듯이, 제도 또한 모든 형태의 갈등을 동등하게 처리하지 않는다.

만약 우리가 좀 더 넓은 범위의 정치 경쟁을 허용하는 제도를 가졌다면, 미국 정치는 어떤 모습을 띠게 되었을까? 이는 누구도 모르는 일이다. 그러나 이 문제와 관련하여 무엇을 하든 우리가 모든 갈등에 늘 호의적인 태도를 취할 것 같지는 않다. 왜냐하면 제도의 기능이란 갈등을 차별화하는 데 있기 때문이다.

정치의 의미를 파괴하는 가장 확실한 방법은 모든 이슈가 자유롭고 동등한 가치를 갖는 것처럼 다루는 것이다. 이슈의 불균

정치가 내용보다는 대개 절차를 다룬다는 바로 그 사실은 그것의 전략적 성격을 증명해 준다. 우리가 정치의 의미를 두고 혼란에 빠지는 이유는 전략의 중요성을 과소평가하기 때문이다.

등성은 정치에 대한 해석을 단순화시켜 준다. 우리가 선호의 우선순위를 확립한 때에야 비로소 정치도 의미를 갖게 된다.

갈등의 치환이 정치 전략의 최고 수단이라면, 그 전략의 잠재적 파괴력은 무엇일까? 어떤 재료들이 치환 전략의 소재가 될까? 현대 정치에서 양립할 수 없는 갈등들 가운데 일부를 열거해 보면, 이슈의 대체가 어떻게 전개되는지를 알 수 있다.

남부의 보수주의자들이 가난한 백인들을 자신의 휘하에 묶어 두기 위해 인종적 적대를 이용한 경우나, 1890년대 급진적 농민 운동을 파괴하기 위해 지역 갈등 구도를 이용한 경우는 이 전략이 어떻게 사용될 수 있는지를 잘 보여 준다. 지역 갈등의 부활은 인민주의 운동*의 서부 지구와 남부 지구를 이간질하면서 남부 보수주의자들의 지역 독점을 공고화하는 데 이용되었다. 동시에 그것은 공화당 우파가 북부와 서부에서 우위를 유지할 수 있게 해주었다. 좀 더 최근에는 기존의 지역 균열을 새로운 전국적 균열에 종속시키기 위해 정치의 전국화가 이용되었다.

---

* **인민주의 운동**(Populist movement) : 1890년대 미국 중서부와 남부 지역 농민들의 지지를 바탕으로 정치경제체제 전반을 변화시키고자 했던 개혁 운동. 이 운동은 1870년대와 1880년대 농산물 가격 하락과 열악한 대부 체계에 대응하기 위해 결성된 농민동맹(Farmers' Alliance)을 모태로 하여 발전했다. 인민주의 운동의 지도자들은 농민과 소수의 노동자 및 개혁 운동가들의 지지를 기반으로 1892년 인민당(People's Party)을 건설했다. 인민당은 은화 주조를 통한 통화량 팽창, 누진세 도입, 교통·통신 시설의 정부 소유, 상원의원의 직접 선출 등을 주요 정책으로 내세웠다. 1892년 선거에서 인민당의 대통령 후보 제임스 위버(James B. Weaver)는 1백만 표 이상을 획득했고, 여러 주와 지역 선거에서 많은 인민당 후보들이 당선되기도 했다. 그러나 인민당은 1896년 선거에서 은화 주조를 주요 정책으로 내세운 민주당의 대통령 후보 윌리엄 브라이언(William J. Bryan)을 지지하면서 당의 정체성을 상실했고, 브라이언이 당선에 실패한 이후에는 그 영향력이 급속히 쇠퇴했다.

도시와 농촌 간의 갈등은 노동운동의 정치적 성공을 막는 데 이용되었고, 매카시즘은 다양한 진보적 자유주의의 대의를 파괴하는 데 이용되었으며, 종교적 이슈는 수많은 다른 이슈들을 혼동하게 하는 데 이용되었다. 고전적인 사례로는 국제주의적 계급투쟁과 민족주의 간의 갈등, 다른 모든 갈등을 계급투쟁에 종속시키고자 했던 마르크스주의자들의 시도, 전체주의나 외교정책의 우위 그리고 전쟁을 통해 혁명 운동을 종속시키고자 했던 시도들을 들 수 있다. 미국에서는 실질적 갈등을 절차적 갈등으로 대체하고자 했던 시도와 정치적 갈등을 비정치적이고 정당 기반 없는 운동에 종속시키고자 했던 (즉 공인된 갈등을 공인되지 않은 갈등에 종속시키고자 했던) 오랜 시도들이 있다.[5]

이 모든 경우에서 갈등의 대체가 갖는 효과는, 마치 전투에서 부대의 일부가 자기 위치로부터 일탈하여 적군의 일부에 동참하고 그 사이 적의 다른 부분과 힘을 합친 옛 전우들을 공격하는 것과 같다. 이와 같은 사태가 벌어질 때 영민하지 못한 지휘관들은 이미 버려진 전장을 점령하려는 태도를 취할 가능성이 높다. 갈등의 대체는 가장 파괴적인 정치 전략이다. 동맹은 형성과 재형성을 반복한다. 새로운 진지를 방어하거나 새로운 거점을 차지하기 위해 부대들이 대폭 재편되고 배치됨에 따라 기존의 요새와 진지, 정렬과 제휴는 파괴되거나 포기된다. 정치에서 가장 파국적인 힘은 하나의 갈등을 전혀 다른 갈등으로 대체하면서 기존의 모든 갈등 구도를 뒤바꿔 놓는 권력, 즉 서로 관련이 없는 것을 연결 짓는 권력이다.

이와 같은 분석에 비춰 가장 분명한 사실은, 이슈란 단지 사람들이 그것이 이슈라고 말하는 것만으로는 이슈가 될 수 없다는 것

정치에서 가장 파국적인 힘은 하나의 갈등을 전혀 다른 갈등으로 대체하면서 기존의 모든 갈등 구도를 뒤바꿔 놓는 무관계성의 권력이다.

이다. 이슈를 형성함으로써 얻게 되는 보상은 엄청나게 크다. 그런 까닭에 이슈를 만들기 위해 수많은 시도들이 이루어지지만, 오직 갈등과 결합될 때에만 이슈가 형성된다.

왜 어떤 운동은 성공하고 다른 운동은 실패하는가? 왜 어떤 이념은 널리 유포되어 받아들여지는 반면, 다른 이념들은 그렇게 되지 못하는가? 왜 어떤 갈등은 지배적 지위를 차지하는 반면, 다른 갈등은 지지를 끌어내지 못하는가?[6]

지배적 지위란 다른 이슈들을 덮어 버릴 수 있는 정도의 강도·가시성·역량과 관련되어 있다. 그것은 또한 몇몇 이슈들의 경우 동일한 보편적 차원에 있는 유사한 균열들에 쉽게 접합될 수 있다는 사실과도 관련되어 있다. 갈등 구도의 재편을 의미하는 성공적인 정렬은 엄청난 수의 지지자들을 끌어 모은다. 여기서 이렇게 질문해 볼 수 있겠다. 지배적 균열을 통해 획득한 권력을 어떤 다른 용도로 사용할 수 있을까? 이것의 성공 또한 이미 존재하는 낡은 갈등 구도에 대한 불만의 정도에 달려 있다.

어떤 정치체제에서든 언제나 종속적 지위에 있는 갈등의 수는 매우 많을 수밖에 없다. 각각의 균열은 수백만의 사람들에게는 불리하게 작용한다. 자신의 주장이 경시되고 있는 모든 사람은 새로운 갈등 구도에 전략적 이해관계를 가지고 있다. 이들은 끊임없이 움직이는 집단이다. 그러므로 정치의 방향을 변화시키려는 시도는 결코 진공 상태에서 만들어지는 것이 아니다.

모든 패배한 정당·대의·이익은 기존의 노선을 따라 계속 싸움을 벌일 것인지 아니면 낡은 싸움을 포기하고 새로운 연합을 형성하고자 노력할 것인지 결정해야만 한다. 여기서 가장 우려

모든 패배한 정당·대의·이익은 기존의 노선을 따라 계속 싸움을 벌일 것인지 아니면 낡은 싸움을 포기하고 새로운 연합을 형성하고자 노력할 것인지 결정해야만 한다.

132

스러운 사태는 기존의 싸움을 계속하려는 완고한 소수파들이 어리석게도 낡은 갈등 구도를 동결시켜 영원히 고립된 소수파로 남게 되는 경우이다.

다수파는 자신을 형성시켜 준 갈등 구도를 기반으로 자신들의 단결을 유지해 나간다. 다수파는 오랜 경쟁을 통해 이미 익숙해진 경쟁자들과 대치하는 낡은 대결 구도에 기득 이익을 가지고 있다. 새로운 갈등 구도는 다수파를 혼란에 빠뜨릴 것이다. 새로운 갈등 구도의 형성을 위해서는 다수파 내에 존재하는 긴장을 이용할 필요가 있다. 따라서 싸움은 기존의 갈등 구도를 유지함으로써 혜택을 얻는 측과, 기존 갈등 구도의 대체를 요구하는 측 사이에서 발생할 가능성이 크다. 어떤 정렬도 모든 이익을 동일하게 만족시킬 수 없다는 바로 그 사실이 정치체제를 역동적으로 만든다.

긴장은 다수가 지배하는 어떤 체제에서나 보편적으로 존재한다. 이는 소수파는 물론이고 다수파에도 해당되는 사실이다. 권력을 쥔 정당은 대개 원래 인민에게 위임받은 내용에 충분히 부합하지 않는 위험한 선택에 관여하게 된다. 시간이 흐르면서 그 정당이 자신의 공약에 과도하게 집착할 때, 그들의 과제는 불가능해지는 경향이 있다. 권력을 쥔 어떤 정당도 정치적으로 자신들에게 가장 유리한 것을 마음대로 실행할 수는 없다. 정당 간 갈등의 본질을 이해하려면 정당이 이용하는 균열의 기능을, 우위를 확보하기 위한 투쟁의 관점에서 고려할 필요가 있다. 균열의 개발은 최고의 권력 수단이기 때문에, 중요 이슈에 대한 자신들의 정의를 다른 정당보다 우위에 놓을 수 있는 정당이 정부를 차지할 가능성이 높다.

어떤 정렬도 모든 이익을 동일하게 만족시킬 수 없다는 바로 그 사실이 정치체제를 역동적으로 만든다.

이와 같은 이유로, 공인되지 않은 수많은 갈등이 언제나 존재한다. 어떤 갈등이 이용되지 못하는 까닭은 그것이 지배적인 갈등과 양립할 수 없기 때문이다. 어떤 논쟁들이 양당 모두에 의해 무시된다면, 그것은 이들 정당이 그에 대한 투쟁을 계속할 경우 어느 쪽도 살아남을 수 없기 때문이다. 미국 체제 내에서도 소수와 다수 (부자와 빈자) 간의 갈등이 벌어지기는 하지만, 어떤 정당도 다수에 맞서 소수의 주장을 공개적으로 지지할 수는 없었다. 민주주의 그 자체는 미국 정치에서 압도적으로 중요한 이슈이기 때문에, 공개적으로 민주주의에 반대하는 입장을 취하면서 살아남기는 불가능하다. 주요 정당들 가운데 어느 쪽도 가톨릭에 찬성하거나 반대할 수 없었고, 인종차별이나 이민자 반대 정책을 지지할 수도 없었으며, 소득세나 사회보장제도의 폐지를 노골적으로 지지할 수도 없었다. 정당들은 서로를 고립시키기 위해 부단히 노력한다. 이를 거칠게 표현하자면, 미국 정치의 재편을 위한 모든 급진적 제안들은 부자들의 고립을 제안하고 있는 것이다. 정당들이 이런 것들에 동의할 수 없는 이유는 어떤 일방의 계획이 상대방의 파멸을 가져올 수 있기 때문이다.

정당들은 전적으로 상반되고 모순되는 근거에서 상호 간의 의견일치에 이를 수 있다. 보수적인 정당은 승리를 얻는 대가로 기꺼이 양보안을 제시할 수 있는 반면, 개혁적인 정당은 그 지지기반을 넓히기 위해 자신들의 요구를 완화할 수도 있다. 따라서 정당들은 서로 다른 경로를 통해 가운데로 수렴할 수 있지만, 그들 각각은 상대방의 동기를 불신하는 경향을 보인다.

이는 정당 지도자들이 확고한 신념이 없다거나 권력을 위해서는 어떤 입장도 기꺼이 취하는 양심 없는 사람들이라고 말하려는 것이 아니다. 여기서 말하고자 하는 바의 핵심은 권력이란 전적으로 갈등과 관련되어 있고, 돈과 마찬가지로 권력 또한 다기능적이라는 사실이 정치 지도자들이 대면하는 문제를 더욱 어렵게 만든다는 것이다. 정치 지도자들은 결코 쉽게 우선순위를 확정할 수 없다. 왜냐하면 그들이 취하는 각각의 입장은 다른 모든 입장에 영향을 미치기 때문이다. 이는 특히 세계에서 가장 강력한 정부를 통제하는 일과 관련될 경우 더욱 그러하다.

The Nationalization of Politics:
A Case Study in the Changing Dimensions of Politics

5 장

정치의 전국화:
정치 범위의 변화에 관한 사례연구

5 | 정치의 전국화
정치 범위의 변화에 관한 사례연구[1]

지난 한 세대 동안 미국 정치에서 벌어졌던 일들을 이해하려면 미국 역사에 결정적인 영향을 미쳤던 선거 가운데 하나인 1896년 선거를 되돌아보아야 한다. 20세기의 처음 30년에 걸쳐 이 나라를 지배했던 공화당 우위의 정당체제를 이해하기 위해서라도 1896년에 무슨 일이 일어났는지 알아볼 필요가 있다.

공화당 보수파는 어떻게 미국 정치에서 확실한 우위를 차지하고 20세기 초반의 한 세대 동안 이를 유지할 수 있었을까? 이런 상황을 이해하는 데 있어 1896년의 정당 정렬, 즉 정당과 유권자 간의 지지 패턴은 중요한 의미를 갖는다. 그 이유는 ① 이 정렬이 매우 안정적이었고, ② 30년 이상 동안이나 미국 정치의 성격을 규정할 만큼 충분히 강력했기 때문이다. 1896년의 정당

1896년의 정당 정렬, 즉 정당과 유권자 간의 지지 패턴은 중요한 의미를 갖는다. 그 이유는 ① 이 정렬이 매우 안정적이었고, ② 30년 이상 동안이나 미국 정치의 성격을 규정할 만큼 충분히 강력했기 때문이다.

균열, 곧 정당 간 갈등의 구도는 인민주의 운동, 즉 전국에 걸쳐 유산계급을 두려움에 떨게 했던 급진적 농민운동에 대한 양대 정당 내 보수파들의 주목할 만한 대응에서 비롯되었다. 이 운동은 1880년대 후반 미시시피 강 서부의 광범위한 지역으로 확산되었고, 그 후 남부를 휩쓸면서 1890년에는 8개 주의 입법부를 장악하기에 이르렀다. 남부의 보수파들은 이에 강력히 대응하면서 거의 모든 흑인과 가난한 백인들 다수의 참정권을 박탈하는 일당 독점 체제를 남부 지역에 확립하기 위해 남북전쟁*과 재건 시기**의 긴장과 적대감을 부활시키는 일도 마다하지 않았다. 견고한 남부***의 건설이 가져온 가장 중요한 결과 가운데 하나

***남북전쟁**(Civil War, 1861~1865) : 남부 11개 주와 북부 주들 사이에 벌어졌던 미국의 내전. 이 전쟁의 직접적인 원인은 주가 연방으로부터 탈퇴하는 것을 헌법이 인정하고 있는가 하는 헌법 해석의 문제에 있었다. 그러나 그 실질적 원인은 남부와 북부의 지역적·경제적·사회문화적 차이와 여기에서 비롯된 노예제 존폐를 둘러싼 갈등에서 찾을 수 있다. 북군의 승리로 전쟁이 종결되면서 노예제 폐지와 함께 4백만 노예들이 해방되었다. 그러나 이 전쟁은 남부를 황폐화시켰고 그 이전까지 미국이 치렀던 어떤 전쟁보다도 많은 약 62만 명의 사상자를 낳았다. 다른 한편, 남북전쟁은 이후 미국의 산업 발전을 가속화시키고 주의 권리에 대한 연방정부의 우위를 확고히 하는 계기가 되었다.

**재건 시기(Reconstruction Era, 1865~1877) : 남북전쟁 이후 대두된 여러 문제를 해결하고자 했던 시기. 이 시기의 주요 쟁점은 남부 주들을 연방에 편입시키는 문제, 흑인의 시민권을 보장하는 문제, 전쟁으로 황폐해진 남부를 재건하는 문제 등이었다. 링컨 사후 남부 재건 문제에서 온건 노선을 취했던 앤드류 존슨(Andrew Johnson) 대통령과 의회 내 급진파 사이에 심각한 갈등이 빚어져 대통령이 탄핵 직전까지 몰리는 사태가 벌어지기도 했다. 다른 한편, 수정헌법 14조에 따라 북부인들과 흑인들이 남부의 정치를 주도하면서 부패와 협잡이 늘어나 많은 남부인들의 반감을 사기도 했다. 재건 시기는, 대통령 선거를 둘러싼 공방에서 민주당 의원들이 공화당 후보 러더포드 헤이스(Rutherford B. Hayes)를 지지하여 대통령으로 당선시키는 대신 연방군이 남부에서 철수하도록 하는 1877년의 타협으로 막을 내렸다. 이후 백인들이 다시 남부의 주 정부를 장악하면서 흑인들의 권리는 무효화되었다.

******견고한 남부**(Solid South) : 재건 시기 이후부터 1960년대까지 남부 지역 유권자들이 민주당을 압도적으로 지지한 데서 비롯된 정치적 표현. 이와 같은 남부의 일방적 민주당 지지는 남북전쟁과 재건 시기를 통해 노예제 폐지와 흑인의 권리를 주창했던 공화당에 대한

는 그것이 인민주의 운동의 서부 지구와 남부 지구 간의 연계를 영원히 갈라놓았다는 데 있다.

인민주의에 대한 보수파의 대응은 1896년 들어 두 번째 단계로 나아갔다. 이 해에 윌리엄 제닝스 브라이언*은 민주당 전당대회를 장악했고, 민주당과 인민주의자들(인민당)이 선거연합을 이루었으며 인민주의자들의 정책을 바탕으로 두 당의 공식 대통령 후보로 지명되었다.

북부의 보수파들은 브라이언이 대통령 후보로 지명된 데 큰 위협감을 느낀 나머지 온 나라를 깜짝 놀라게 할 만한 과격한 조치를 단행했다. 실제 북부에서 전개되었던, 브라이언이즘에 대한 보수파의 대응은 남부에서 나타났던 인민주의에 대한 보수파의 대응만큼이나 극적인 것이었다. 결과적으로 민주당은 북동부와 중서부의 광범위한 지역에서 완전히 축출되거나 사라진 반면, 공화당은 이 나라에서 가장 많은 사람들이 거주하는 모든 지역에서 확고한 우위를 점하게 되었다. 이에 따른 정당-유권자 투표 정렬은 미국 역사상 가장 뚜렷하게 지역적인 정치 구도 가운데 하나

남부 백인들의 반감에 기원을 두고 있다. 견고한 남부는 1950년대 해리 트루먼 대통령이 흑인 민권운동에 호의적인 태도를 보이면서 이완되기 시작했다. 1964년 린든 존슨과 민주당 주도로 민권법안이 통과된 후 남부 유권자들 다수는 공화당 후보를 지지했고, 그 결과 사회경제정책에서 보수적인 민주당 후보를 지지했던 기존의 견고한 남부도 해체되기에 이르렀다.

* **윌리엄 제닝스 브라이언**(William Jennings Bryan, 1860~1925) : 미국의 정치인. 1891~1895년까지 하원의원으로 활동하면서 은화 주조를 통한 통화팽창을 주장했다. 1896년 민주당과 인민당의 공동 대통령 후보로 지명되어 은화 주조와 대기업에 대한 규제를 주요 정책으로 내걸었으나 공화당의 맥킨리(William McKinley)에게 패배했다. 1900년, 1908년에도 민주당 대통령 후보로 선거에 나섰으나 모두 패배했다. 윌슨 행정부 시기에는 국무부 장관으로 활동했다.

표 1 | 1896년 체제 : 양대 지역 보수적 소수파들 간의 적대적 협력

견고한 남부 (민주당)	남부 지역을 확고히 장악한 것과 인종 문제를 남부의 지역 문제로 간주하여 자유롭게 처리할 수 있도록 해준 데 대한 대가로 대통령직과 관련된 정치를 기꺼이 포기.
거의 같은 정도로 견고한 북부 (공화당)	대통령의 거부권과 공직임명권(법 집행에 대한 거부권), 사법부의 법률심사권, 입법 방해 전술을 기반으로 하여 대기업에게 경제 영역에서 자신들의 지배적 지위를 자유롭게 이용할 수 있는 기회를 제공.

로 나타났다. 요컨대, 새로운 정당 구도는 이 나라를 두 개의 강력한 지역 소수파, 즉 북부의 친기업적 공화당 소수파와 그 상대방인 남부의 보수적인 민주당 소수파에게 넘겨주었다.

새로운 정렬이 가능했던 이유는 남부의 민주당 보수파가 남부 지역을 확고히 장악하는 대가로 전국적인 권력을 획득하려는 야심을 기꺼이 포기하기로 결정했다는 데 있다. 견고한 남부는 공화당 우위 체제의 주춧돌 가운데 하나였다. 왜냐하면 그것은 민주당을 비참할 정도로 약화시켰을 뿐만 아니라 한 세대에 걸쳐 전국적 야당이 될 가능성을 사실상 파괴해 버렸기 때문이다.

전국적인 정치의 관점에서 볼 때 견고한 남부의 주된 기능은 급진적 농민운동의 남부 분파와 서부 분파가 서로 연합할 수 없도록 만든 것이었다. 다른 한편, 남부에서 확립된 일당 독점 체제는 공화당 내 서부 급진파들을 고립시킴으로써 공화당 보수파가 정부를 운영함에 있어 해결해야 할 문제들을 엄청나게 단순화시켜 주었다. 이로 인해 서부의 공화당 소수파들은 달리 의지할 곳

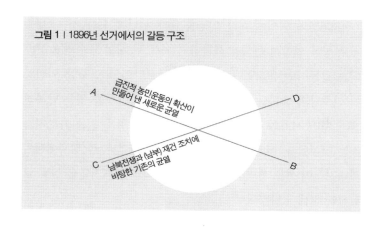

그림 1 | 1896년 선거에서의 갈등 구조

A

급진적 농민운동의 확산이
만들어 낸 새로운 균열

D

C

남북전쟁과 (남부) 재건 조치에
바탕한 기존의 균열

B

이 없게 되었다. 그들은 전국적인 선거에서 승리할 만한 어떤 연합도 형성하지 못한 채, 영향력 없는 일련의 지역적 소수파 정도의 세력으로 축소되고 말았다.

다음으로 정당-유권자 투표 정렬에서 나타난 극단적 지역주의는 공화당 보수파의 우위를 보장해 주었다. 북부의 지역주의는 표면상으로만 남부보다 덜 격렬했을 뿐이다. 양 지역의 대부분에 걸쳐 야당, 곧 북부의 민주당과 남부의 공화당은 거의 소멸했거나 아무런 영향력도 발휘하지 못했다. 그 결과 남부뿐만 아니라 북부의 대다수 지역에서도 조직화된 정당 대안은 사라져 버렸다. 일당 정치는 이미 경제적 권력을 가진 사람들에게 정치적 권력까지 가져다주는 경향을 강하게 드러냈기 때문에, 양대 지역은 더욱 보수화되었다. 게다가 일당 독점 지역(극단적인 지역주의가 나타나는 지역)에서는 유권자들이 더 이상 유효한 정당 대안을 가질 수 없기 때문에 투표의 가치도 하락했다.

1896년의 위기에 대한 연구를 통해 깨닫게 되는 것은, 새롭게 부상한 연합이 권력을 획득하기 위해 두 개의 모순되고 상반되는 갈등이 이용되었다는 사실이다. 브라이언-민주당-인민당이 민주당과 공화당 내 보수파에게 공격을 감행한 것은 남북전쟁과 재건 시기의 적대감에 기반한 낡은 지역 균열을 가로지르려는 것이었다. 이처럼 갈등들 간의 갈등의 결과, 한 경쟁에서의 적대자들이 서로 협력하여 다른 경쟁에서의 협력자들을 상호 교환하는 사태가 나타났다.

낡은 갈등과 새로운 갈등 간의 대립은 1896년의 균열선을 따라 미국 정치를 재편하는 데 필요한 소재를 제공해 주었다.

이로써 남부의 민주당 보수파와 북부의 공화당 보수파는 주저 없이 지역갈등을 되살려 내 인민주의 운동을 분열시켰다. 아마도 1896년 정렬의 확립은 미국 역사상 하나의 갈등이 다른 갈등을 성공적으로 대체한 최고의 사례일 것이다. 급진파들이 패배한 이유는, 일당 중심의 지역 갈등 구도를 통해 남부와 서부의 급진파들을 상호 고립·분열시키면서 그들을 압도해 버린 일관성 없는 균열에, 이들 급진파가 이용하려 했던 갈등이 종속되어 버렸기 때문이다. 다른 한편, 보수파들이 권력을 획득한 이유는 그들이 원하는 방식대로 사람들을 분열시키는 갈등을 이 나라에 부과할 수 있었기 때문이다. 북부의 공화당 보수파와 남부의 민주당 보수파가 공개적으로 협력했던 것은 아니다. 그러나 이들 간 사실상의 은밀한 동맹이야 말로 공화당 우위 체제의 주춧돌이라 하겠다.

선거 결과를 조사해 보면, 새로운 갈등 구도가 유권자 지지

아마도 1896년 정렬의 확립은 미국 역사상 하나의 갈등이 다른 갈등을 성공적으로 대체한 최고의 사례일 것이다.

144

표 2 | 1896년 이전의 선거 결과

년도	공화당	민주당
1876	4,036,296	4,300,590
1880	4,454,416	4,444,952
1884	4,854,891	4,914,986
1888	5,439,853	5,540,329

분포에 어떤 변화를 가져왔는지 알 수 있게 된다.

1896년 이전 선거에서는 주요 정당들이 전국에 걸쳐 거의 동일한 수준의 지지를 얻었다. 〈표 2〉의 선거 결과는 1896년 이전 20년 동안 정당 간 힘의 균형이 유지되었음을 보여 준다.

1892년 위버 장군General Weaver*이 인민당 후보로 나섰을 때조차도, 민주당과 공화당의 대통령 후보 간 득표 차이는 대략 1천2백만의 총투표 수 가운데 38만 표에 불과했다.

1896년 선거의 효과는 1892년의 선거 결과와 1896년 선거에서, 견고한 남부를 제외한 대다수 주의 정당 득표 결과를 비교해 보면 알 수 있다(〈표 3〉 참조).

1892년 선거 결과를 놓고 볼 때 경쟁적 정당체제라고 부를 만한 상황이 36개 주에서 나타났다. 그러나 1904년에 이르면 정

---

* **위버**(James Weaver, 1833~1912) : 미국의 정치인. 남북전쟁 당시 아이오와 주 의용군 중위로 북군 편에서 싸웠고, 1864년 준장으로 명예 진급했다. 전후 그린백-노동당(Greenback-Labor Party) 하원의원(1879~1881)으로 활동했으며, 1880년 그린백-노동당 후보로 대통령 선거에 출마했다. 1892년에는 인민당의 대통령 후보로 선거에 나섰고, 은화 주조를 통한 통화팽창, 철도·통신 시설의 국유화, 은행 이자율의 공정한 책정 등을 주요 정책으로 제시하여 선거인단에서 22표를 획득했다(일반투표: 104만1,028, 8.5%).

표 3 | 표본 주의 선거 결과 비교, 1892년과 1896년

주	1892년		1896년	
코네티컷	민주당	82,395	민주당	56,740
	공화당	77,025	공화당	110,285
일리노이	민주당	426,281	민주당	464,523
	공화당	399,288	공화당	607,148
뉴햄프셔	민주당	42,081	민주당	21,271
	공화당	45,658	공화당	57,444
뉴저지	민주당	177,042	민주당	133,675
	공화당	156,068	공화당	221,367
뉴욕	민주당	654,868	민주당	551,369
	공화당	609,350	공화당	819,838
펜실베이니아	민주당	452,264	민주당	427,125
	공화당	516,011	공화당	728,300
로드아일랜드	민주당	24,335	민주당	14,459
	공화당	26,972	공화당	37,437
위스콘신	민주당	177,335	민주당	165,523
	공화당	170,791	공화당	268,135

당들이 대등하게 경쟁하는 주는 여섯 개에 불과한 반면, 30개 주에서는 더 이상 경쟁적이라고 볼 수 없는 상황이 만들어졌다.

정당 간 경쟁성의 약화는 남부 지역에서 가장 두드러졌다. 인민주의 운동이 유입되기 전인 1884년 선거에서 공화당 지지표가 민주당 지지표의 절반에도 못 미쳤던 지역은 사우스캐롤라이나·텍사스·조지아의 3개 주뿐이었다.

1884년과 1904년에 공화당이 받은 지지표를 비교해 보면, 새로운 정당-유권자 지지 패턴이 남부 정치에 어떤 영향을 미쳤는

표 4 | 몇몇 남부 주에서의 공화당 득표수, 1884년과 1904년

주	1884년	1904년
사우스캐롤라이나	21,733	2,570
플로리다	28,031	8,314
앨라배마	59,591	22,472
미시시피	43,509	3,280
루이지애나	46,347	5,205

지 확인할 수 있다(〈표 4〉 참조). 그러나 1896년 이후의 정렬은 정당 경쟁을 위축시켰을 뿐만 아니라, 전반적인 선거 참여 또한 감소시켰다. 1884년과 1904년의 총 투표수를 비교한 〈표 5〉는 남부 지역의 투표율이 하락했음을 보여 준다.

새로운 지역주의는 전국에 걸쳐 유사한 영향을 미쳤다. 남부 지역을 제외한 14개 주에서도 1904년의 총 투표수는 1896년보다 적었다. 1904년 선거*가 미국 역사상 처음으로 일반투표에서 압도적인 표 차로 승패를 갈랐음에도 전체 투표율이 하락하는 과정에서 그런 일이 벌어졌다는 사실은 새로운 정치적 조건

---

* **1904년 선거** : 전임 대통령 윌리엄 매킨리(William McKinley)의 사망으로 1901년 대통령직을 승계했던 시어도어 루스벨트가 재선에 성공한 선거. 공화당의 루스벨트는 재임 당시의 업적을 내세우며 선거에 임한 반면, 민주당은 '급진적' 이미지의 루스벨트에 대항해 보수적 노선을 취했던 알톤 파커(Alton B. Parker)를 대통령 후보로 내세웠다. 선거 결과 루스벨트는 일반투표에서 크게 승리했고(일반투표: 56.4%, 선거인단: 336), 알톤 파커는 견고한 남부 외에 메릴랜드 주의 선거인단만을 확보했다(일반투표: 37.6%, 선거인단: 140). 사회당 후보로서는 처음으로 대통령 선거에 나섰던 유진 뎁스(Eugene V. Debs)는 일반투표에서 3%를 얻는 데 그쳤다. 다른 한편, 1904년 선거에서는 대통령 선거 사상 처음으로 투표율이 70% 미만으로 떨어졌으며(65.5%), 남부의 투표율 또한 29%로 그 전 선거에 비해 14.5%나 줄었다.

표 5 | 남부 지역의 총 투표수

주	1884년	1904년
루이지애나	108,887	54,947
미시시피	120,019	58,721
사우스캐롤라이나	91,623	55,670
텍사스	318,450	233,919
버지니아	324,858	130,842

이 등장했음을 보여 주는 중요한 징후이다.

거대한 공화당이 북부를 독점한 결과나 작은 민주당이 남부를 독점한 결과는 거의 동일한 것이었다. 남부를 제외한 31개 주와 경계 주*에서 공화당이 보여 준 득표력은, 1896~1932년 동안 실시되었던 대통령 선거에서 민주당이 이들 주 가운데 평균약 2개 주만의 선거인단 지지를 얻었다는 사실을 통해 확인할 수 있다.

정당 간 경쟁은 경계 주의 경우 줄어들지 않았고, 때때로 뉴욕 주, 오하이오 주, 인디애나 주에서도 의미 있는 역할을 수행했다. 그러나 그 밖의 지역에서는 선거 경쟁이 거의 언제나 일방적인 승리로 귀결되었기에 유권자들은 어떤 의미 있는 선택도 할 수 없었다. 일당 독점 지역의 확대는 다음과 같은 의미를 갖는다. 즉 1904년에는 미국 인구의 1/7이 조금 못되는 사람들이

---

* **경계 주**(border states) : 노예제를 인정하고 있음에도 남북전쟁 당시 북군 편에 섰던 주들로 델라웨어·켄터키·메릴랜드·미주리·버지니아를 일컫는 말.

148

치열한 정당 간 경쟁이 있는 주에 살았던 데 반해, 1920년에는 미국 인구의 1/10도 안 되는 1천2백만 명만이, 양당이 승리할 가능성이 엇비슷한 상황에서 어느 하나를 선택할 수 있는 주에 살게 되었다는 것이다.

지역주의는 정당 조직을 약화시키는 강력한 경향을 보인다. 왜냐하면 일당 독점 지역에서의 선거 승리란 야당과의 경쟁이 아니라 야당을 제거함으로써 확보되는 것이기 때문이다. 1896년 이후 북부의 광범위한 지역에서는 민주당이 자신의 존재감을 드러낼 수 없게 되었다. 북부의 광범위한 지역에서 주 입법부의 민주당 대표는 거의 사라졌다. 다른 곳에서도 취약한 민주당 지역 조직은 정당을 배제하는 강력한 공화당 정치 머신에 흡수되고 말았다.

남부에서의 공화당 지지율은 북부에서의 민주당 지지율에 비해 그 하락 폭이 두 배에 달했다. 북부와 남부 각각의 지배적 정당 조직은 지역 정치를 독점하는 관리자가 되었다.

남부에서의 공화당 지지율은 북부에서의 민주당 지지율에 비해 그 하락 폭이 두 배에 달했다. 북부와 남부 각각의 지배적 정당 조직은 지역 정치를 독점하는 관리자가 되었다.

1932년의 혁명

대공황의 한가운데 있던 1932년, 이 나라는 공공정책의 역사에서 가장 거대한 전환을 만들어 내기 위해, 사기가 꺾인 채로 지리멸렬해 있던 민주당을 이용했다. 이는 민주당이 그 과제를 수행하기에 가장 적합한 도구라서가 아니라 당시로서는 그것이 이용 가능한 유일한 도구였기 때문이다. 1932년 선거는 한 정당

(공화당)의 패배 이상을 의미했다. 그것은 지배계급의 전복과도 같은 것이었다. 1930년대의 민주당은 자신이 계획하지도, 만들어 내지도 않았던 혁명을 마지못해 실행하는 도구가 되었다. 정당이 자신에게 주어진 새로운 책무를 수행한다는 측면에서 봤을 때, 프랭클린 루스벨트*가 대통령으로 취임할 당시의 민주당만큼 준비가 덜 된 정당도 없었을 것이다. 이 나라가 30여 년 만에 처음으로 맞이한 정당체제 재편의 가능성을 실현하기 위해 민주당을 이용했다는 사실은, 정당체제의 기능에 대한 새로운 관념을 발전시키고 정당 책임성이라는 관념에 대해 새로운 관심을 불러일으키는 데 크게 기여했다.

프랭클린 루스벨트가 대통령에 당선된 이전과 이후 시기의 민주당 정책을 비교해 보면, 정당체제의 기존 기능과 새로운 기능 간의 차이를 알 수 있다.

우드로 윌슨**이 대통령으로 선출되었던 1912년의 민주당 정

---

* **프랭클린 루스벨트**(Franklin Roosevelt, 1882~1945) : 미국의 32대 대통령(1933~1945, 민주당). 1920년 민주당의 부통령 후보로 나섰으나 낙선했고, 1928년 근소한 표차로 뉴욕 주지사에 당선됐다. 1932년 대통령에 당선된 후에는 대공황 타개를 목표로 '뉴딜'(New Deal)이라고 통칭되는 각종 개혁 정책을 실시했다. 루스벨트 행정부는 기업과 금융 부문에 대한 규제, 실업 구제 및 노동 복지 관련 법제를 확립하면서 연방정부와 대통령의 권한을 크게 강화했다. 특히 실업 대책과 노동 복지 정책의 대폭적인 확대는 민주당으로 하여금 노동자와 하층 집단을 포괄하는 새로운 지지 연합을 구성하게 해주었다. 이와 같은 폭넓은 지지와 제2차 세계대전의 발발로 인해 루스벨트는 미국 정치사에서 전무후무한 4선 대통령이 되었고, 민주당은 이후 30여 년에 걸쳐 안정적인 다수파 연합을 기반으로 미국 정치를 주도했다.

** **우드로 윌슨**(Woodrow Wilson, 1856~1924) : 미국의 28대 대통령(1913~1921, 민주당). 프린스턴 대학의 교수와 총장을 역임했으며, 1910년에는 뉴저지 주지사에 당선됐다. 1912년 공화당의 분열로 대통령에 당선되었으며 연임에도 성공했다. 재임 중 연방준비제도 법안(Federal Reserve Act), 클레이튼 반트러스트 법안(Clayton Antitrust Act)과 세 개의 수정헌법(17조 : 상원의원에 대한 직접선거, 18조 : 금주, 19조 : 여성 투표권 보장)을 통과시키는 데 기여했다. 제1차 세계대전 당시 미국의 참전을 결정했고, 종전 후에는 베르사유 조약 체결에 관여하

강을 훑어보면, 이 정당의 견해를 충분히 파악할 수 있다. 1912년 민주당은 주(州) 권리의 보장을 옹호하면서, "연방정부의 권력을 우회적으로 확대하고 강화하려는 공화당의 노력을 권리 침해"라고 비난했다. 또한 그들은 보호관세가 위헌이라고 주장했다. 연방정부의 기능과 범위에 대한 이 정당의 전반적인 태도는 다음과 같은 언급을 통해 확인할 수 있다. 즉 민주당은 연방정부가 "고율의 세금을 유지하면서 인민의 구매력은 저하시키는 무분별한 지출을 계속함으로써, 가혹한 과세를 통해 인민으로부터 우려낸 돈을 방탕하게 낭비하고 있다"고 비판했다(1912년 당시 연방정부의 지출은 대략 6억6천만 달러 정도였다).

그 외에도 민주당은 3권의 분립을 지지했고, 상원의원에 대한 직접선거와 대통령 예비경선제, 그리고 대통령직을 단임으로 제한하는 헌법수정안을 지지했다. 여타 주요 공공정책 분야의 정책 강령은 아래와 같이 요약할 수 있다.

1. **노동** : 민주당은 법원의 강제 명령권 사용을 제한하고자 했으며, 노동부의 창설을 지지했다. "연방정부의 관할 범위가 확대되는 그 한도 내에서" 그 산하 직원들을 위한 임금보상제의 도입을 옹호했다.
2. **농업** : 민주당은 농민 신용 대출의 확대, 농촌 지역 무상 우편배달의 확대를 추진하고자 했고, 농산품 투기는 반대했다.
3. **기업** : 관세 축소, 반(反)트러스트* 법제의 강화, 철도운임에 대한 규

면서 국제연맹의 창설과 국제평화협약을 주도하여 노벨 평화상을 받았다. 그러나 미국의 국제연맹 가입 및 국제평화협약에 대해 상원의 승인을 얻는 데 실패했고 그 와중에 뇌졸중으로 쓰러지면서 대통령 임기를 마감했다.

제 강화를 원했고, 운하 개발과 천연자원 보존을 지지했다. '금융 트러스트'가 지배하는 중앙은행의 창설을 반대했다.

4. 사회복지 : 민주당은 소포우편제도를 확립하고자 했다. 전국적인 단일 의료 기관의 창설을 지지했지만, 의료 제도의 사회화에 대해서는 언급하지 않았다.

5. 외교정책 : 민주당은 먼로 독트린*을 지지했으며 해군 증강에 대해서는 신중한 입장을 취했다.

마지막으로 민주당은 소득세를 인정하는 수정헌법을 지지했다. 그러나 오늘날 이 새로운 형태의 조세를 통해 징수되고 있는 세금의 규모를 당시의 민주당이 예측했다고 보기는 어렵다.

위의 요약은 민주당이 일관성 없는 정당임을 보여 주기 위해서가 아니라, 1932년의 정당 재편이 미국 정치 의제의 심대한 변화와 밀접히 관련되어 있다는 명제를 예증하기 위해 제시한 것이다. 1912년 양대 정당의 선거 강령을 검토해 보면, 그 당시 민주당과 공화당 간의 차이가 얼마나 작았는지 확인할 수 있다.

제1차 세계대전 이전 미국의 정부 지출을 분석해 보면, 1912년의 정당 정책이 그 당시 공적 업무의 실질적인 제약 조건으로

1912년 양대 정당의 선거 강령을 검토해 보면, 그 당시 민주당과 공화당 간의 차이가 얼마나 작았는지 확인할 수 있다.

---

* **트러스트**(Trust) : 거래 제한, 가격 담합, 기업 활동의 독점 등을 위해 설립된 기업 연합체로 19세기 후반과 20세기 초반 미국 경제에서 지배적인 영향력을 발휘했다. 이 당시 대표적인 트러스트 업체로는 스탠더드 오일(Standard Oil), 유에스 스틸(U. S. Steel) 등이 있다. 19세기 초반의 세 대통령들(공화당의 루스벨트와 태프트, 민주당의 윌슨)은 이들 트러스트를 분리하거나 규제하는 소송 및 법안을 주도했다.

* **먼로 독트린**(Monroe Doctrine) : 1823년 먼로(James Monroe) 대통령이 연례 의회 연설에서 밝힌 대외 정책 기조. 미국은 아메리카 대륙에 있는 기존의 유럽 식민지에 대해서는 관여하지 않겠으나, 그 이상의 식민지 확대나 그와 관련된 유럽 국가들의 분쟁은 자국에 대한 적대 행위로 간주, 전쟁의 근거가 될 수 있다는 내용을 담고 있다.

부터 크게 벗어나 있지 않았음을 알 수 있다. 1915년에 정부는 7억6천만 달러를 지출했는데, 그 가운데 약 1/3은 국방비로 쓰였고, 1/3은 정부의 민간 업무에 사용되었으며, 나머지 1/3은 군인 연금, 국채 및 부채와 이자 상환에 쓰였다. 당시까지만 해도 정부는 예산 제도를 채택할 만한 지출 규모를 갖고 있지 않았다.

1915년 당시에는 약 2천 명의 사람들이 통화 및 문서 위조, 약품법 위반, 이민법 위반, 또는 주간^{州間} 통상법, 주류법, 매춘 및 비도덕 행위 규제법^{Mann Act}, 우편법에 대한 위반으로 유죄 판결을 받고 연방 교도소에 수감되었다. 새로운 소득세는 당시 경제에 거의 아무런 효과도 미치지 못했다. 33만7천 명이 소득세 신고서를 제출했으며 총 납부액은 4천1백만 달러에 불과했다.

우편 업무와 통화관리를 논외로 하면, 연방정부는 아주 적은 범주의 사람들에게만 직접적인 영향을 미쳤다. 여기에는 연방정부 산하 직원, 수입업자, 특정 식품 및 의약품을 가공·판매하는 주간 통상업자, 마약을 취급하는 의사 및 약제사, 주류업자, 주간 철도 사업자, 인디언, 해운업 종사자, 소비세 징수원, 몇몇 도급업자, 이민자, 법인의 고문 변호사와 재무 담당자, 화폐 위조자, 그리고 매춘을 강요당한 여성 등이 있었다.

1932년 선거 이후 나타난 공공정책상의 변화가 미국 역사에서 가장 큰 변화였다는 명제를 굳이 증명할 필요가 없을 것이다. 그러나 뉴딜 자체도 10년 뒤에는 제2차 세계대전과 냉전의 결과 일어난 대외정책상의 훨씬 더 커다란 혁명에 의해 압도되었다. 이들 두 혁명의 누적 효과로 인해 사실상의 새로운 정부와 미국 공공정책의 새로운 정치적 토대가 만들어졌다.

이와 같이 정당 정렬의 변화, 즉 두 정당이 이 나라 사람들을 새롭게 나눠 놓은 방식은 미국 정치의 의미와 정당체제에 커다란 변화를 가져왔다. 1932년 선거는 미국 역사상 가장 큰 갈등의 치환을 만들어 냈으며, 정당 경쟁의 범위를 대폭 확장시켰다. 1896년의 정렬이 1932년 정렬로 대체된 결과 미국 대중의 정치에 대한 관여도 크게 달라졌다.

1932년 이래 정당 정렬은 어떤 모습으로 변화했을까? 1932년 이후 치러진 선거에서는 남부를 제외한 전국에 걸쳐, 극단적인 지역 갈등 구도가 전국적인 차원의 갈등 구도로 대체되었다. 도표상으로도 남부를 제외한 지역에서 주요 정당의 득표율 분포를 보여 주는 곡선이 평평하게 나타나는데 이를 통해 미국 정치의 전국화를 확인할 수 있다.

곡선의 평평함은 통계로도 나타낼 수 있다. 즉 각 주에서 민주당이 획득한 득표율을 50% 기준의 편차로 계산하면 주요 정당의 득표율 분포를 나타내는 통계를 얻을 수 있다(이렇게 계산할 때, 44%와 55%의 득표율은 각각 6%와 5%의 편차로 나타난다). 1908년 선거의 경우, 북부와 서부(애리조나와 뉴멕시코는 제외) 29개 주에서 민주당이 획득한 득표율은 50% 기준으로부터 총 283.8의 편차를 보였다. 1928년의 총 편차는 312.1이었다. 그러나 1944년에 이르러 이 수치는 124로 줄어들었다. 바꿔 말해, 1944년의 곡선은 1928년의 곡선에 비해 거의 세 배나 평평해진 것이다. 이는 일당 독점 주의 수가 크게 줄었음을 의미한다. 남부와 경계 주를 제외할 때 1944년 민주당이 60% 이상 혹은 40% 미만의 표를 얻은 주는 두 개에 불과하며, 주요 정당의 득표율이 3%

만 변화해도 17개 주의 선거 결과가 바뀔 수 있었다.

이 수치는 이제 선거가 전국적인 차원에서 작동하는 요인들에 의해 지배되고 있음을 보여 준다. 그 결과 가운데 하나는 정당 간 경쟁성이 높은 지역이 엄청나게 확대되었다는 것이다.

공화당 대통령 후보가 당선됐던 1952년과 1956년 선거는 새로운 정당-유권자 지지 패턴에 어떤 영향을 미쳤을까? 정당 득표율의 변화에도 불구하고, 이들 선거는 미국 정치의 전국화 추세를 역전시키지 못했으며, 과거의 지역적 정치 패턴으로 회귀하려는 어떠한 경향도 보여 주지 않았다.

1932년, 1936년, 1940년, 1944년, 1948년에 걸쳐 민주당이 우위를 보였던 선거와 마찬가지로, 이들 선거는 전국적 차원의 정당 간 경쟁 속에서 치러졌다. 새로운 차원의 정치로 인해 이제는 공화당이 이득을 얻었다는 사실에도 불구하고, 주요 정당 간 균열의 방향과 범위는 안정적인 상태를 유지하게 되었다. 우리는 미국 역사상 처음으로 전국에 걸친 경쟁적 양당체제의 넓은 범위 안에 머물게 되었으며, 어느 정당이 다수를 획득하는가와 관계없이 이와 같은 전국화의 경향은 계속 유지되고 있다.

네 차례의 연속적인 선거에서 루스벨트가 민주당 남부파의 지지 없이도 대통령에 당선될 수 있었다는 사실은 미국 정치에서 견고한 남부가 차지하는 지위를 몰라보게 변화시켰다. 루스벨트가 메이슨-딕슨 경계선* 남부의 모든 주에서 한 표도 얻지

공화당 대통령 후보가 당선됐던 1952년과 1956년 선거는 새로운 정당-유권자 지지 패턴에 어떤 영향을 미쳤을까? 정당 득표율의 변화에도 불구하고, 이들 선거는 미국 정치의 전국화 추세를 역전시키지 못했으며, 과거의 지역적 정치 패턴으로 회귀하려는 어떠한 경향도 보여 주지 않았다.

---

* **메이슨-딕슨 경계선**(Mason–Dixon line) : 펜실베이니아 주와 메릴랜드 주를 나누는 경계선. 이 명칭은 1700년대 중반 펜실베이니아와 메릴랜드 사이의 식민지 경계 다툼을 해결하기 위해

못했더라도, 그는 매 선거에서 선거인단 득표수에서 1백 표 차이로 승리했을 것이다.

정치의 전국화가 공화당에 미친 영향은, 1952년 대통령 후보 지명을 둘러싼 아이젠하워*와 태프트**의 경쟁이 공화당 전당대회에서 38개 주의 대의원단을 분열시켰다는 사실을 통해 확인할 수 있다.

정치의 전국화는 집권 정당이 교체되는 빈도에 어떤 효과를 미쳤을까? 이 질문이 중요한 이유는 만약 한 정당이 영구적으로 정부를 장악한다면 정당은 대중에 대해 책임지지 않을 수 있기 때문이다. 미국 전역에 걸친 경쟁적 양당체제의 발전으로 인해 야당의 중요성은 엄청나게 증가했다. 정당-유권자 지지 패턴이 뚜렷하게 지역적인 양상을 띠는 한, 야당은 지역 균열을 강화하는 것 이상의 어떤 일도 하기 어렵다. 지역 갈등 구도가 뚜렷하게 나타날수록 집권당의 지위는 더욱 더 확고해졌다. 지역주의는

경계선을 측량했던 찰스 메이슨(Charles Mason)과 제레미아 딕슨(Jeremiah Dixon)의 이름을 딴 것이다. 남북전쟁 당시 이 경계선 북쪽의 주들은 노예제를 폐지한 '자유주'였고 그 남쪽의 주들은 노예제를 유지한 '노예주'였기에, 이후 정치사회적으로 미국의 남부와 북부를 가르는 경계선으로 알려지게 되었다.

* **드와이트 아이젠하워**(Dwight D. Eisenhower, 1890~1969) : 미국의 34대 대통령(1953~1961, 공화당). 제2차 세계대전 당시 연합군의 총사령관으로 활동했다. 대통령 재임 시에는 한국전쟁의 휴전을 이끌어 냈고, 사회보장 프로그램을 확대했으며, 주간(州間) 고속도로의 건설을 개시했다. 또한 흑인 민권 문제에 대해 초기에는 유보적인 태도를 보이다가 이후 아칸소 주의 교내 인종차별 폐지를 도왔고, 상원의원 매카시에 대한 의회의 견책에 암묵적인 지지를 보냈다. 그의 대통령 고별 연설은 군산복합체의 위험을 경고한 것으로 유명하다.

** **로버트 태프트**(Robert A. Taft, 1889~1953) : 오하이오 주 출신의 상원의원(1939~1953). 보수적인 공화당 의원의 전형으로 제2차 세계대전 이전에는 고립주의를 주창했고, 노동조합의 권리를 제한하는 태프트-하틀리 법의 제정을 주도했다. 대통령 윌리엄 태프트의 아들이기도 한 그는 세 차례(1940, 1948, 1952)에 걸쳐 대통령 후보 지명전에 나섰으나 모두 실패했다.

단순히 지역적 공격으로는 좀처럼 전복될 수 없는 정당-유권자 지지 패턴을 만들어 냈다. 1932년 이전 공화당에 대한 모든 지역적 공격은 공화당이 우위에 있는 인구 밀집 지역에서 공화당의 지지율을 높이는 데 기여했을 뿐이며, 동시에 그것은 남부에서 민주당의 우위를 강화시키는 경향을 보였다. 특정 주들의 거대한 블록이 또 다른 주들의 블록과 대결하는 정치체제에서 통상의 여론 변화는 어떤 중요한 정치적 효과도 만들어 낼 수 없다. 왜냐하면 각 정당의 지역적 기반에서 나타나는 정당 간 표차가 너무나 커서 통상적인 득표율 변화로는 그 정렬을 재편할 수 없기 때문이다. 이 말은 전국적인 정당체제에는 해당되지 않는다. 여기에서는 정당 득표율이 조금만 변해도 결과가 크게 달라질 가능성이 크다. 따라서 지난 20년에 걸쳐 정치의 전국화가 가져온 가장 중요한 결과 가운데 하나는 집권 정당이 상대적으로 빈번히 교체될 수 있는 가능성을 증가시켰다는 것이다.

집권 정당의 교체율 증가는 중요한 결과를 만들어 낼 수 있다. 이제 집권당은 다음 선거에서 자신이 물러날 수 있음을 깨닫게 되었다. 이런 사태 전개가 주요 정당의 정책 강령, 조직, 책임성, 명성, 중요성에 미치는 영향은 아무리 강조해도 지나치지 않을 것이다.

정치의 전국화는 집권 정당의 교체 가능성을 증가시킴으로써 선거와 선거운동을 하는 정치조직의 중요성을 크게 증대시켰다. 1924년과 1956년 사이에 대통령선거 투표수가 2천9백만 표에서 6천2백만여 표로 증가했다는 것은 주목할 만한 사실이다. 이와 같은 투표율 증가는 전국적인 정당 간 갈등 구도에 따른 경쟁 영역의

지역주의는 단순히 지역적 공격으로는 좀체 전복될 수 없는 정당-유권자 지지 패턴을 만들어 냈다.

지난 20년에 걸쳐 정치의 전국화가 가져온 가장 중요한 결과 가운데 하나는 집권 정당이 상대적으로 빈번히 교체될 수 있는 가능성을 증가시켰다는 것이다.

표6 | 북부와 서부 몇몇 주에서의 민주당 득표수, 1924년과 1952년

주	1924년	1952년
코네티컷	110,184	481,649
펜실베이니아	409,192	2,146,269
미시건	152,359	1,230,657
일리노이	576,975	2,013,920
위스콘신	68,115	622,175
미네소타	55,913	608,458
캘리포니아	105,514	2,197,548
오하이오	477,887	1,600,367
매사추세츠	280,831	1,083,525
뉴저지	279,743	1,015,092
노스다코타	13,858	76,694
워싱턴	42,842	492,845
합 계	2,573,413	13,569,199

확대와 밀접히 관련되어 있다.

정치적 추세의 보편성 역시 정치체제의 전국화를 보여 주는 지표이다. 전국에 걸쳐 동일한 추세가 나타나고 있는가, 아니면 상반되는 추세가 나타나고 있는가? 지역적인 갈등 구도에서는 민주당의 추세와 공화당의 추세가 전국 각지에서 각기 따로 나타날 것임을 예상할 수 있다. 예를 들어, 1904년 공화당은 일반투표에서는 압도적으로 승리했으나, 26개 주에서만 득표율이 상승했을 뿐 나머지 19개 주에서는 득표율이 하락했다. 바꿔 말해, 이 해의 선거는 두 개의 상반되는 추세를 보였던 것이다.

공화당이 1952년에는 모든 주에서 득표율이 상승했으나 1954

표 7 | 남부 11개 주에서의 공화당 득표수, 1924년과 1952년

주	1924년	1952년
버지니아	73,328	306,925
노스캐롤라이나	190,754	558,107
사우스캐롤라이나	1,123	168,082
조지아	30,300	198,979
플로리다	30,633	544,036
테네시	130,831	446,147
알라배마	42,823	149,231
미시시피	8,494	122,966
아칸소	40,583	177,155
루이지애나	24,670	306,925
텍사스	130,194	1,102,878
합 계	703,733	4,071,431

년에는 45개 주에서 득표율이 하락했고 다시 1956년에는 전국에 걸쳐 득표율이 상승했다가 1958년에는 거의 모든 주에서 득표율이 하락했다는 사실에 주목해 보면, 우리는 정치체제에 무언가 중요한 일이 벌어졌다고 생각하지 않을 수 없다. 이런 추세는 그 범위에 있어 전국적이다. 게다가 정치의 전국화는 이들 선거에서 대통령을 배출한 정당과 의회 다수파 정당이 모두 바뀌었다는 사실에 의해서도 별반 영향을 받지 않을 것으로 보인다.

정치의 전국화는 정당 조직에 어떤 영향을 미쳤을까? 미국 정당체제의 재조직화는 최근까지도 일당 독점 체제가 지배하는 주들에서 새로운 경쟁 조직을 발전시키는 문제라고 할 수 있다. 이

런 과정은 전국에 걸쳐 그리고 정부의 각 수준에서 서로 다른 속도로 진행되고 있다. 정치 평론가들은 1952년 선거 때 남부 지역에서 공화당의 지지율이 상승했지만 그것이 지역 수준의 정치를 재조직하지는 못했다고 지적했다. 그러나 1932년 이래 북부와 서부의 오랜 일당 독점 주들 전반에 걸친 정당의 재조직화는 대개 대통령 선거로부터 시작되었다. 공화당이 1952년과 1956년의 선거를 준비하면서 남부 지역의 조직화를 위해 상당한 노력을 기울였다는 사실은 미국 정치의 새로운 조건을 보여 주는 징후이다.

전국적인 정당체제가 지역 정당체제에서 요구되는 것과는 매우 다른 종류의 조직을 필요로 한다는 것은 자명하다. 좀 더 정확히 말하자면, 전국적인 갈등 구도는 이 나라 전반을 포괄하는 정치조직에 대한 수요를 창출하는 반면, 지역주의는 전국적인 조직을 억압하는 효과가 있다. 따라서 1932년 이후 벌어진 일은 조직의 거대한 확장을 통해 대다수 지역에서 다시금 양당체제가 발전하게 되었다는 것이다.

미국 정치의 전국화가 낳은 결과 가운데 하나는, 1960년 린든 존슨*이 민주당 대통령 후보 지명전에 나서면서 견고한 남

전국적인 갈등 구도는 이 나라 전반을 포괄하는 정치조직에 대한 수요를 창출하는 반면, 지역주의는 전국적인 조직을 억압하는 효과를 갖는다.

---

*린든 존슨(Lyndon B. Johnson, 1908~1973) : 미국의 36대 대통령(1963~1969, 민주당). 남부 텍사스 주 출신으로 하원의원(1937~1949)과 상원의원(1949~1961)을 역임했다. 1960년 민주당 대통령 후보 지명전에서 케네디(John F. Kennedy)에게 패한 뒤 부통령 후보가 되어 당선되었고, 케네디 대통령이 암살된 후에는 대통령직을 승계했다. 1964년 민권법안을 통과시키는 데 기여했고, 그 해 선거에서 큰 표 차로 대통령에 당선되었다. 두 번째 임기 중에는 '위대한 사회'(Great Society)라는 슬로건 아래 사회복지 정책을 대폭 확대했다. 그러나 반전 여론이 고조되면서 그의 인기는 하락했고, 이에 존슨은 대통령직 재선을 포기하고 정계에서 은퇴했다.

부가 보수적인 민주당 후보들을 지지했던 자신의 역사적인 정책을 철회했다는 데 있다. 상원의원 존슨이 후보 지명전에서 상당한 성과를 거둔 것은 분명 전국화된 정치체제의 새로운 잠재력을 보여 주는 사건이었다. 그것은 견고한 남부가 만들어질 당시 암묵적으로 수용했던 전제, 즉 남부의 정치 지도자들은 대통령직에 대한 야심을 포기해야 한다는 전제를 허물어뜨리는 결과를 만들어 냈다. 또한 그 사건은 남부의 일당 독점 체제가 붕괴하더라도, 남부의 리더십은 그런 상황을 이용할 수 있을 뿐만 아니라 기꺼이 이용할 것임을 입증해 주었다. 이와 관련해 미국 정당의 불만족스런 양상과 관련된 거의 모든 문제들이 견고한 남부 탓이라고 지적되어 왔던 것도 상기할 필요가 있겠다.

최근의 연구가 밝혀낸 사실 가운데 하나는 "1952년 전당대회에 참석한 주 대의원들 가운데, 익히 알려진 정치 보스의 영향력 아래 있는 사람이 거의 없었다"라는 것이다.[2] 이 결론이 중요한 까닭은 그것이 미국 정치에 관한 최초의 광범위한 조사에 근거하고 있기 때문이다. 정당 보스의 쇠퇴를 보여 주는 증거는 정당체제의 성격에 이미 심대한 변화가 발생했다는 사실을 보여 준다. 그것은 정당체제 내 권력의 소재지가 바뀌었음을 의미한다. 정말이지 그것은 권력 그 자체에 대한 관념이 변했다는 의미를 담고 있다. 미국 정치에 관한 연구에서 지역 보스가 차지했던 위상을 감안하면, 정치체제를 서술했던 기존 명제들의 대부분은 가까운 시일 내에 수정되어야 할 것이다.

이제 주요 정당들은 미국 사회에서 가장 경쟁적인 대규모 조직으로, 기업(대부분 그리 경쟁적이지 않다)이나 교회, 노조보다도

정당 보스의 쇠퇴를 보여 주는 증거는 정당체제의 성격에 이미 심대한 변화가 발생했다는 사실을 보여 준다. 그것은 정당체제 내 권력의 소재지가 바뀌었음을 의미한다.

더 경쟁적이다. 정당 경쟁의 영역과 범위는 양당체제의 확대, 그리고 집권 정당이 훨씬 더 자주 교체될 수 있는 조건의 확립으로 인해 크게 확장되었다. 이와 같은 규모의 경쟁은 조직화를 위한 강력한 유인을 제공한다. 그것은 이익집단과 의회를 비롯한 모든 정치조직을 정당 간 갈등의 회오리 속으로 강하게 빨아들이는 경향이 있다.

이 책에서 제시된 정치 개념들의 관점에 따르면, 지역적인 정당체제로부터 전국적인 정당체제로의 변화는 분명 갈등의 범위를 확장시켰으며 전적으로 새로운 갈등의 질서를 창출하고 확립했다.

전국적인 차원의 정치가 발전함으로써 나타난 결과 가운데 하나는 특정 지역에 편향되지 않은 전국적인 유권자와 전국적인 다수가 만들어졌다는 것이다. 대통령직은 이 새로운 유권자 집단의 정치적 도구로서 좀 더 강력해질 가능성이 높다.

이제 선거에서의 승리와 패배는 대서양 북부 연안으로부터 태평양 연안에 이르는 거대한 도시–산업 벨트에서 이뤄지고 있다. 다른 한편, 남부 주들이 대통령직을 두고 경쟁하는 정치로 복귀할 수 있는 유일한 방법은 일당 독점의 지역체제를 포기하는 것이다. 대통령 정치를 단념한 남부가 의회정치를 통해 보상받을 수 있는 가능성은 현재로서는 거의 없는 것으로 보인다.

전국적인 차원의 정치가 발전함으로써 나타난 결과 가운데 하나는 특정 지역에 편향되지 않은 전국적인 유권자와 전국적인 다수가 만들어졌다는 것이다.

The Limits of the Political System:
Nonvoting as a Case Study in the Scope of Political Conflict

6장

정치체제의 한계:
투표 불참―정치 갈등의 범위에
관한 사례연구

6 | 정치체제의 한계

투표 불참 : 정치 갈등의 범위에 관한 사례연구

이론상으로 보자면, 미국이라는 정치 공동체는 대략 1억 명의 성인 시민들로 구성되어 있다. 이런 가정은 자연스러운 것이다. 왜냐하면 이제 거의 모든 성인 시민들이 참정권을 갖게 되었고, 투표할 권리는 정치 공동체의 구성원임을 보여 주는 정당한 지표로 간주되고 있기 때문이다. 그러나 공동체에 속해 있다는 말을 정치과정에 적극적으로 참여한다는 의미로 받아들인다면, 이 체제를 구성하는 사람들의 규모는 훨씬 더 작다고 하겠다. 이론과 사실 간의 차이는 단 하나의 자료를 통해서도 확인할 수 있다. 그것은 약 4천만 명의 성인 시민들이 대통령 선거에서 투표하지 않는다는 것이다. 투표가 상당한 노력을 필요로 하는 활동이 아님에도, 성인 10명 가운데 네 명은 분명 이런 활동에 참여하지 않

참정권을 행사하는
사람과 행사하지 않는
사람을 구분해 살펴보는
것은 그럴 만한 가치가
있다. 그것은
정치체제에서 가장
중요한 사안 가운데
하나이기 때문이다.

고 있다. 이런 저런 방식을 통해 법 외적인 요인들이 이 나라 시민들의 상당수를 정치체제로부터 배제하고 있는 것이다. 참정권을 행사하는 사람과 행사하지 않는 사람을 구분해 살펴보는 것은 그럴 만한 가치가 있다. 참정권 행사 여부는 정치체제에서 가장 중요한 사안 가운데 하나이기 때문이다.

만약 4천만 명의 성인 시민이 법에 의해 참정권을 박탈당했다면, 우리는 그 사실을 이 체제의 성격을 보여 주는 기본적인 지표로 받아들였을 것이다. 그러나 법 외적 수단이 이런 결과를 만들어 냈다는 사실은 훨씬 더 중요한 의미를 갖는다.

물론 어떤 정치체제도 선거에서 투표율이 100%가 될 수는 없다. 그러나 여러 고려 사항들을 감안하더라도, 지금 미국이 보여 주고 있는 투표 불참 규모는 너무나 크기 때문에 흔히 말하는 심리적·교육적 요인들을 넘어서는 설명이 필요하다.[1]

약 4천만 명이 정치체제에서 배제되고 있다면, 체제 전반을 다시 검토할 필요가 있다. 이와 같은 규모의 투표 불참에 주목해 미국 민주주의를 새롭게 조명해야 하는 이유는 그것이 이론과 실천 간의 심대한 모순을 지적하고 있기 때문이다. 이 장에서 우리는 정치체제의 범위·강도·편향성에 관한 연구의 일환으로 수천만 명의 투표 불참자들에 대해 논의할 것이다.

몇몇 중요한 요인들을 예외로 할 때, 이런 현상에서 가장 놀라운 사실은 그것이 자발적인 것처럼 보인다는 데 있다. 남부를 제외하면, 유권자들이 정치체제로 들어오는 것을 막기 위해 장벽을 세울 필요성은 전혀 고려된 적이 없으며 그렇게 하려는 사람도 없었다. 이 나라는 참여자와 비참여자 사이에 커튼이 — 종이 커튼이긴 하지만 커튼임에는 분명한 ─ 쳐 있는 위험한 상황을 기꺼이 감내하며 살아가고 있다. 만약 수천만 명의 투표 불참이 어떤 차이를 만들어 낸다면 ─ 이는 거의 확실하다고 말할 수 있는데 ─, 우리는 보이지 않는 힘이 우리를 지배하고 있다고 결론을 내릴 수밖에 없다. 왜냐하면 6천만 명의 사람들은 마음먹기에 따라서는 기존의 모든 정치 구도를 뒤엎을 수도 있는 그 나머지 사람들의 자비 아래 놓여 있기 때문이다. 이들이 정치체제 내로 대거 들어올 때, 이 체제 내 전반적인 힘의 균형은 전복될 수 있으며 어떤 조치도 이들의 쇄도에 맞서 기존 체제를 보호할 수는 없다. 역사상 가장 고통 없는 혁명, 즉 이미 합법화되어 있고 정당성을 갖는 최초의 혁명을 이뤄 내기 위해서는 바로 충분한 수의 사람들이 선거 당일 투표소에 가도록 만드는 것이다.

모든 정치체제는 그 자신에 대한 일련의 교의·합리화·찬미·선전을 통해 유지된다. 미국의 경우 이런 교의와 전통의 기반은 민주주의였다. 이 체제의 영웅은 흔히 모든 권위의 궁극적 원천으로 서술되는 유권자들이다. 4천만 명의 미국 성인들이 자신들의 정치체제에 너무나 무관심한 나머지 애써 투표하려 하지 않는다는 사실은 진실로 이 체제에 관한 가장 주목할 만한 사실이다. 지난 일곱 차례의 선거에서 승리한 후보와 패배한 후보 간의 평균적인 표 차이는 대략 전체 투표 불참자 수의 1/5 정도에 불과했다. 이들 투표 불참자의 정치적 잠재력은 미국을 지구 표면에서 날려 버리기에 충분한 것이다.

왜 외부에 남아 구경하기를 원하는 것처럼 보이는 이들 2천만, 3천만, 혹은 4천만 명의 성인들을 걱정해야만 할까? 그들은

역사상 가장 고통 없는 혁명, 즉 이미 합법화되어 있고 정당성을 갖는 최초의 혁명을 이뤄 내는 데 필요한 일이란 바로 충분한 수의 사람들이 선거 당일 투표소에 가도록 만드는 것이다.

어떤 차이를 만들어 내는가? 이에 대해 몇 가지는 언급할 수 있겠다. 첫째, 시민들의 상당수가 정치체제를 거부하는 것처럼 보이는 사태는 매우 중요한 문제이다. 둘째, 정치 세계의 확장을 제한하는 투표 불참은 분명 매우 큰 영향을 낳을 수 있다. 투표 불참이야말로 정치체제의 편향성과 한계를 드러내 주는 것은 아닐까?

미국 역사에서 정치체제의 범위와 관련된 모든 변화는 체제의 의미와 작동 방식에 큰 영향을 미쳤다. 대개 정치 공동체의 확장은 공공정책의 변화를 산출하는 주요한 수단 가운데 하나였다. 정치 공동체의 확장이야말로 미국 정치에서 가장 중요한 전략이었다. 공공정책상의 모든 주요한 변화는 제퍼슨, 잭슨,* 링컨, 루스벨트의 혁명**에서 볼 수 있는 바와 같이 유권자의 확대

---

* **앤드류 잭슨**(Andrew Jackson, 1767~1845) : 미국의 7대 대통령(1829~1837, 민주당). 독립전쟁에 소년병으로 참전했으며, 테네시 주 하원의원(1796~1797)과 상원의원(1797~1798, 1823~1825)을 역임했다. 1812년 미영전쟁 당시 뉴올리언스 전투를 승리로 이끌어 전쟁 영웅이 되었다. 1824년 대통령 선거인단 득표에서 1위를 차지하고도 과반수의 지지를 얻지 못해 당선에 실패했으나, 1828년 대통령에 당선되었고 이후 재선에도 성공했다. 재임 중 보통선거권의 확대, 일반투표를 통한 대통령 선거인단 선출, 전당대회에 기반한 당원 권한의 확대 등을 통해 일반 대중의 정치 참여를 확대하는 데 기여했다. 또한 자신의 지지자들을 행정부 관료로 임명하는 '엽관제'(spoils system)의 전통을 확립했고, 금융업자들에게 지나친 권력과 특권을 제공한다는 이유로 미국은행의 재인가에 거부권을 행사했다. 그의 주요 정책이 기존 미국 정치의 엘리트주의적·귀족주의적 전통을 무너뜨리고 대중정치의 새로운 시대를 가져왔다는 점에서, 이 시기의 미국 민주주의와 이를 뒷받침하는 정치 관념은 '잭슨 민주주의'(Jacksonian Democracy)로 불리곤 한다.
** **제퍼슨, 잭슨, 링컨, 루스벨트의 혁명** : 각 대통령과 그들의 주요 정책에 대한 간략한 소개는 앞의 역자 주를 참조. 이들 대통령이 주도했던 정책은 미국 정당 정치 및 정치사의 주요 구분선이 될 정도로 커다란 정치 변화를 가져왔다. 제퍼슨의 대통령 당선은 연방파와 민주공화파를 중심으로 하는 정당 경쟁 시대의 서막을 알렸고, 잭슨 대통령 시기를 통해 미국은 민주당과 휘그당이 각축을 벌이는 대중정당 시대로 들어서게 되었다. 링컨의 당선과 함께 오늘날까지 지속되고 있는 공화-민주 양당 시대가 확립되었으며, 이후 민주당은 프랭클린 루스벨트의 뉴딜정책을 통해 노동자와 하층 집단의 지지를 받는 정당으로

와 관련되어 있다. 미국 정치의 기본적인 패턴에 뭔가 문제가 발생한 것은 아닐까? 정치체제를 지탱하는 연료가 고갈된 것일까? 우리는 유권자의 확대를 통해 공공정책의 새로운 기반을 제공하는 능력을 상실한 것일까? 만약 우리가, 점점 더 많은 사람을 정치체제에 관여하게 하는 능력을 상실했다면, 미국 민주주의는 전환의 위기에 이르렀음이 분명하다.

우리 가운데 절반이 조금 넘는 사람들만이 투표에 참여하는 이 나라는 어떤 종류의 정치체제인가? 정말이지 이 체제는 우리가 자라면서 생각해 왔던 바로 그 체제인가?

미국 역사상 민주주의라는 대의와 관련된 투쟁에서 가장 쉽게 승리했던 경우는 투표권 확대를 위한 투쟁이었다. 19세기 초반 약간의 소규모 충돌이 발생한 이래 남성 투표권을 가로막고 있던 장벽들은 곳곳에서 무너졌다. 30년 전 꽤나 이름이 알려졌던 한 상원의원은 투표권을 얻기 위해 흘린 피가 강을 이루었다고 습관적으로 말하곤 했다. 이보다 심하게 전도된 진실도 없을 것이다. 투표권을 위한 투쟁은 대개 피를 보지 않았으며, 거의 완벽하게 평화적이면서도 놀랄 만큼 쉽게 이루어졌다. 실제로 흑인과 거의 모든 여성을 포함하여 새롭게 투표권을 얻은 사람들 대다수는 자신이 싸워 본 적도 없는 전투에서 승리했다. 이 모든 것은 믿기지 않을 정도로 쉽게 이루어졌다. 반민주 세력들은 전선의 도처에서 순순히 전장을 포기했다. 그것이 얼마나 쉽

점점 더 많은 사람을 정치체제에 관여하게 하는 능력을 상실했다면, 미국 민주주의는 전환의 위기에 이르렀음이 분명하다.

자리 잡게 되었다.

게 이뤄졌는가를 미국인들이 납득하지 못하는 이유는, 그들이 민주주의의 역사에 대한 부질없는 낭만적 견해에 사로잡혀 법률상의 투표권 확대에 혁명적 의미를 부여하고 있기 때문이다.

유권자의 확대는 대개 정당 간 갈등의 부산물이었다. 정당체제의 부상은 정치 시장의 경쟁적인 확대로 이어졌다. 마치 소비 대중이 치약 시장 확대에 기여하듯, 새롭게 투표권을 부여받은 사람들은 투표권 확대에 기여했다. 정당은 정치에 적극적인 소수파의 지원을 받는 기획자로 선도적인 역할을 담당하면서, 투표권 확대를 위한 법률 제정을 주도했다. 싸움에서 이기는 최선의 방법 가운데 하나가 갈등의 범위를 넓히는 것이라는 말은 언제나 진실이며, 다소간 무관심한 구경꾼들의 관여를 확대하고자 하는 노력이 보통선거권을 확립시켰던 것이다. 투표권 확대를 이해하는 방식에 있어 우리가 겪게 된 어려움은, 민주주의에 대한 고전적 정의의 관점, 즉 인민의 권력 획득에 극적인 지위를 부여하는 관점에서 역사를 해석하려는 충동 때문이었다.

유권자 확대에 있어 정치적 경쟁이 갖는 의미는 견고한 남부의 경험을 통해 확인할 수 있다. 남부는 법이나 법외적 수단을 통해 투표권을 제한하는 방식으로 민주주의에 저항했던, 미국의 마지막 지역이었다. 남부의 주들은 흑인들을 정치체제에서 배제하기 위해 지역 일당 지배 체제를 확립해야 했다. 일단 이와 같은 정치적 독점 체제가 확립되자, 이 체제는 흑인들의 참정권을 박탈하는 것뿐만 아니라 일반인들의 정치 참여를 억제하는 데에도 사용되었다.

흑인을 포함한 모든 성인들에게 투표권을 보장하고 대다수 시민들이 그 정당성을 수용하는 문제는 한 세대에 걸친 노력을 통해 이제는 거의 해결되었지만, 이 투표권을 민주주의 정치의 효과적인 수단으로 어떻게 이용하느냐 하는 것은 완전히 다른 차원의 문제이다. 이것은 미국 민주주의에서 이론과 실천 간의 괴리가 가장 크게 나타나는 지점이기도 하다. 만약 이 괴리가 무엇에 관한 것인지를 이해하지 못한다면, 우리는 미국 정치를 전혀 이해할 수 없을 것이다. 이렇게 질문해 볼 수 있겠다. 만약 갈등의 구도가 법적인 투표권 확대에 기여했다면, 그것은 또한 투표권 행사를 제한하는 데도 기여한 것은 아닐까?

많은 사람이 참정권을 포기하는 원인 가운데 몇 가지는 정치체제의 작동 방식에서 찾아볼 필요가 있다. 이 체제와 관련된 무엇이 참여를 억압하는가? 분명 정부와 유권자의 관계는 일반인들이 생각하는 만큼 그렇게 단순한 것은 아니다.

미국의 정치체제는 다른 어떤 현대 민주주의보다도 다수지배의 민주적 기제가 덜 작동하고 있다. 거의 모든 사람이 다수를 존중하지만, 다수지배의 이념은 적절히 제도화되지도, 충분히 정당화되지도 못했다. 이와 같은 체제의 양면성을 설명하기 위해서는 역사적인 접근이 필요하다.

오늘날 우리가 이해하고 있는 바와 같은 민주주의는 다수지배의 이념에 호의적이지 않은 기존의 정부 구조에 덧씌워진 것이다. 그 결과는 이러저러한 임시방편책들로 뒤섞인 정치체제로 나타났다. 정치 공동체의 확장에 대한 저항은 다수파를 조직하려는 모든 노력에 대한 공격, 즉 정치·정치인·정당에 대한 공격의 형태를 취했다. 이런 복합적 태생의 소산이 바로 일종의 괴물이라

혹인을 포함한 모든 성인들에게 투표권을 보장하고 대다수 시민들이 그 정당성을 수용하는 문제는 한 세대에 걸친 노력을 통해 이제는 거의 해결되었지만, 이 투표권을 민주주의 정치의 효과적인 수단으로 어떻게 이용하느냐 하는 것은 완전히 다른 차원의 문제이다.

부를 만한 비정치적이고 다수지배에 반(反)하는 민주주의이다.

미국의 정부를 민주주의를 위한 투쟁이 여전히 계속되고 있는 정치체제로 생각할 때, 우리는 이 나라 시민들의 상당수가 투표에 참여하지 않고 있는 것의 의미를 이해할 수 있다. 이것은 더 이상 투표권을 위한 투쟁이 아니라 정치의 조직화를 위한 투쟁이다. 오늘날 민주주의를 위한 투쟁은 조직에 대한 이론, 조직할 권리와 정치조직의 권리, 즉 투표를 가치 있게 만드는 그런 종류의 사안에 관한 투쟁의 형태를 취하고 있다.

동일한 내용을 다르게 말하자면, 투표를 효과적으로 무효화하는 방법은 투표권을 법적으로 부정했던 때와 마찬가지로 유권자를 조직하는 데 장애물을 세우는 것이다. 투표 불참은 정치체제에 내장된 ① 투표권을 보편화하려는 운동과 ② 투표권을 무의미한 것으로 만들려는 시도 간의 모순과 관련되어 있다. 우리는 민주주의를 위한 투쟁이 이미 오래전에 승리했다고 가정하기 때문에 혼란을 겪고 있다. 만약 민주주의를 위한 투쟁이 여전히 계속되고 있으며 지금은 새로운 형태를 취하고 있다고 가정한다면, 현재 진행되고 있는 사태를 이해하기가 좀 더 쉬워질 것이다.

현재의 정치체제가 수천만 명의 투표 불참자들 가운데 상당수를 끌어들이는 데 성공하느냐의 여부가 이 나라의 미래를 결정할 것이다. 이 명제는 민주적 자아실현을 위한 미국 인민의 투쟁에서 그 핵심을 이루는 내용이다.

수많은 투표 참여 운동이 존재했다는 사실에도 불구하고, 4천만 명을 정치체제로 끌어들일 수 있는 중대한 조치, 예를 들어 전국 단일 선거법의 제정과 같은 어떤 조치도 취해진 적이 없었다.

이것은 더 이상 투표권을 위한 투쟁이 아니라 정치의 조직화를 위한 투쟁이다.

우리는 민주주의를 위한 투쟁이 이미 오래전에 승리했다고 가정하기 때문에 혼란을 겪고 있다.

왜 별다른 조차를 취하지 못했을까? 아마도 이 문제가 너무도 중요하고 민감한 사안이기에 다루기 어려웠다는 것이 진실에 가까운 답일 것이다. 이것은 다른 무엇보다도 이 체제 전체의 가장 중요한 특징으로서 미국 정치의 구조를 이해하는 데 필수적인 핵심 요소이다. 4천만 명을 미국 정치에 끌어들이는 방법을 찾아내는 사람이 향후 한 세대 동안 이 나라를 운영하게 될 것이다.

유권자 4천만 명의 (혹은 그들 상당수의) 참여는 엄청난 변화를 만들어 낼 것임에 틀림없다. 4천만 명이 정치체제에 미치는 효과가 아무리 작을지라도, 최소한 그것은 다수의 지지를 받는 정치적 대표자들의 권위를 크게 강화할 것이다.

선거 때마다 대중매체를 통해 이뤄지는 공허한 투표 참여 운동은 이 문제에 관한 미국인들의 양면적 태도를 보여 주는 전형적인 사례이다. 대중매체 산업은 분명 비참여자들의 투표 습관을 변화시키는 데 가장 효과적이지 못한 도구이다. 아마도 그 이유는 대중매체 체제의 한계가 정치체제의 한계와 매우 유사하기 때문일 것이다.

투표 불참 문제를 해결하기 위해서는 정치에 대한 새로운 종류의 사고가 필요하다. 정치 공동체를 확장하기 위해서는 무엇이 필요한가? 그것은 공공정책상의 실질적인 변화일 것이다. 이 주장을 뒷받침하는 추론은, 4천만 명은 현재와 같은 정치체제에 관심을 갖지 않을 가능성이 높다는 것이다. 분명히 6천만 명이 관여하는 논쟁거리는 4천만 명의 관심 범위 밖에 있다. 바꿔 말해, 4천만 명은 새로운 균열에 기반한, 그리고 무언가 새로운 것에 관한 새로운 종류의 정치체제에서만 정치에 참여할 수 있다.

4천만 명을 미국 정치에 끌어들이는 방법을 찾아내는 사람이 향후 한 세대 동안 이 나라를 운영하게 될 것이다.

정치 의제에 거대한 변화가 일어나지 않는 한, 4천만 명 혹은 그들의 상당수를 끌어들인다는 것은 불가능하다. 기권자들을 체제 내로 끌어들이려면 우리는 어떤 종류의 대안을 제시해야 할까?

이 문제는 심각한 것이다. 왜냐하면 투표하지 않는 4천만 명은 이 체제의 가장 취약한 허점이기 때문이다. 이 체제에 거의 관여하지 않거나 이 체제가 자신들에게 적대적임을 확신하는 이들은 체제를 전복할 가능성이 가장 높은 사람들이다. 4천만 명이 투표하지 않는 상황은 오늘날 미국 민주주의를 허약하게 만드는 질병이다.

문제에 대한 답은 공공정책의 성격과 정책에 대한 지지를 이끌어 낼 수 있는 조직에서 찾을 수 있다. 이를 다른 방식으로 표현하자면, 중요한 정책 변화를 위한 정치적 지지는 오직 현 정치체제의 외부에서만 발견할 수 있다는 것이다.

광범위한 투표 불참에 대한 책임을 인민의 무지·무관심·무기력 탓으로 돌리는 것은 공동체 내의 좀 더 부유한 계층이 보여 주는 매우 전형적인 행태이다. 이는 어떤 정치체제에서나 늘 하층계급의 배제를 정당화하기 위해 사용되어 왔던 논리다. 이보다 나은 설명이 있다. 기권은 투표 불참자들의 요구를 반영한 선택지와 대안이 억압되어 있음을 의미한다. 가장 강렬한 요구를 가진 사람들이 가장 적극적으로 정치에 참여한다는 말은 언제나 진실인 것은 아니다. 누구든 게임이 무엇에 관한 것인지를 결정하는 사람이 게임에 들어올 수 있는 사람 또한 결정한다. 만약 균열 AB가 정치체제를 지배한다면, 또 다른 균열(CD)을 원하는 사람들은 무엇을 할 수 있을까? 그들이 할 수 있는 일 가운데 하나는 투표

책임을 인민의 무지·무관심·무기력 탓으로 돌리는 것은 공동체 내의 좀 더 부유한 계층이 보여 주는 매우 전형적인 행태이다. 이는 어떤 정치체제에서나 늘 하층계급의 배제를 정당화하기 위해 사용되어 왔던 논리다. 기권은 투표 불참자들의 요구를 반영한 선택지와 대안이 억압되어 있음을 의미한다.

174

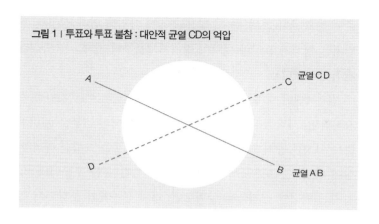

그림 1 | 투표와 투표 불참 : 대안적 균열 CD의 억압

A

C 균열 CD

D

B 균열 AB

하지 않는 것이다.

참정권을 박탈당한 사람들의 사회적 지위를 조사해 보면, 앞서 제시한 명제의 타당성을 확인할 수 있다. 이들 4천만 명은 누구인가? 이 주제에 관한 모든 연구는 공동체에서 가장 가난하고, 가장 불안정하며, 가장 교육 수준이 낮은 계층에서 투표 불참이 가장 두드러지게 나타난다는 결론을 지지한다. 의심할 여지없이 체제 범위의 확대는 새로운 종류의 유권자들을 공동체 내로 끌어들이고 힘의 균형 또한 바꾸어 놓을 것이다.

문제는 이런 것이다. 미국 정치의 중심을 이루는 갈등은 이 나라 사람들의 상당수를 정치체제로부터 배제하도록 그렇게 정의되어 왔는가?[2]

투표자와 투표 불참자의 차이는 무엇인가? 투표자들이 투표 불참자들보다 공동체에 더 많이 관여하고 있음을 보여 주기란 비교적 쉬운 일이다. 투표자들은 투표 불참자들에 비해 교육 수준이 높고, 부유하며, 좀 더 많은 조직에 가입해 있다. 투표는 광범위한 영역의 요구와 이익이 정치체제로부터 배제되는 방식과 관련되어 있다.

만약 4천만 명과 6천만 명의 차이가 겉으로 보이는 것만큼 중요하다면, 사람들의 투표 습관과는 별개로 이런 결론을 뒷받침하는 일정한 증거가 분명 존재할 것이다. 투표는 고립된 사회 현상이 아니다. 그것은 사람들의 사회적 조건의 한 부분이다. 몇 가지 일반적인 근거들을 살펴보면, 정치 공동체가 분할되어 있는 것과 거의 동일한 양상으로 경제 공동체 또한 분할되어 있다고 가정해 볼 수 있다.

미국의 사회·경제 통계에서 약 6천만 명이라는 수치가 매우 자주 나타난다는 것은 놀라운 사실이다(〈표 1〉 참조).

이런 통계가 분명 일관된 양상을 보이는 것은 아니기 때문에 이를 근거로 한 주장이 완벽한 타당성을 가질 수는 없을 것이다. 그러나 이와 같은 수치가 반복된다는 사실은 현실의 사회경제적 공동체와 정치 공동체가 대략 같은 크기임을 시사하는 것은 아닐까?

만약 이 자료를 거꾸로 해석한다면, 그것은 한층 의미 있는 것으로 이해할 수도 있다. 4천만 명의 투표 불참자들이 그에 상응하는 수의 일간신문 비구독자, 자동차 비소유자, 주택 비소유자 등과 일치할 수 있다는 말은 아마도 진실에서 크게 벗어난 주장이 아닐 것이다. 바꿔 말해, 정치체제의 범위는 대중매체 소비자, 납세자, 사회보장제도, 혹은 자동차 시장이나 치약 시장의 범위와 거의 동일하다고 생각할 만한 근거가 있는 것이다.

투표는 고립된 사회 현상이 아니다. 그것은 사람들의 사회적 조건의 한 부분이다.

176

표 1 | 공동체의 범위 (단위 : 명)

전화 가입자 (1953)	48,056,308
신문 발행 부수 (영어 일간지, 1953)	54,472,286
주택 소유자 (1953)	46,828,000
피고용자 (1959)	62,700,000
노령·유족 연금 가입자 (보험 적용 대상, 1954)	69,200,000
소득세 신고자 (1951)	55,042,597
라디오 보유 가구 (1954)	50,000,000
자동차 등록자 (1953)	56,279,864
텔레비전 보유 가구 (1954)	33,000,000
1956년 선거 투표자	61,550,918

느슨하게 말하자면, 아마도 이 나라에는 대략 6천만 명의 신문 구독자들, 직업 보유자들, 소득세 납부자들, 자동차 보유자들, 주택 소유자들, 유권자들로 구성된 하나의 사회정치적 공동체가 있다고 하겠다. 다른 한편, 우리 사회에는 이와 같은 지위를 갖지 못한 것으로 보이는 대략 4천만 명의 성인이 존재한다. 거칠게 말하자면, 정치 공동체의 범위는 사회적 삶의 구분선과 일치한다. 만약 투표와 투표 불참이라는 정치적 차이가 사람들을 나누는 것과 거의 동일한 양상으로 사회적 차이가 공동체의 구성원들을 나눈다면, 이는 정치체제에 관한 가장 중요한 지표이며 공화당 지지자들과 민주당 지지자들 간의 차이보다 훨씬 더 중요한 것이다.

사회체제는 상대적으로 좀 더 많이 가진 사람들과 좀 더 적게

만약 투표와 투표 불참이라는 정치적 차이가 사람들을 나누는 것과 거의 동일한 양상으로 사회적 차이가 공동체의 구성원들을 나눈다면, 이는 정치체제에 관한 가장 중요한 지표이며 공화당 지지자들과 민주당 지지자들 간의 차이보다 훨씬 더 중요한 것이다.

가진 사람들 사이의 실질적인 차이를 만들어 낸다. 이것은 이 체제의 편향성 때문이다. 우리가 공동체 내의 실제 균열을 잘못 생각했던 것은 아닐까? 아마도 중요한 균열은 흔히 이해되는 바와 같은 부자와 빈자 간의 그것이 아니라 현재의 경제체제에 의해 좀 더 강한 동기를 부여받는 사람들과 그렇지 못한 사람들 간의 균열일 것이다. 이런 근거에서 박봉의 은행 점원은 더 많은 부를 축적할 수 있다는 기대 속에서 좀 더 열심히 일할 수 있는 반면, 같은 은행에서 일하는 여성 청소부는 미래에 대한 희망을 잃고 좌절해 버릴 수 있다. 이제 우리의 정치체제는 6천만 명 내부의 균열에 몰두한 나머지 세계에서 가장 큰 소수파의 이익에는 무감각해져 버렸다.

4천만 명이 정치체제로부터 배제되는 과정은 눈에 보이지도 않으며 지각할 수도 없다는 것은 미국 정치의 전형적인 특징이다. 사회적 위계의 바닥에 있는 사람들은 쉽게 무시되거나 압도당하기 때문에, 이들의 요구와 경험을 이해하기 위해서는 특별한 감수성이 요구된다. 도덕적 체제로서 민주주의가 갖는 위대한 장점 가운데 하나는, 사회 하층의 요구와 경험을 이해하고 통합하는 일을 다른 어떤 통치체제보다도 잘 할 수 있다는 것이다. 그러나 모든 민주주의가 이것을 똑같이 잘하는 것은 아니다.

만약 정치를 사람들이 참여하는 사회생활의 한 부분이라고 생각한다면, 우리 공동체가 표방하는 민주적 언명과 모순되는 이와 같은 경험에 대해 중요한 조치가 취해져야만 한다.

사람들은 이 나라 사람들의 상당수를 무의식적으로 소외시키고 있다. 체제는 대개 사람들이 의식하지 못하는 과정을 통해 작

> 도덕적 체제로서 민주주의가 갖는 위대한 장점 가운데 하나는, 사회 하층의 요구와 경험을 이해하고 통합하는 일을 다른 어떤 통치체제보다도 잘 할 수 있다는 것이다.

동한다. 고립과 배제, 계층화는 상당 정도로 사회체제가 공동체를 조직하기 위해 작동하는 방식의 무의식적 혹은 반*의식적 부산물이다. 부자들이 다니는 교회나 대학, 클럽이나 호텔에 가난한 사람들이 들어오지 못하도록 하기 위해 불친절한 말이나 상스러운 말을 내뱉을 필요는 없다. 미국 학교에서 표준화되어 있는 복장과 놀이에 익숙한 사람이면 누구나, 학비가 무료라 하더라도 가난한 집안의 자녀들이 왜 학교를 그만두는지 이해할 수 있다.

가난한 사람들이 굶주리거나 추위에 떨지 않게 되었다고 말하는 것만으로는 불충분하다. 사람들은 배고픔 못지않게 굴욕이나 지위 하락으로도 고통 받을 수 있다. 가난은 늘 상대적인 것이다. 여기서 말하고자 하는 바의 요점은 그런 과정이 자동적이고, 무의식적이며, 그에 대한 성찰 없이 진행되고 있다는 것이다. 사람들은 이론과 실천 간의 괴리를 의식하지 못한 채 편안히 살아감으로써 자신들의 민주적 신념과 비민주적 행동을 융화시키고 있다.

6천만 명은 동일한 가치를 공유하며 동일한 게임에 참여한다. 그들은 공동체의 삶에 참여하고 공동체의 산물을 공유하며 정치에 참여한다. 그들은 재화와 권력을 얻기 위해 경쟁한다. 불행하게도 이것은 이 나라 사람 모두가 참여하는 게임이 아니다.

현재의 정당체제가 단지 6천만 명의 정치조직일 뿐이라는 말이 아마도 정당한 평가일 것이다.

우리의 전반적인 상황은 갈등들 간의 지배와 종속을 보여 주는 좋은 사례이다. 민주당과 공화당의 경쟁은 정부와 기업 간의 균열을 대표하는 것이라는 이해가 미국 정치를 지배하는 조건에

사람들은 이론과 실천 간의 괴리를 의식하지 못한 채 편안히 살아감으로써 자신들의 민주적 신념과 비민주적 행동을 융화시키고 있다.

서, 빈곤에 시달리는 수백만 명이 이런 게임에 관심을 갖기는 어려울 것이다.

이상의 논의를 바탕으로 우리는 처음부터 다시 이 나라의 정치체제를 다음과 같이 정의할 수 있다. 미국의 정치체제는 세계에서 가장 크고 매우 폭넓은 기반을 가진 과두정이다. 그러나 그것은 다른 몇몇 체제들만큼 그렇게 포괄적이고 광범위한 기반을 가진 체제는 아니다.

이와 같은 정치체제의 모순은 몇 가지 종류의 이슈들은 쉽게 이용할 수 있지만 다른 종류의 이슈들은 이용하기 어려운 정당체제를 만들어 냈다. 그 원인이 무엇이든, 정치체제에 대한 현재의 거부 수준은 이 체제를 관용의 한계에 다다르게 했다.

공동체 내의 모든 분열은 일정한 비용을 지불함으로써 유지된다. 상당수의 사람들이 사회로부터 배제되어 있다는 사실은 정부–기업 간 균열의 우위로 인해 우리가 지불하는 비용의 일부이다. 이런 균열은 공동체 구성원의 일부만을 정치에 관여하게 하는 지점에서 정치의 몫을 동결시키는 경향을 보여 왔다.

그러나 분명 새로운 종류의 정치적 노력을 통해 지금껏 잠복되어 있던 일단의 이슈들을 발전시키는 데 전념했더라면, 6천만 명과 4천만 명 간의 균열을 이용할 수도 있었을 것이다. 혁명의 소재가 언제까지나 방치된 채로 남아 있을 수 없다고 가정한다면, 새로운 이슈와 새로운 균열의 발전이 미국 정치의 미래가 보여 줄 모습은 아닐까?

투표 불참 문제의 본질은 미국 정치에서 대안이 정의되는 방식, 이슈가 대중에게 수용되는 방식, 경쟁과 조직화의 규모, 그리고 무엇보다도 어떤 이슈가 주도권을 갖느냐 하는 차원에서 살펴보아야 한다. 상당수의 투표 불참자들이 존재한다는 사실은 이 체제에서 해소되지 않은 역사적 긴장의 본질에 대한 통찰력을 제공해 준다.

이 나라의 정치체제는 영국의 선거만큼 그렇게 중요한 역할을 선거 과정에 부여한 적이 없다. 이 정치체제는 전국적인 선거에서 중대 이슈가 명확하게 부각되도록 설계된 것도 아니다. 최근까지도 정당체제는 너무나 뚜렷하게 지역 편향의 지지 양상을 보였기 때문에 미국의 대다수 유권자들은 별다른 선택지를 가질 수 없었고, 따라서 투표에 대한 유인이 거의 없는 일당 독점 지역에서 살아야 했다. 전국적인 균열에 기반한 전국적인 정당체제는 이제야 부상하기 시작했을 뿐이며, 모든 미국인이 대통령 선거에서조차 엇비슷한 지지 수준을 보이는 후보들 가운데 어느 한 명에 투표하는, 진정한 의미의 정당 선택을 하기 위해서는 일정한 시간이 더 필요할 것이다.

정치에 참여하는 사람들의 수가 만족할 만한 수준까지 계속 늘어날 수 있는가의 여부는 결국 정치, 정치조직, 그리고 정치조직의 권리에 관한 미국의 정책이 어떻게 전개되느냐에 달려 있다.

상당수의 정치적 주장 내지 정책들이 무시되는 이유는 약 4천만 명의 투표 불참자들이 그 정책과 주장을 지지하지 않기 때문이다. 4천만 명이 갑자기 정치에 관여하게 될 때 무슨 일이 벌어질 것인가를 상상하기는 어렵다. 왜냐하면 우리는 당연히 이들 4천만 명이 나머지 6천만 명과 동일한 방식으로 분열될 것이라고 생각할 수는 없기 때문이다. 이 경우 모든 정치적 등식은

투표 불참 문제의 본질은 미국 정치에서 대안이 정의되는 방식, 이슈가 대중에게 수용되는 방식, 경쟁과 조직화의 규모, 그리고 무엇보다도 어떤 이슈가 주도권을 갖느냐 하는 차원에서 살펴보아야 한다.

수정될 수밖에 없을 것이다.

　민주주의에 관한 모든 고전적 개념들은 사람들이 정치 공동체에 참여하는 이유와 관련하여 그들 개개인이 가진 자발적 욕구의 강도와 그 보편성을 과대평가해 왔다. 오직 법적인 장벽만이 참정권을 박탈당한 사람들을 억누른다고 가정해 왔다. 우리는 이제 좀 더 나은 설명을 알고 있다. 그것은 법외적 과정, 사회적 과정, 그리고 정치체제가 조직되고 구조화되는 방식을 통해 인민을 배제하는 것이, 법에 의한 것보다 훨씬 더 효과적일 수 있다는 것이다.

　현대 정치의 두 가지 주요 과제는 이 문제가 검토할 만한 가치가 있음을 시사한다. 첫째, 오늘날 정치는, 교통·통신의 발전으로 인한 공간의 소멸이 만들어 낸 가능성과 문제들에 대처해야 한다. 현대사회의 높은 이동성으로 인해 우리는 과거 어느 때보다도 많은 사람들로 구성된 좀 더 큰 공동체의 구성원이 되었다. 이 새로운 공동체가 향후 어떤 모습을 띠게 될지는 아무도 모른다. 다만 대규모 사회의 정치과정은 과거와는 다르며, 힘의 균형 또한 다를 수밖에 없을 것이다.

　둘째, 현대 정치는 수혜 배분의 정치로부터 책임 할당의 정치로 그 강조점이 변화함으로써 발생하는 문제를 다뤄야만 한다. 정치에 대한 전통적인 관념(한때 누가, 무엇을, 언제, 어떻게 획득하느냐로 정의되었던 것)은 미국 공동체의 안정과 존속을 그저 획득 본능의 관점에서만 생각해도 무방했던 시기에 만들어진 것이다.

　오늘날 정치에 관한 우리의 견해는 미국이 그 존속을 위한 거대한 투쟁에 참여하고 있다는 사실로 인해 크게 변화하고 있다.

몇 년 전에는 상상할 수도 없었던 책임성이 필수적인 공적 기능 가운데 하나로 자리 잡은 것처럼 보인다. 외교정책의 우위는 완전히 새로운 계산 방식을 수반하는 새로운 종류의 정치를 요구하고 있다. 이제 정부는 다른 무엇보다도 대중의 확고한 지지를 필요로 하며, 이런 지지는 공적 생활에 대한 새로운 규모의 대중적 관여 없이는 획득할 수 없는 것이다.

정부에 대한 공적 지지의 핵심 조건은 정치 참여의 대중적 기반을 큰 폭으로 확대하는 일이 되었다. 이것은 민주주의 정부가 해결해야 할 현대적인 문제이다. 참여는 지지의 비용이다. 이제 선택의 대상은 참여와 선전 가운데 어느 하나, 즉 동의를 지지로 변화시키는 민주적 방식과 독재적 방식 중의 어느 하나이다. 왜냐하면 동의만으로는 더 이상 충분하지 않기 때문이다.

체제의 미래에 가장 큰 영향력을 발휘하게 될 계획은, 반대편 지지자들을 자기편으로 유인하는 것보다 새로운 유권자들을 체제 내로 끌어들이는 것이 더 쉽다는 평가에 바탕한 것일지도 모른다. 공동체의 확대는 정치의 전국화와 관련되어 있다. 공동체의 규모가 크면 클수록 새로운 사람들의 유입에 호의적인 반응을 보일 가능성 또한 높아진다. 이에 반해 정치의 국지화는 역사적으로 정치의 범위를 제한하는 전략적 기반이었다.

참여를 기반으로 하는 정치 공동체를 확대하는 것이 미국 정치의 주요 목표가 되어야 한다. 따라서 우리는 이미 이 정치 공동체에 속해 있으면서도 그것의 확대에 가장 큰 관심을 가진 사람들의 지지를 이끌어 내야 한다. 우리는 새로운 참여자들과 사회적 혜택을 좀 더 적게 받고 있는 사람들에게 주의를 기울여 그

정부에 대한 공적 지지의 핵심 조건은 정치 참여의 대중적 기반을 큰 폭으로 확대하는 일이 되었다.

들이 공적 행동의 새로운 프로그램을 지지하도록 해야 한다. 바꿔 말해, 이제 우리는 사회적·정치적 조직의 범위를 확대하기 위해 정치적 수단을 사용해야 하는 것이다.

지금 우리에게 필요한 것은 정치에 대한 공공정책이다.

7 | 변화의 양상
정부 권력과 기업 권력의 갈등

이 책을 통해 지금까지 우리는 ① 갈등의 발전 내지 확대, 즉 정치에 관여하는 사람들의 규모의 변화와 ② 지배적 갈등이 종속적 갈등을 대체함으로써 나타나는 갈등의 성격 변화에 관해 논의했다. 완전히 확립되지 않은 갈등만을 고려해서 말하자면, 정치체제가 매우 높은 수준의 변화 가능성을 나타내는 것은 갈등이 고도의 전염성을 갖는다는 사실과, 갈등들이 무대 중앙을 차지하기 위해 상호 각축을 벌이는 상황에 따른 결과일 수 있다.

그렇다면 갈등이 완전히 발전하여 확립된 까닭에 치환될 수도 해소될 수도 없는 상황에서는 어떤 일이 벌어질까?

너무나 견고하게 확립되어 공동체를 항구적으로 분열시키는 균열은 정치체제를 교착상태에 빠뜨리지 않을까? 이 질문에 대한 답은 대단히 중요하다. 왜냐하면 그것은 체제가 역동적인지 정적인지를 말해 주기 때문이다.

먼저 해소될 수 있는 갈등과 해소될 수 없는 갈등 간의 몇 가지 차이를 말해 두는 편이 좋겠다. 해소될 수 없는 갈등에서는 어느 쪽도 압도적 우위를 확보할 수 없다. 양 쪽은 무한정 계속해서 투쟁할 것이며 기꺼이 그렇게 하고자 한다. 어느 쪽도 투쟁을 지속할 수밖에 없다는 불가피성으로부터 벗어날 수 없다.

여기서 우리가 말하고자 하는 바는, 해소될 수 없는 갈등은 일정한 균형이 존재함을 의미한다는 것이다. 이렇게 보면, 우리 사회의 영구적인 갈등은 균형을 둘러싼 정치라는 관점에서 가장 잘 이해할 수 있다. 따라서 문제는 이런 것이다. 균형을 유지하고자 하는 필요가 정치체제를 지배하게 될 때에는 어떤 일이 벌어지는가? 균형은 어떤 양상을 띠는가? 균형은 교착상태의 또 다른 표현일 뿐인가, 아니면 역동적인 정치체제와도 양립할 수 있는가?

충분히 발전되어 있으면서도 해소될 수 없을 것 같은 갈등의 좋은 실례는 정부와 기업 간의 갈등이다. 이 갈등은 민주주의와 자본주의에 바탕을 둔 체제에서 보편적으로 나타나는 것이다. 이들 두 적대자는 강력한 힘과 풍부한 자원을 보유하고 있으며 서로에 대해 단호한 태도를 취한다. 이들은 확고한 입지 위에 있으며, 거의 무한정의 인내력을 지니고 있다. 이 갈등은 정치체제를 교착상태에 빠뜨렸을까?

정부와 기업 간의 해소되지 않았거나 해소될 수 없는 갈등이 체제를 교착상태에 빠뜨리지도 변화를 억제하지도 못했음을 보여 주는 증거들은 매우 많다. 앞서 언급했던 정부와 기업 간의

충분히 발전되어 있으면서도 해소될 수 없을 것 같은 갈등의 좋은 실례는 정부와 기업 간의 갈등이다. 이 갈등은 민주주의와 자본주의에 바탕을 둔 체제에서 보편적으로 나타나는 것이다.

긴장 상태에도 불구하고, 정부와 공공정책에 상당한 변화가 있었다는 사실은 아무리 강조해도 지나치지 않을 것이다.

예를 들어, 언제 어디서 그와 같은 일이 발생했는지는 알 수 없지만, 정부에 대한 미국인들의 태도는 역사적으로 심대한 변화를 겪었다. 한 세기 이상 동안 이 나라는 시민들에게 정부를 제공해 왔고, 이제 시민들은 이 나라를 신뢰하게 되었다. 시민들은 자신들이 정부를 소유하고 있다고 생각한다. 대중은 더 이상 헌법 이론에 나와 있는 것처럼 정부 내의 특별한 대행 기관인 하원만을 자신과 동일시하지 않는다. 미국인들은 이제 정부 전반에 대한 그들의 권리를 염두에 두지, 그 한 부분에 대한 권리만을 생각하지 않는다. 식민지 시대의 모든 위대한 지배자들과 마찬가지로 그들은 정부 운영상의 세부 사항이나 핑계거리에는 관심이 없다. 그들은 결과를 원한다. 바꿔 말해, 그들은 단순히 정부 내의 일부 권력만을 가진 것이 아니라 전체로서의 정부에 대한 전반적 권력을 가지고 있다고 믿는다.

이는 『연방주의자 논설』이나 헌법 관련 문헌에 나와 있는 어떤 것과도 부합하지 않는, 권력 관념의 혁명적 변화이다. 이것은 의회의 법률이나 연방대법원의 판결 혹은 헌법제정회의나 수정헌법에 의한 것이 아니라 일종의 전반적인 동의에 의해 이루어진 변화이다. 어느 시점에서인가 정부의 소유자인 시민들은 헌법이 마치 민주주의를 뒷받침하는 문서인 것처럼 독해하기로 결정했다. 이는 의심할 여지없이 이 나라 역사상 헌법에 관한 가장 중요한 해석이다. 이것은 정부 소유자들의 전반적인 기대가 크게 변화했다는 가정 하에서만 이해될 수 있는 일이다.

시민들은 자신들이 정부를 소유하고 있다고 생각한다. 대중은 더 이상 헌법 이론에 나와 있는 것처럼 정부 내의 특별한 대행 기관인 하원만을 자신과 동일시하지 않는다.

몇 가지 다른 예들을 살펴보자. 한 세대 전 널리 공유되었던, 헌법상의 조약 관련 조항*은 현실에서 실행될 수 없다는 견해는 어떻게 되었을까? 오늘날 제한 정부의 원리**는 실제로 얼마만큼의 영향력을 발휘하고 있을까? 미국 정부는 이제 매우 강력한 조직이 되었으며, 아마도 세계 역사에서 가장 강력한 조직일 것이다. 미국의 존속과 관련된 변화들 가운데 어떤 것도 불가피했다고 말할 수는 없다. 그러나 만약 미국이 존속하지 못하게 된다면, 적어도 그것은 권력이나 자금 부족에 따른 결과는 아닐 것이다.

우리가 알지 못하는 사이에 미국 정부는 10년 혹은 20년 전에 이미 세계적인 수준에서 작동하는 기구가 되었다. 예산은 70년 전에 비해 약 250배나 늘어났다. 야구공의 직경이 갑자기 250배로 늘어난다면, 그것은 터져 버릴 수밖에 없을 것이다. 정치체제를 고정된 것이 아닌, 그 작동 과정에서 변화할 수 있는 존재로 고려하지 않고서도, 미국 정치를 이해할 수 있을까? 미국 정부는 어떤 종류의 운영 체계를 가지고 있는가? 정치체제가 너무나 크게 변화했기 때문에, 우리가 가진 이론적 도구들이 지금까지 벌어진 일들을 이해하는 데 적합한지를 물어 보는 것은 당

정치체제가 너무나 크게 변화했기 때문에, 우리가 가진 이론적 도구들이 지금까지 벌어진 일들을 이해하는 데 적합한지를 물어 보는 것은 당연한 일이다.

---

* **헌법상의 조약 관련 조항** : 미국 헌법 2조 2절 2항은 "대통령은 상원의 권고와 동의를 얻어 조약을 체결하는 권한을 가진다. 다만, 그 권고와 동의는 상원 출석의원 2/3 이상의 찬성을 얻어야 한다"고 명시하고 있다. 본문의 내용은 이 조항을 엄격하게 따를 경우 효과적인 조약 체결이 어렵다는 견해가 한 때 미국 정가에 널리 퍼져 있었음을 말한다.

** **제한 정부의 원리**(doctrine of limited government) : 개인과 이들로 구성된 시민사회의 자유로운 활동을 위해 이에 대한 정부의 관여는 최소한에 그쳐야 한다는 정치 원리. 이런 정부 운영 원리는 고전적 자유주의, 자유지상주의, 보수주의 이념과 밀접히 관련되어 있다. 영국의 마그나 카르타(Magna Carta)나 미국의 헌법, 특히 권리장전으로 알려진 수정헌법 1~10조는 정부 권력의 제한을 명시한 사례라 할 수 있다.

연한 일이다.

순전히 형식적인 의미만을 따진다면, 마치 헨리 포드Henry Ford
의 자전거 정비소가 오늘날의 포드 자동차 회사와 동일하듯 현
재의 미국 정부 또한 1789년에 확립된 정부와 동일한 것이라고
말할 수 있다.

우리가, 만화가 루브 골드버그*의 풍자화에 나타난 바와 같이
전 세계를 누비고 다니는 정부 기구를 갖게 되었다는 사실을 감안
하면, 이 체제는 그야말로 놀라운 성취를 이룩했다. 지난 한 세대
의 연구자들이 미국의 공적 문제와 관련하여 관심을 가졌던 주제
는 정부 기구의 작동 불가능성이었다. 미국 정부와 정치에 관한
문헌들에서 일반적으로 나타나는 염세주의적·패배주의적 논조와
실제 이 정치체제의 놀랄 만한 수행 실적 사이에 존재하는 괴리보
다 더 큰 것은 세계 어디에서도 찾아보기 어려울 것이다.

분명 정부와 기업 간의 해소될 수 없는 긴장이 변화의 과정을
막은 적은 없다.

만약 우리가 정부 구조의 복잡성을 무시하고 새로운 차원에
서 전개되고 있는 권력 투쟁을 연구하기 시작했더라면, 미국 정
치의 역동성을 이해하는 데 좀 더 커다란 진전을 이뤄 냈을지도
모르겠다. 권력분립은 현재의 투쟁과는 별반 관계없는 낡은 갈
등을 반영하고 있는 것은 아닐까? 애초 권력분립의 원리를 뒷받

---

* **루브 골드버그**(Rube Goldberg, 1883~1970) : 미국의 저명한 만화가. 매우 단순한 과제를 수
  행하기 위한 일련의 복잡한 기구, 이른바 골드버그 머신을 그려 많은 사람의 사랑을 받았
  다. 1948년에는 정치 풍자만화로 퓰리처상을 수상하기도 했다.

침했던 과거 영국의 사회구조는 오래전에 사라졌다. 현대 세계에서 가장 첨예한 균열은 더 이상 대통령과 의회나 법원 간의 대립이 아니다. 우리가 혼란스러워 하는 이유는 이미 군대들이 떠나고 갈등이 새로운 전장으로 이동한 지 오래되었음에도 여전히 과거의 진지에 집착하고 있기 때문이다. 갈등의 양상이 너무나 크게 변화한 나머지 이제는 정부 자체도 완전히 새로운 차원의 갈등에 관여하게 되었다. 해소될 수 없는 갈등은, 기존의 정부 구조 내에서는 더 이상 찾아보기 어렵다. 새로운 갈등의 전형적인 특징은 정부 전체와 정부 밖에 있는 세력 간의 투쟁으로 나타난다는 데 있다. 오늘날에는 정부 그 자체도 권력을 획득하기 위해 경쟁한다.

현대사회에서 일반적으로 나타나는 해소될 수 없는 갈등들 가운데 가장 큰 갈등을 상세히 검토해 보면, 그것이 이런 논의의 맥락에서 어떤 의미를 갖는지 이해할 수 있다.

정부와 기업 간의 갈등은 오늘날의 정치를 지배하는 긴장의 새로운 차원을 보여 준다. 정부와 기업 사이의 관계가 현대사회에서 가장 큰 긴장 가운데 일부를 초래했고, 이와 같은 긴장이 정치체제를 지배하는 경향을 보인다는 명제를 뒷받침하기 위해 별도의 증명이 필요하지는 않을 것이다.

기업은 정부 밖의 세계에서는 너무나 확고한 우위를 보이기 때문에, 정부 자체와도 경쟁할 수 있는 권력 체계이다. 근대 이전의 서구 사회에서는 교회가 주요한 비정부 제도였지만 오늘의 그것은 기업이다. 이제 기업은 공동체에서 커다란 역할을 수행하며 거대한 조직과 방대한 자원을 가진 까닭에, 정부 밖에 있

기업은 정부 밖의 세계에서는 너무나 확고한 우위를 보이기 때문에, 정부 자체와도 경쟁할 수 있는 권력 체계이다. 근대 이전의 서구 사회에서는 교회가 주요한 비정부 제도였지만 오늘날의 그것은 기업이다.

는 권력의 가장 중요한 초점, 곧 현대사회에서 정부의 우위에 도전할 만한 권력의 초점이 되었다. 실제로 대부분 정부와 기업 간의 관계가 정치체제의 성격을 결정한다. 이런 관점에서 볼 때, 권력투쟁은 주로 두 개의 주요한 권력 체계, 즉 정부와 기업 간의 대립이라 하겠다.

이들 두 권력 체계는 바로 그 규모로 인해 서로에게 관심을 가질 수밖에 없다. 현대 경제의 기업 구조가 방대한 양의 부를 통제한다는 것은 그만큼의 권력 동원을 의미하므로, 사실 기업은 정부와 경쟁하지 않을 수 없다. 권력에 대한 어떤 정의에 비춰 보더라도, 기업은 최상급의 권력 체계로 불릴 만한 존재이다. 돈이 권력이라면, 기업은 충분한 돈을 보유하고 있으므로 강력한 권력임에 분명하다. 만약 기업을 정부에 대한 경쟁자로 생각하는 것이 어색하다면, 그것은 단지 우리가 정부와의 경쟁은 생각할 수 없는 것이라고 배워 왔기 때문이다.

정부와 기업은 상호 의존적이며 서로 분리될 수 없지만(모든 사람이 두 제국에 속해 있다), 그렇다고 양자 간의 경쟁이 약화되는 것은 아니다. 이들 간의 경쟁을 권력 투쟁으로 인정하지 않는다고 해서 이들 사이의 갈등이 완화되는 것도 아니다. 싸움이 정치체제를 지배하는 정확한 이유는 그것이 상대를 완전히 소멸시키고자 하는 전쟁이 아니기 때문이다. 이것이 바로 이 갈등을 해소할 수 없게 만드는 요인이다. 정치체제는 오랜 기간에 걸쳐 이와 같은 싸움을 중심으로 스스로를 조직해 왔다.

미국 사회의 기반이 되는 자본주의와 민주주의의 조합은 긴장을 전제로 한다. 이런 긴장은 정치체제와 경제체제라는 두 권

실제로 대부분 정부와 기업 간의 관계가 정치체제의 성격을 결정한다. 이런 관점에서 볼 때, 권력투쟁은 주로 두 개의 주요한 권력 체계, 즉 정부와 기업 간의 대립이라 하겠다.

력 체계의 권력이 매우 다른 원리를 통해 조직된다는 사실 때문에 더욱 증폭된다. 정치체제는 대체로 평등주의적이며, 정치에서 중요한 것은 수※이다. 정치체제의 법과 전통에서 강조되는 바는 그 운영 과정에 최대한 많은 사람들이 참여할 수 있도록 하는 것이다.

이에 반해, 경제체제는 배타적이다. 그것은 높은 수준의 불평등을 조장하고 권력의 집중화를 장려한다. 게다가 기업의 공적 책임이 제한적이라는 가정은 기업 활동의 자유와 같은 강한 독단적 교리를 통해 뒷받침되고 있다. 두 권력 체계의 편향성은 완전히 다른 것이다.

개방된 시장에서 표가 자유롭게 매매되는 정치체제, 즉 사람들이 가능한 한 많은 표를 사려고 하고, 좀 더 많은 표를 사기 위해 좀 더 많은 돈을 모으는 데 자신의 권력을 사용하는 것을 당연시하여, 결과적으로 단 한 명의 실력자가 도시 전체의 득표 경쟁에서 쉽게 승리할 수 있는 체제를 상상해 보라. 한 명 내지 소수의 개인들이 상당수의 표를 소유한 까닭에 선거가 단순한 형식이 되어 버린 상황을 상상해 보라. 공동체 구성원의 90%가 거의 아무런 영향력도 행사할 수 없다고 가정해 보라. 나아가 진행 중인 사안에 대해 소수파는 매우 제한된 정보만을 획득할 수 있다고 가정해 보라. 이것이 바로 기업이 운영되는 방식으로 정치체제가 운영될 때의 모습이다.

정부와 기업이라는 두 권력 체계가 아무런 충돌 없이 같은 공간에 존재하기는 어렵다. 만약 어떤 경쟁이 정치체제 내에 뿌리 내리게 되었다면, 그것은 바로 정부와 기업 간의 갈등이다.

공동체 구성원의 90%가 거의 아무런 영향력도 행사할 수 없다고 가정해 보라. 나아가 진행 중인 사안에 대해 소수파는 매우 제한된 정보만을 획득할 수 있다고 가정해 보라. 이것이 바로 기업이 운영되는 방식으로 정치체제가 운영될 때의 모습이다.

정부와 기업을 중심으로 하는 체제의 이원성은 우연이나 불운 때문에 나타난 것이 아니다. 미국인들이 처음에는 순수한 민주주의를 확립했으나 그 후 금권 세력에 의해 이 체제가 부패되었다고 가정하는 것은 역사에 대한 낭만주의적 오독^{誤讀}이다. 좀 더 정확히 말하자면, 미국 민주주의는 정치권력을 경제권력으로부터 분리하려 했던 초기의 시도들 가운데 하나이다. 이것은 미국인들의 위대한 실험이었다. 서구 문명의 오랜 역사에서 경제권력과 정치권력의 일체성은 예외가 아니라 규칙이었다. 바꿔 말해, 경제권력의 소유자가 곧 정부의 소유자였던 것이다. 이렇게 오랫동안 유지되었던 체제에 대한 최초의 중대한 돌파구 가운데 하나가 미국인들이 두 권력을 분리하려고 시도함으로써 만들어졌다. 정말이지 유혈 혁명을 거치지 않고서도 정치체제를 민주화할 수 있었던 까닭은 미국인들이 두 종류의 권력을 분리할 수 있는 작동 가능한 모델을 발명했기 때문이다.

왜 미국인들은 이와 같은 발전의 중요성을 이해하지 못했을까? 우리의 역사관은 전통적인 인민주권 개념의 관점에서 과거를 해석하려는 충동으로 인해 왜곡되어 왔다. 전통적인 민주주의 정의의 관점에서는 미국혁명 시기에 시민들이 모든 권력을 장악했다는 신화를 만들어 낼 필요가 있었다. 그 다음에는 18세기 말에 확립된 목가적 민주주의 체제가, 그 후 거대 기업이 부상하면서 전복되었다고 가정할 필요가 생겼다.

정부와 기업을 두 축으로 하는 이원성을 인식하게 되면, 미국 역사를 훨씬 더 설득력 있게 해석할 수 있다. 미국혁명은 지금도 계속되고 있는 갈등과 관련된 한 사건이었다. 민주주의의 기능은

미국 민주주의는
정치권력을
경제권력으로부터
분리하려 했던 초기의
시도들 가운데 하나이다.
이것은 미국인들의
위대한 실험이었다.

대중에게 경제권력에 대항하는 데 사용할 수 있는 또 하나의 권력 체계, 즉 대안적 권력 체계를 제공하는 데 있다. 이런 이유에서 정치체제를 뒷받침하는 폭넓은 민주적 토대를 창출하는 일이 필요했다. 바로 여기에서, 정부와 기업이 왜 그렇게 자주 동일한 문제를 처리하는 서로 다른 대안적 방식처럼 보이는가에 대한 답을 찾을 수 있다. 오늘날 기업이 정부를 대신할 수 없다고 생각되는 것은, 우리가 정부의 기능에 대한 새로운 관념을 발전시켰기 때문이다. 정부와 기업 간의 관계에 대한 분별없는 논의들이 너무나 많이 떠돌아다니기 때문에, 이들 두 권력 체계의 분리야말로 미국인들이 이룬 가장 위대한 정치적 업적 가운데 하나임을 명심할 필요가 있다.

앞선 시기의 정치가 교회와 국가의 분리를 중심으로 전개되었듯이, 우리가 지금 이해하고 있는 정치는 경제권력과 정치권력이 분리됨으로써 발전하게 되었다. 근대 미국 정치의 부상은 경제에 대한 통제 문제를 거의 손대지 않고서도 정부를 획득할 수 있었던 정당의 성장과 관련되어 있다.

민주주의 정치 이념이 폭넓은 대중적 동의를 얻었던 때와 대략 비슷한 시기에 나타났던, 중상주의*의 몰락과 공공정책에

오늘날 기업이 정부를 대신할 수 없다고 생각되는 것은, 우리가 정부의 기능에 대한 새로운 관념을 발전시켰기 때문이다.

---

* **중상주의**(mercantilism) : 15세기부터 18세기 후반까지 유럽 국가들에서 실행되었던 경제정책과 이를 뒷받침하는 경제이론. 정책으로서의 중상주의는 자국 산업자본의 발전을 위해 국내시장을 보호하는 동시에 국외시장을 개척할 목적으로 채택되었던 일련의 정책, 곧 외국산 완제품의 수입은 금지 및 제한하고, 외국산 원료의 수입과 국내 상품의 수출을 장려하는 것을 의미한다. 이론으로서의 중상주의는 상품교환의 등가물인 귀금속이 부의 본원적 원천이며, 이윤은 생산과정이 아닌 유통 과정에서 발생한다는 전제 하에 무역상의 수익 확대를 경제 발전의 중심 목표로 상정했다.

대한 자유방임주의적 관념*의 부상은 정치권력과 경제권력의 분리를 용이하게 해주었다. 민주화 운동의 초점이 정치 영역에 한정되었던 까닭에, 우리 대다수는 경제의 민주화가 어떤 양태를 띠는지 상상하는 데 어려움을 안고 있다.

정치권력과 경제권력을 분리하기 위해서는 새로운 종류의 정부가 창조되어야 했다. 왜냐하면 그와 같은 분리는 정부에 새로운 과제를 부여하기 때문이다. 반면 정치에 대한 매우 오래된 해석, 즉 경제적 해석은 대체로 지난 세기 동안 정치체제에서 벌어졌던 일들을 무시한다. 만약 기업이 실제로 정부를 지배했다면, 정부와 기업 간의 관계에 대한 공적 논의가 어떻게 그렇게 오랫동안 지속될 수 있었겠는가?

정부와 기업 간의 이와 같은 균형 속에서 공적 이익은 어떤 내용을 담고 있을까? 첫째, 대중은 이런 갈등을 해소하는 데 그렇게 큰 관심을 두고 있는 것 같지 않다. 그들은 파시즘이나 공산주의 같은 대표적인 해결책도 좋아하지 않는다. 정부의 법적·이론적 권력이 무엇이든, 정부는 자본주의 체제의 폐지를 위임받은 적이 없다. 다른 한편, 기업이 정부를 대신하는 것도 용인될 것 같지는 않다. 이런 갈등의 영속화를 보장하는 여러 근거들이 있다. 폴 애플비Paul Appleby는 다음과 같이 말하고 있다.

민주화 운동의 초점이 정치 영역에 한정되었던 까닭에, 우리 대다수는 경제의 민주화가 어떤 양태를 띠는지 상상하는 데 어려움을 안고 있다.

---

* **자유방임주의**(laissez-faire) : 경제활동에 대한 국가의 간섭을 최소한으로 줄이는 동시에 개인의 자유를 최대한 보장하도록 하는 경제 이념과 정책. 이 사상을 체계화한 대표적인 학자는 애덤 스미스(Adam Smith)이다. 그는 1776년에 발행된 『국부론』에서 개인의 이익을 추구하는 자유로운 경제활동이 사회적 부를 창출한다고 보았으며, 시장이 부의 공정하고 효율적인 배분을 통해 사회적 조화를 가져온다고 주장했다.

불행한 일일 수도 있겠지만, 그럼에도 불구하고 스스로 통제할 수 없는 요인들로 인해 어떤 기업도 그 자신의 사회적 열망을 실현할 수 없다는 말은 진실이다. 어떤 기업도 공적 이익과 그들의 이익을 동일한 것으로 간주할 수 없다는 말 또한 진실이다. 공적 이익의 실현이 기업의 기능일 수는 없다. 기업은 이와 다를 뿐만 아니라 좀 더 협소한 기능을 가질 수밖에 없다. 정부가 존재하는 정확한 이유는 공적 이익을 증진하고 보호하는 기능을 맡을 특별한 사람들이 필요하기 때문이다.[1]

여러 측면에서 공적 이익은 정부와 기업 사이의 중간 지대에 존재한다. 대중은 자신들의 선택권, 즉 파시스트적 해결책이나 공산주의적 해결책이 채택되지 않는 한 없어질 수 없는 그런 종류의 선택권이 유지되기를 바란다.

정부에게는 자신에 대한 공격이 있을 때 스스로를 성장시키는 무언가가 있다. 대중은 경쟁적인 권력 체계를 좋아한다. 대중은 민주주의와 높은 수준의 삶의 질 둘 다를 원하며, 체제 내 민주적 요소와 자본주의적 요소 사이의 역동적 균형을 유지할 수 있다면 이들 모두를 가질 수 있다고 생각한다. 대중은 자본주의를 규제할 만큼 충분히 강력한 민주주의 정치체제를 유지할 수 있다면, 기꺼이 자본주의 체제와 함께 살아가고자 노력할 것이다.

정부와 기업 간의 균형은 미국 정부에 어떤 영향을 미쳤을까? 그것은 폴 애플비가 말하는 거대한 민주주의가 모든 점에서 대기업과 대등해져야 한다는 것을 의미했다. 경제 영역의 조직·기술·범위와 관련된 모든 변화는 그에 상응하는 정치권력상의 변화를 수반해야 했다. 여기서 말하고자 하는 바의 요점은 균형을 유

대중은 경쟁적인 권력 체계를 좋아한다. 대중은 민주주의와 높은 수준의 삶의 질 둘 다를 원하며, 체제 내 민주적 요소와 자본주의적 요소 사이의 역동적 균형을 유지할 수 있다면 이들 모두를 가질 수 있다고 생각한다.

지하는 데 필요하다면 언제든지 정부도 변할 수 있다는 것이다. 일단 우리가 이 명제를 이해하고 나면, 다른 수많은 자료들도 제 자리를 찾게 된다. 왜냐하면 균형의 필요가 무엇을 할 수 있고 무 엇을 할 수 없는지를 결정하기 때문이다.

경쟁적 권력관계가 정치의 핵심 요소라는 명제에서 출발한다 면, 우리는 사태가 왜 이렇게 급속히 변해 왔는지를 좀 더 쉽게 이해할 수 있다. 여기서 관건이 되는 전제는 경쟁자들이 비슷한 수준의 경쟁 역량을 유지할 수 있을 때에만 경쟁적 상황이 지속 된다는 것이다. 이런 등가성을 훼손하는 것은 무엇이든 경쟁자 들 모두에게 파괴적인 영향을 미친다.

사람들은 정부의 가치를 높게 평가한다. 왜냐하면 정부야말 로 자신들이 전적으로 승인하지 않은 경쟁적 권력 체계로서의 기업, 즉 자신들이 통제할 수 없거나 두려워하는 권력 체계에 맞 서 자신들을 보호해 줄 수 있는 유일한 장치이기 때문이다. 정부 가 활동하는 방식은 사람들이 비정부적 권력 체계에 대응하는 방식과 관련되어 있다. 정부는 이와 같은 대응을 토대로 유지된 다. 여기서 변화를 가져오는 억누를 수 없는 자극은 경쟁자들 각 각의 성장이다. 사람들이 정부의 가치를 높게 평가하는 이유는 정부가 전지전능하기 때문이 아니라 이 세계가 살아가기에 위험 한 장소이기 때문이다. 만약 정부에 어떤 변화가 일어나고 있는 지를 이해하고자 한다면, 우리는 단지 공식적인 정부제도만이 아니라 정부의 경쟁자들이 무엇을 하고 있는지도 살펴보아야 한 다. 오래 전 다른 일과 관련하여 제시했던 주장을 다시 말하면, 우리가 미국 정부를 좋아한다고 말할 수 있는 까닭은, 정부가 대

사람들이 정부의 가치를 높게 평가하는 이유는 정부가 전지전능하기 때문이 아니라 이 세계가 살아가기에 위험한 장소이기 때문이다.

항해서 싸우는 적들이 있기 때문이다.

오직 강자들만이 경쟁할 수 있는 이유는 적대자들의 규모와 힘이 늘 경쟁의 규모를 결정하기 때문이다. 경쟁적인 상황은 상호 비슷한 역량을 유지할 때에만 지속될 수 있다. 따라서 경쟁의 법칙은, 경쟁자들 각자가 생존하기 위해서는 자신의 주요 상대자들이 펼치는 활동의 규모와 대등한 수준에서 활동해야 한다는 것이다. 좀 더 구체적으로 말하자면, 이런 분석은 체제에 내장된 해소될 수 없는 갈등이 수반하는 균형에 대해 정치학 연구자들이 관심을 가져야 한다는 것을 의미한다.

균형의 변화에 매우 민감한 사회에서는 권력관계의 촘촘한 그물망을 건드리는 것이 무엇이든, 그것은 그 밖의 모든 것에게도 영향을 미치게 된다. 사적 영역과 공적 영역 간의 가장 중요한 차이는, 사적 갈등에서는 강자들이 승리하는 반면 공적 영역에서는 약자들이 자기방어를 위해 세력을 규합한다는 것이다.

경제상의 변화가 미국 정부에 미친 효과에 대해 확실하게 말할 수 있는 것은, 그 영향력에 있어 그것이 국제정치에서 나타나는 세력균형의 변화가 정부에 미치는 효과보다 몇 배나 더 크다는 점이다. 이와 같은 논의의 요점은 체제에 뿌리내린 해소될 수 없는 갈등은 교착상태를 만들어 내지 않는다는 것이다. 균형은 역동적이다.

실제로 또 다른 이유에서도, 해소될 수 없는 갈등은 미국 정치를 교착상태에 빠뜨리지 않았다. 만들어진 균열들은 상호 모순적이며 양립하기 어렵다. 이런 까닭에 각각의 균열은 다른 균열에 엄청난 압력을 미치는 데 사용될 수 있다. 따라서 정치체제의 변

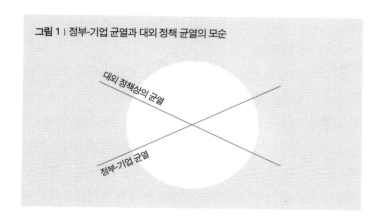

그림 1 | 정부-기업 균열과 대외 정책 균열의 모순

대외 정책상의 균열

정부-기업 균열

화는 두 개의 양립하기 어려운 균열이 서로에 대해 행사할 수 있는 영향력과 관련되어 있다.

균형이 역동적인 이유는 그것이 권력을 얻고자 하는 모든 경쟁자들의 극적인 성장 속에서 유지되기 때문이다. 정부는 국내에서든 국외에서든 누구에게도 뒤지지 않기 위해 모든 노력을 경주한다. 정부 내의 조직 규모와 권력 소재는 그 주요 적대자들의 권력, 기술 혹은 활동 범위에서 일어나는 모든 변화에 대응해 그에 부합하는 예측 가능한 방식으로 변화한다.

경쟁은 정부를 작동하게 만드는 원천이다. 균형을 파괴하는 것은 하나의 정부를 파괴하고 또 다른 정부를 창조하는 것이다. 경쟁에 영향을 미치는 요인들은 정부가 무엇을 해야만 하고 무엇을 할 수 있는지를 결정한다. 우리 시대 정부 영역에서 혁명적 변화가 일어난 주된 요인은 국내외적으로 새롭게 부상한 기업들의 거대한 권력 집중에 있다. 이로 인해 기존의 권력균형은 파괴되

우리 시대 정부 영역에서 혁명적 변화가 일어난 주된 요인은 국내외적으로 새롭게 부상한 기업들의 거대한 권력 집중에 있다.

었고, 우리는 새로운 균형을 만들어 내기 위해 엄청난 노력을 기울일 수밖에 없었다.

기업과의 권력균형을 회복하려는 추동력의 긴박감이 너무나 강하고 그에 대응하는 정부의 변화는 너무나 순조롭게 이루어졌기 때문에 우리는 그 변화를 인식하기 어렵다. 이와 같이 대응은 거의 자동적이다. 이것이 바로 지난 30년에 걸쳐 과거와는 다른 새로운 정부가 창조되었음에도 불구하고 우리 대다수가 이를 인식하지 못했던 이유이다. 우리는 새로운 정부를 창조하기로 결정한 적이 없다. 우리는 단지 현상을 유지하기 위해 힘을 모았을 뿐이라고 생각했다.

우리가 변화를 인식하는 데 어려움을 겪었던 이유는 중요하지 않은 갈등(정부 내의 갈등)에 주목하면서 전체로서의 정부 그 자체가 다른 권력 체계와 갈등해 왔던 정도를 과소평가했기 때문이다. 전체로서의 정부가 다른 권력과 갈등하고 있을 경우, 정부 내의 갈등은 우리가 아무리 중요하다고 강조해도 종속적 지위에 머무를 수밖에 없다.

해소될 수 없는 갈등을 통해 정치체제 내 대안들의 활력을 유지하는 방식은 미국의 전통이라 할 만큼 확고하게 자리 잡혀 있다. 교회와 국가의 갈등, 왕과 귀족의 갈등이 자유의 기원과 밀접히 관련되어 있는 이유는 약자들은 강자들의 분열로부터 이익을 얻었기 때문이다. 20세기 중반의 미국에서는 새로운 권력 분할의 기반을 만들어 낸 현대 민주주의와 현대 산업주의의 부상이 정부와 기업 간의 새로운 균형을 가능하게 했다. 오늘날 미국 헌법에 규정된 견제와 균형 원리의 의미가 약화된 것은 우리 사회의 지배

교회와 국가의 갈등, 왕과 귀족의 갈등이 자유의 기원과 밀접히 관련되어 있는 이유는 약자들은 강자들의 분열로부터 이익을 얻었기 때문이다.

적 균열에 변화가 있었기 때문이다. 우리 시대 혼란의 상당 부분은 기존의 권력분립이 새로운 권력분립으로 대체되고 있다는 사실에서 비롯된 결과이다.

이것은 헌법을 통해 제도화된 힘의 균형에 수정을 가한 첫 번째 사례도 아니다. 영국의 명예혁명 헌법*은 왕을 견제하기 위해 마련된 덫이었다. 한 세기가 지난 후 이 나라에는 왕이 없다는 사실에도 불구하고 미국인들은 이 덫을 수입했다.

오늘날 우리가 알고 있는 바와 같은 민주주의는 정치권력과 경제권력으로 하여금 서로 맞서 싸우게 하는 방식, 지배와 굴종 사이에서 우리의 진로를 개척해 나가는 방식에 달려 있다. 기업이 강력하다는 사실에 실망할 필요는 없다. 권력은 현대 기업 조직의 본질 가운데 하나이다. 게임의 목표는 기업 권력을 파괴하는 것이 아니라 정부 권력으로 그에 대응하는 데 있다.

위에서 제시한 일련의 주장은 현대 정부의 기능에 대한 일정한 관념을 함축하고 있다. 정부의 중요한 기능 가운데 하나는 일반 사람들이 익숙한 지평에 머무를 수 있도록 하는 것이다. 우리는 일방적인 해결책을 좋아하지 않는다. 이와 같은 생각은 평등·정의·안전에 대한 우리의 이해와 관련되어 있다. 물론, 변화가 보편

> 오늘날 우리가 알고 있는 바와 같은 민주주의는 정치권력과 경제권력으로 하여금 서로 맞서 싸우게 하는 방식, 지배와 굴종 사이에서 우리의 진로를 개척해 나가는 방식에 달려 있다.

---

* **명예혁명 헌법**(Glorious Revolution Constitution, 1688) : 명예혁명은 가톨릭교도로 왕위에 올랐던 제임스 2세의 전제적 통치와 친가톨릭 정책에 대항해 의회가 새로운 왕을 옹립하면서 자신들의 권한을 유지·강화했던 역사적 사건이다. 이 사건을 계기로 의회는 왕위 계승 및 과세, 상비군 유지 등의 문제에 적극적으로 관여할 수 있게 되었다. 샤츠슈나이더가 말하는 '명예혁명 헌법'이란 이렇게 강화된 의회 권한을 명시해 놓은 권리장전(Bill of Rights)을 의미한다. 명예혁명과 권리장전을 통해 영국은 입헌군주제에 바탕한 본격적인 의회정치 시대로 들어서게 되었다.

적이며 모든 것이 동시에 거의 같은 정도로 변화한다면, 우리는 우리가 상상할 수 있는 가장 커다란 변화에 반대하지 않는다.

대기의 압력처럼, 우리 모두에게 영향을 미쳤던 전반적인 변화가 거의 어떤 반대도 불러일으키지 않았다는 것은 주목할 만한 사실이다. 이미 보편화된 변화에 우리가 얼마나 쉽게 적응했던가! 만약 자동차가 특권계급의 배타적 소유물이 되었다면, 그것이 우리 사회에 어떤 영향을 미쳤을까? 혹은 병역의무가 보편적으로 적용되지 않았다면, 무슨 일이 벌어졌을까? 상대적 지위가 변화하는 것은 고통스러운 일이다.

현대 정치 세계에서 변화는 어떻게 확인할 수 있을까? 표면상으로 그것은 전혀 드러나지 않는다. 변화가 가능한 이유 가운데 하나는 종종 그것을 인식할 수 없다는 것, 즉 그것이 대개 현상유지라는 이름으로 이뤄진다는 데 있다.

변화가 가능한 이유 가운데 하나는 종종 그것을 인식할 수 없다는 것, 즉 그것이 대개 현상 유지라는 이름으로 이뤄진다는 데 있다.

204

The Semisovereign People

8장   절반의 인민주권

8 | 절반의 인민주권

    이 책의 앞선 장들에서 논의했던 내용을 통해 민주주의의 의미를 새롭게 조명해 볼 수 있겠다. 정치체제에서 보통 시민이 수행하는 역할은 대개 갈등의 체제가 결정한다. 왜냐하면 보통 시민을 정치에 관여하도록 하는 힘은 갈등에 있으며, 이와 같은 갈등의 성격이 대중 참여의 성격을 결정하기 때문이다.

    보통 시민이 갈등의 영향을 받아 정치에 관여하게 된다는 생각은 민주주의의 고전적 정의인 '인민에 의한 통치'에는 부합하지 않는 것이다. 보통 시민이 갈등에 '관여한다'는 관념과 그들이 실제로 '통치한다'는 관념 사이에는 매우 큰 차이가 있기 때문에, 고전적인 민주주의 이론은 다시 검토할 필요가 있다. 자유로운 정치체제에서 갈등이 갖는 위상을 고찰해 보는 일은 현대적인 관점에서 민주주의를 재정의하는 데 도움을 줄 수 있을까?

우리가 의식하든 의식하지 않든, 미국 정치에 관한 모든 견해는 민주주의에 대한 일정한 이미지에 의존하고 있다. 민주주의를 다룬 문헌들 속에는 민주적 관념뿐만 아니라 유사민주적 관념들도 함께 뒤섞여 있다. 그러므로 이런 관념들을 확인하고 분리해서 거기에 포함된 민주적 요소와 비민주적 요소를 가려내고자 노력하지 않는다면, 우리가 지금 논의하고 있는 것을 이해하기란 불가능하다.

미국의 대중은 민주주의라는 이상에 대해 매우 강력한 확신을 갖고 있기에, 우리는 이를 기준으로 모든 것을 판단하게 된다. 따라서 정치철학자들이 민주주의라는 단어를 정의하는 데 상당한 어려움을 겪었다는 사실은 놀랄 만한 일이다. 사실 민주주의를 효과적으로 정의하지 못했던 원인은 정치에 관한 문헌들에 널리 퍼져 있는 혼동에서 찾을 수 있다. 따라서 이 문제는 검토할 만한 가치가 있다고 하겠다.

인민에 의한 통치라는 고전적 민주주의 정의는 민주주의 이전 시대에 기원을 두고 있으며, 현실에서 작동하는 민주주의 체제를 볼 수 없었던 철학자들이 개발한 민주주의 개념에 바탕하고 있다. 민주주의 이전 시대의 이론가들은 토지 소유자들이 그들 자신의 이익을 위해 재산을 관리하는 것만큼이나 단순하게, 인민도 민주주의에서 공적 업무를 맡아 자신들의 이익을 위해 정부를 운영할 것이라고 가정했다. 역사적인 배경을 고려할 때, 이런 과잉 단순화는 이해할 만하다. 그러나 현대의 학자들이 현대적인 경험의 관점에서 이와 같은 전통적인 정의를 비판적으로 검토하지 못한 것에 대해서는 변명의 여지를 찾기 어렵다.[1]

인민에 의한 통치라는 고전적 민주주의 정의는 민주주의 이전 시대에 기원을 두고 있으며, 현실에서 작동하는 민주주의 체제를 볼 수 없었던 철학자들이 개발한 민주주의 개념에 바탕하고 있다.

208

우리가 민주주의에 대한 낡은 정의에 의존할 때 나타나는 한 가지 결과는 현대의 미국인은 민주주의를 뭐라고 새롭게 정의하기 전까지 민주주의를 생각할 수 없으며, 민주주의를 정의한 후에도 그가 지켜보게 되는 정치체제의 실제 양상들로 인해 혼란을 겪게 된다는 사실이다. 고대인들은 현실에서 작동하는 체제로서의 민주주의에 대해 놀랄 만큼 잘못된 이해를 갖고 있었다. 그럼에도 불구하고 그들의 권위가 너무나 컸던 나머지 전통적인 정의는 변함없이 교과서에 남아 모든 영역에서 우리의 사고를 지배하고 있다.

민주주의를 둘러싼 관념상의 혼란은 정치학자들도 해결하기 어려운 난제처럼 보인다. 우리에게 필요한 것은 현실에서 작동하는 정치체제의 양상을 설명할 수 있는 민주주의에 대한 현대적 정의, 바꿔 말해 현재의 정치 상황에 내재되어 있는 민주적 요소와 반민주적 요소들을 구별할 수 있는 정의이다. 미국 민주주의의 가장 큰 결함은 지적인 차원, 즉 사용 가능하며 효과적인 정의가 부재하다는 데 있다. 좋은 정의를 통해 우리는 현대 정치를 새롭게 조명할 수 있다. 좋은 정의는 수많은 모호한 개념들을 명료하게 밝혀 주며, 우리가 어디로 가고 있고 무엇을 원하는지를 이해하는 데도 도움을 준다. 게다가 좋은 정의는, 민주주의에 관한 문헌들에서 자주 출몰하여 모든 사람에게 죄의식을 심어 줄 뿐 실현할 수 없는 규범적 내용을 제거하는 데도 도움을 줄 수 있다. 우리는 이론과 실천 간의 괴리를 다시금 검토할 필요가 있다. 왜냐하면 적어도 현실에 문제가 있을 가능성만큼이나 이상에도 오류가 존재할 수 있기 때문이다. 민주주의가 무엇인지에 대해 확신을 가질 수 있었다면, 우리는 그것을 확립하고 유지할 수 있는

우리에게 필요한 것은 현실에서 작동하는 정치체제의 양상을 설명할 수 있는 민주주의에 대한 현대적 정의, 바꿔 말해 현재의 정치 상황에 내재되어 있는 민주적 요소와 반민주적 요소들을 구별할 수 있는 정의이다.

기회를 충분히 활용했을 텐데 실제로는 그렇지 못했다.[2]

민주주의에 관한 우리의 관념을 검증하는 데 가장 적합한 분야는 아마도 일반적인 여론조사 영역일 것이다. 여론조사는 여론이 민주주의에서 중요한 역할을 수행한다는 가정을 기반으로 한다. 물론 그 이면에는 인민이 실제로 통치한다는 관념이 자리 잡고 있다.

민주주의에 대한 어떤 이미지 때문에 우리는 여론을 정치 이론의 중심적 지위에 올려놓게 되었을까? 여기서 문제가 되는 것은 이런 식이다. 민주주의가 무엇인지에 대한 확신을 갖지도 못한 상태에서 민주주의에서 여론이 수행하는 역할을 정의할 수 있을까? 수많은 정치학자들이 여론조사에 그들의 정력을 투자하기 전에, 세상에서 벌어지고 있는 일과 여론 간의 관계를 뒷받침하는 명제들의 타당성을 검증해 보는 것이 현명한 일은 아닐까?[3]

민주주의에 관한 진부한 격언과 현실에서 작동하는 정치체제를 관련짓기 어렵다는 것을 증명하는 데 별도의 연구가 필요하지는 않을 것이다. 만약 우리가 (인민에 의한 통치와 같이) 민주주의에 대한 일반적인 정의에서 출발한다면, 현대사회에서는 민주주의를 실행할 수 없다는 극히 비관적인 결론에 도달할 수밖에 없다. 왜냐하면 민주주의에서 일어나야 할 일들에 대한 전통적인 관념과, 놀라울 만큼 많은 사람들이 현재 진행 중인 사안에 대해 무지한 것 같다는 사실을 양립시키기는 불가능하기 때문이다. 인민의 무지가 갖는 의미는 우리가 민주주의를 무엇이라 생각하느냐에 달려 있다.

만약 연구자들이 현실에서 작동하는 민주주의를 이론화하는 데 시간을 보냈더라면, 그들의 연구는 지금보다 훨씬 더 많이 우리를 계몽시켜 주었을 것이다. 누군가가 이 문제와 대면하지 않고서도 여론에 대해 만족할 만한 이론을 수립할 수 있다고 생각하기는 어렵다. 현대 민주주의에서 대중은 어떤 역할을 하는가? 대중은 무엇을 알아야 하는가? 민주주의에 대해 무의미한 공론들이 난무했던 까닭은 대중이 어떻게 정치과정에 개입하게 되는지, 그들은 무엇을 할 수 있고 무엇을 할 수 없는지, 사회적 문제가 어떻게 대중에게 전달되는지를 이해하지 못했기 때문이다. 우리는 어떻게 우리가 원하는 것을 찾을 수 있을까?

독자들이 캔트릴Hadley Cantril과 스트렁크Mildred Strunk가 편집한 『여론, 1935~1946』Public Opinion, 1935~1946에 나와 있는 방대한 자료들을 검토해 본다면, 혼자 힘으로도 위에서 제시한 기본적인 명제를 검증할 수 있을 것이다.[4] 물론 1천2백 쪽에 달하는 이 편찬물이 오늘날의 학자들이 수행하고 있는 작업을 충분히 대표할 수는 없을 것이다. 하지만, 그것은 정치학 연구자들에게 매우 중요한 이점을 제공하고 있다. 즉 이 여론조사는 최소한 13년 전에 실시되었다는 것이다. 그로부터 십 수 년이 흐른 지금 우리는 다음과 같은 질문을 던져 볼 수 있다. 이들 여론조사에 나타난 자료는 당시 실제로 일어났던 일과 대략 얼마나 일치할까? 어떤 이유에서든 지금의 시점에서 이들 자료를 살펴본 사람들은 그것이 현실성을 결여하고 있다고 판단할 것이다. 만약 여론이 공공정책을 결정하기 때문에 중요하다고 가정한다면, 지난 10년의 역사와 여론조사 결과 간의 비교는 그 가정에 대해 상당한 의심을 불러일으킬 것이다. 이들이 측정한 여론은 얼마나 중요한 의미를 담고 있을

현대 민주주의에서 대중은 어떤 역할을 수행하는가? 대중은 무엇을 알아야 하는가?

까?

특정 이슈에 대한 여론이 반드시 해당 정책의 진행 과정을 결정하는 것은 아니라는 사실을 확인하는 데는 산아제한, 정부 예산, 사형, 이혼, 기업 내 노조의 지위, 초과이득세, 언론의 자유, 의료 및 복지를 위한 소득 한도, 노사관계, 중소기업 정책, 의료 사회화, 인종 문제, 공공 설비에 대한 정부 소유, 중립적 외교정책, 그리고 미국의 영토 확장에 관한 여론조사 결과를 살펴보는 것만으로도 충분하다.

여기서 논의의 요점은 정치학에서의 경험적 연구란 분명 그것이 기반하고 있는 정치 이론보다 더 나은 결과를 만들어 낼 수 없다는 것이다. 여론조사에 관한 이론은 본질적으로 매우 단순하며, 여론과 사건이 즉각적이면서도 직접적으로 연계되어 있다는 엄청나게 과장된 관념을 바탕으로 한다. 그 결과 우리는 이따금씩 하늘을 나는 새가 무엇을 하고 있는지 알기 위해 바다 속에 있는 물고기와 인터뷰를 하는 것 같은 모습을 보이게 되었다.

만약 어떤 기적이 일어나 정치학 연구자들이 지난 금요일 정오 12시에 전국의 모든 사람이 무엇을 생각하고 있었는지를 정확하게 알 수 있게 되었다면, 그것이 그들에게 어떤 가치가 있을까? 아무런 가치도 없을 것이다. 우리가 어려움에 처한 이유는 민주주의에서 벌어질 것으로 예상되는 일들과 관련해 혼란을 겪고 있기 때문이다.

교과서적인 민주주의 정의는 일반인들이 상원의원과 비슷한 방식으로 정치를 생각한다고 상정한다. 이와 같은 이미지 속에서는 여론이 커다란 중요성을 갖게 된다. 즉 인민의 생각이 정부

교과서적인 민주주의 정의는 일반인들이 상원의원과 비슷한 방식으로 정치를 생각한다고 상정한다.

212

활동에 구속적인 영향력을 가진다는 말이다. 이럴 경우 학자들은 당연히 풀뿌리 수준에서부터 연구를 시작해야만 할 것이다.

여기서 맞닥뜨리게 되는 커다란 어려움은 이론적인 것이지 기술적인 것이 아니다. 그것은 민주주의에서 인민이 수행하는 역할에 대한 가정과 관련되어 있다. 수많은 여론조사들이 암묵적으로 전제하고 있는 가정은 인민이 실제로 거의 일과처럼 정부가 해야 할 일을 결정한다는 것이다. 이런 가정은 민주주의에 대한 정의를 내포하고 있다. 이런 정의를 문제 삼지 않는다면, 우리가 어떻게 이 주제를 파악할 수 있겠는가?

1억 명의 유권자들은 믿을 수 없을 만큼 많은 주제들에 대해 놀랄 만큼 많은 견해를 가지고 있다. 어떤 조건에서 이들의 견해가 중요한 의미를 갖게 될까?

문제는 정의定義와 관련된 것이다. 민주주의에서 대중은 어떤 역할을 하는가? 우리는 대중에게 무엇을 기대할 수 있는가? 고대인들로부터 물려받은 낡은 관념이 아닌 다른 민주주의 개념의 관점에서 문제를 재정식화하는 것은 가능할까?

분명 대중의 태도는, 고압적이며 뭔가 가르치려 드는 이익집단 연구자들이 상정하는 것보다 훨씬 더 관대하다. 정치에 관한 문헌들은 이해 당사자들의 역할을 지나치게 강조하면서 무관심을 도덕적 죄악으로 간주하는 경향을 보여 왔다. 그러나 대중이 수많은 이슈들과 관련하여 그 각각에 대한 자신들의 견해를 정부에 전달하기를 꺼리는 것은 우리가 흔히 생각하는 것만큼 그렇게 나쁜 일이 아니다. 오히려 그것은 사려 깊음과 상식을 보여 주는 징표이다. 대중은 이론가들이 자신들에게 부과한 터무니없는 역

문제는 정의와 관련된 것이다. 민주주의에서 대중은 어떤 역할을 수행하는가? 우리는 대중에게 무엇을 기대할 수 있는가?

대중은 이론가들이 자신들에게 부과한 터무니없는 역할을 수행하고자 노력할 만큼 그렇게 분별력이 없는 사람들이 아니다. 우리는 이들 대중의 태도를 무시하곤 했다. 물론 그 이유는 우리가 민주주의에 대한 망상에 사로잡혀 있었기 때문이다.

할을 하고자 노력할 만큼 그렇게 분별력이 없는 사람들이 아니다. 우리는 이들 대중의 태도를 무시하곤 했다. 물론 그 이유는 우리가 민주주의에 대한 망상에 사로잡혀 있었기 때문이다.

우리가 민주주의에 대해 냉소적인 태도를 갖게 된 이유는 대중이 민주주의에 대한 매우 단순화된 정의가 상정하는 대로 행동하지 않기 때문이다. 바꿔 말해, 우리는 대중을 그들이 원하지도 않고 그럴 수도 없으며 충분한 분별력으로 그렇게 하려고 하지 않는 방향으로 몰아가고자 노력했던 것이다. 여기서 위기는 민주주의의 위기가 아니라 이론의 위기이다.

민주주의 이론의 중요성은, 아마도 여론 연구자들이 찾아낸 가장 의미 있는 발견이라고 할 "모르겠다"라고 응답했던 사람들, 즉 정부가 무슨 일을 진행하고 있는지에 대해 자신들은 거의 아는 바가 없다고 기꺼이 자인했던 매우 큰 규모의 범주를 무시한 데서도 증명된다. "모르겠다"라고 응답한 이들을 무시했던 이유는 그것이 민주주의와 민주적 과정에 대한 우리의 선입관에 잘 들어맞지 않기 때문이다. "모르겠다"라고 응답한 사람들은 민주적 명제의 불행한 예외로 취급된다. 이는 주목할 만한 사실이다. 왜냐하면 무지는 인류의 기본적인 특징 가운데 하나이기 때문이다. 이와 같이 광범위한 공적 사안에 대한 무지의 의미는 대개 우리가 민주주의를 무엇이라고 생각하느냐에 달려 있다.

여론 연구의 함의 가운데 하나는 인민이 너무 무식해서 여론 조사원이 묻는 질문을 제대로 이해하고 답변할 수 없기 때문에 민주주의는 실패작이라는 것이다. 자유와 민주주의를 지지하는 모든 사람은 이런 해석에 저항해야 한다. 이는 정치체제에 교수들에게나 해당되는 높은 지적 수준의 기준을 부과하는 교수 같은 발상이자, 매우 비판적으로 다뤄져야 할 생각이다. 인민이 민주주의에 참여하기 위해서는 그에 합당한 시험을 치러야 한다고 생각하는 사람들은 오로지 가르치려고만 드는 선생들밖에 없을 것이다. 전체 인류에게 낙제점을 줄 지위에 있다고 가정하는 이들 자칭 검열관들은 도대체 누구란 말인가? 만약 그들이 인민이 꼭 알아야 하는 내용이 무엇인지 그 목록을 제시할 수 있다면, 그들의 태도가 이렇게 무례하게 느껴지지는 않을 것이다. 거리를 지나는 사람들에게 공적 사안에 대해 알아야 할 것들이 무엇인지 누가 말할 수 있는가? 이런 가정들을 뒷받침하는 지식에 관한 모든 이론은 현학적이다. 인민을 위해 민주주의가 만들어졌지, 민주주의를 위해 인민이 만들어진 것은 아니다. 민주주의는 평범한 사람들을 위한 것이다. 학자연하는 이들이 인민의 자격을 인정하든 말든 상관없이, 그것은 평범한 사람들의 요구에 민감하게 반응하도록 고안된 정치체제이다.

　미국 민주주의의 실패를 대중의 무지와 어리석음 탓으로 돌리는 것은 분개할 만한 일이다. 이 나라 정치체제에서 가장 심각한 결점은 지식인들이 놀랄 만큼 진부하고 경직된 민주주의 개념을 고수한다는 데 있다. 지식인들의 태만과 오류가 위험한 까닭은 그로 인해 사회적 영향력이 큰 사람들이 혼란에 빠지기 때문이다. 지식인들이 지금보다 나은 정치 이론을 만들어 내지 못한다면, 그것이 무엇인지를 찾아내기 전에 민주주의가 폐지되는 일이 벌어질 수도 있다!

　민주주의에 대한 일반적 정의가 대중에게 요구하는 자질과

인민을 위해 민주주의가 만들어졌지, 민주주의를 위해 인민이 만들어진 것은 아니다. 민주주의는 평범한 사람들을 위한 것이다.

거기에 부응할 수 있는 대중의 능력 사이에는 커다란 괴리가 있으며, 이로부터 이론적인 함정이 만들어진다. 지식인들은 우리가 이와 같은 함정에서 벗어나는 데 거의 아무런 도움도 주지 못했다.[5] 우리가 느끼는 당혹스러움은 지식인들이 실제로 민주주의에서 벌어지고 있는 일들을 서술할 수 있는 현실적인 정의를 개발하지 못한 데서 비롯된다.

위의 단락에서 논의했던 모든 망상은 인민이 무엇을 알아야 하는지, 민주주의에서 대중의 역할은 무엇인지, 민주주의에서 대중은 어떻게 기능하는지에 대한 관념상의 혼란에서 발생한다.

만약 우리가 인민이 '통치'한다고 가정한다면, 통치하는 다수는 과거 어떤 다수가 알았거나 알 수 있었던 것보다 더 많이 알아야 한다는 결론이 도출된다. 이것은 민주주의 이론을 과도하게 적용하여 우스꽝스러운 사태가 만들어지는 경우이다. ① 모든 사람이 통치와 관련된 결정을 내릴 수 있을 만큼 그들을 교육시키는 데 상당한 노력을 기울이거나, ② 이들 사안에 대해 모든 것을 아는 인민들에게만 참여를 허용한다 하더라도 우리가 이 딜레마에서 벗어날 수 있는 것은 아니다. 첫 번째 방식은 불가능하다. 두 번째는 어리석은 짓이다. 왜냐하면 어느 누구도 이 기준에 따라 통치할 만큼 많은 지식을 갖고 있지는 않기 때문이다. 문제는 우리가 우리 스스로를 실패하도록 만드는 위험한 방식으로 민주주의를 정의해 왔다는 데 있다.

그 누구도 정부를 운영할 만큼 충분히 많은 지식을 가질 수는 없기에, 무지의 문제를 해결하는 것은 불가능하다. 대통령·상원의원·주지사·판사·교수·박사·기자 같은 사람들도 우리 나머지 사람들보다 단지 조금 덜 무지할 뿐이다. 전문가조차도 어느 한 분야에 관해서는 전부를 알고자 하면서도 그 밖의 많은 것들에 대해서는 무지하기를 선택한 사람들일 뿐이다.

이와 같은 민주주의 개념을 뒷받침하는 지식에 관한 모든 이론은 잘못된 것이다. 그것은 너무 많은 것을 입증하고 있다. 그것은 민주주의가 불가능하다는 것뿐만 아니라 삶 자체도 불가능하다는 것을 증명하고 있다. 모든 사람은 자신들이 거의 알지 못하는 수없이 많은 문제들이 날마다 처리되고 있다는 사실에 적응해야 한다. 이는 정치뿐만 아니라, 삶의 모든 측면에도 해당되는 진실이다.

모든 것을 알아야 한다는 강박관념은 정신병으로 귀결될 뿐이다.

사람들이 현대 세계에서 살아남을 수 있는 이유는 그들이 꼭 알아야 하는 것과 알 필요가 없는 것을 구별하는 법을 배웠기 때문이다. 자동차를 구매하기 위해 자동차 기능공이 되거나 아기를 갖기 위해 산부인과 의사가 될 필요는 없다는 점을 깨닫기 시작할 때, 문제 해결의 실마리가 보이게 된다. 우리의 생존은 다른 사람들이 알고 있는 것들을 이용하기 위해, 그들이 만들어 낸 결과에 따라 사람들을 판단하고 사람들과의 관계에서 신뢰와 책임을 형성할 수 있는 능력에 달려 있다. 만약 우리가 약사·의사·비행기 조종사·은행원·수리공·배관공·기술자·법률가·공무원·회계사·재판관·전화교환원·숙련공, 그 밖의 많은 다른 사람들을 매일같이 여러 방식으로 신뢰하지 않았다면, 우리는 현대사회를 살아갈 수 없었을 것이다. 우리는 이들이 만들어 낸 결과를

사람들이 현대 세계에서 살아남을 수 있는 이유는 그들이 꼭 알아야 하는 것과 알 필요가 없는 것을 구별하는 법을 배웠기 때문이다.

중심으로 가장 복잡한 메커니즘에 관한 판단을 내린다. 경제가 작동하는 방식을 설명하려는 경제학자들은, 텔레비전을 구입하기 위해 그 제조 방법을 배울 필요는 없다는 점을 알고 있기 때문에, '소비자 주권'이라는 정치적 표현을 사용한다. 민주주의는 우리가 하는 다른 모든 일과 마찬가지로, 무지한 사람들과 전문가들이 함께 하는 협력의 한 형식이다.

고루한 민주주의 이론가들은 우리에게 민주주의가 현대 국민국가가 아닌 뉴잉글랜드의 타운회의에서 작동하도록 고안되었다는 점을 끊임없이 말하고 있다. 이런 분석은 비현실적이다. 차라리 수공업 경제로 돌아가는 편이 더 나을지도 모르겠다. 위기가 현실의 위기가 아니라 이론의 위기인 까닭은, 실제로 작동하는 민주주의 정치체제는 이론상으로는 불가능한 것을 이미 현실에서 달성했으며, 그것을 날마다 실행하고 있기 때문이다. 실패한 것은 이론일 뿐이다. 현대 민주주의의 문제는 현대사회에서 살아가는 법을 배우는 문제이다.

만약 서로 다른 종류의 지식을 구분할 수 있다면, 즉 아마추어가 아는 것과 프로가 아는 것, 일반인들이 아는 것과 전문가들이 아는 것을 구별해 낸다면, 우리는 미로 속에서도 우리가 나아갈 길을 찾을 수 있다. 문제는 1억8천만 명의 아리스토텔레스들이 어떻게 민주주의를 운영할 수 있느냐가 아니라, 1억8천만 명의 보통 사람들로 구성된 정치 공동체를 어떻게 조직해야 이 공동체가 보통 사람들의 요구에 응답할 수 있느냐 하는 것이다. 이는 리더십, 조직, 대안, 그리고 책임과 신뢰의 체계에 관한 문제이다. 민주주의에서 강조해야 할 것은 리더십과 조직의 역할이지, 풀

민주주의는 우리가 하는 다른 모든 일과 마찬가지로, 무지한 사람들과 전문가들이 함께 하는 협력의 한 형식이다.

문제는 1억8천만 명의 아리스토텔레스들이 어떻게 민주주의를 운영할 수 있느냐가 아니라, 1억8천만 명의 보통 사람들로 구성된 정치 공동체를 어떻게 조직해야 이 공동체가 보통 사람들의 요구에 응답할 수 있느냐 하는 것이다.

뿌리 차원에서 창출되는 어떤 것이 아니다. 만약 우리가 이런 관점에서 문제를 접근한다면, 그 해결이 불가능한 것처럼 보이지는 않을 것이다. 미국의 정치체제가 이뤄 낸 업적은 엄청난 것이다. 그러나 이것은 우리가 빠져들었던 이론적 망상에도 불구하고 얻어낸 성취이다.

보통의 시민은 갈등 체제를 통해 공적 사안에 관여한다. 갈등은 대중이 개입할 수 있는 문제들을 보여 준다. 갈등으로부터 공공정책의 대안들이 부상한다. 갈등은 정치조직과 리더십의 근간이다. 자유로운 정치체제에서 대중은 갈등에 관여할 수밖에 없다. 정부의 일상적인 활동은 논쟁을 불러일으키며, 논쟁은 사람들을 끌어들이는 속성을 갖고 있다.

민주주의 이론에서 현명한 출발은 보통 시민이 할 수 있는 것과 할 수 없는 것을 구분하는 데 있다. 반면 민주주의라는 대의에 가해질 수 있는 최악의 폐해는, 수많은 사람들이 순전히 그 수의 힘만으로는 할 수 없는 것이 있음을 인식하지도 않은 채 보통의 시민에게 신화적이며 마술적인 전지전능함을 부여하는 경우이다. 바로 이 지점에서 일반적인 민주주의 정의로 인해 우리는 자신을 바보로 만들었던 것이다.

1억8천만 명의 사람들이 자신들의 주도 하에 자발적으로 할 수 있는 일이란 기관차가 레일 없이 할 수 있는 일보다 많지 않을 것이다. 대중은 자기 소유의 모든 회사를 면밀하게 감독할 수 없는 부자와 같은 존재이다. 대중의 문제는 자신의 대리인들이 자신이 고를 수 있는 선택지를 정의하도록 강제하는 방법을 배우는 것이다.

> 민주주의 이론에서 현명한 출발은 보통 시민이 할 수 있는 것과 할 수 없는 것을 구분하는 데 있다.

우리가 말하고자 하는 바는
갈등·경쟁·리더십·조직이
민주주의 정치의
핵심이라는 것이다.
문제는 대중 권력의
한계를 감안하면서도
그것을 가장 잘 활용할 수
있도록 정치체제를
조직하는 방법이다.

우리가 말하고자 하는 바는 갈등·경쟁·리더십·조직이 민주주의 정치의 핵심이라는 것이다. 민주주의에는 다수의 사람들이 제 역할을 수행하게 해주는 특별한 조건이 내장되어 있다.

문제는 대중 권력의 한계를 감안하면서도 그것을 가장 잘 활용할 수 있도록 정치체제를 조직하는 방법이다. 대중적 지지의 힘이 집중되는 민주적 결정이 이뤄지기 위해서는 대안을 정의하고 토론을 조직하며 여론을 동원하는 데 엄청난 노력을 기울일 필요가 있다. 정부와 정치조직은 이런 종류의 대안을 만들어 내는 일을 담당하고 있다.

지금까지 말한 내용은 인민의 권력을 경시하기 위한 것이 아니라 그것의 의미를 새롭게 조명하기 위한 것이다. 인민의 권력은 사소한 문제들을 해결하는 데 사용될 수 없다는 사실로 인해 약화되는 그런 것이 아니다. 전 세계는 놀랄 만큼 적은 수의 결정들을 통해 운영될 수 있다. 민주주의에서 인민의 권력은 유권자들이 만들어 내는 결정의 중요성에 달려 있지, 그들이 행하는 결정의 수에 달려 있는 것이 아니다. 헌법이 채택된 이래 집권당이 야당에 의해 교체된 경우는 14번 있었다. 이들 가운데 여섯 번만이 그 결과가 너무나 커서 그것을 고려하지 않고는 미국 역사를 이해할 수 없는 그런 경우이다.

민주주의에서
인민의 권력은
유권자들이 만들어 내는
결정의 중요성에 달려
있지, 그들이 행하는
결정의 수에 달려 있는
것이 아니다.

어떤 민주주의 체제에서나 가장 중요한 것은 인민의 주권을 이용 내지 활용하는 방식, 즉 대중이 결정하거나 지시할 만한 사안으로서 어떤 문제들을 어떻게 그들에게 제시할 것이며, 대안을 어떻게 정의할 것인지, 그리고 대중의 한계를 어떤 방식으로 고려할 것인가에 있다. 좋은 민주주의 체제는 대중에게 불가능한 것을 하도록 요구하는 상황으로부터 대중을 보호한다. 민주주의 정치에서 용서할 수 없는 죄악은 대중의 권력을 사소한 문제들에 사용함으로써 이를 낭비하는 것이다. 우리에게 필요한 것은 미국 인민의 정치적 자원을 지켜 내기 위한 운동이다.

다른 무엇보다도 정치 활동에 경쟁성이 없다면, 보통 시민은 무력할 수밖에 없다. 인민에게 선택의 기회를 제공하는 것은 정치조직들 사이의 경쟁이다. 이런 기회가 없다면, 인민주권은 아무런 의미도 가질 수 없다.

일반적인 민주주의 정의는, 적절히 이해된다면 해를 끼치지 않을 수도 있다. 그러나 실제로 많은 사람들은 이 정의를 잘못 이해하고 있다. 비록 전통적인 정의에는 부합하지 않는다 하더라도, 우리가 지금 현실에서 행하고 있는 어떤 것이 민주주의라고 말하는 편이 좀 더 창의적인 태도일 것이다. 아리스토텔레스의 시대 이래로 민주주의에 관한 여러 정의는 민주정에서의 '다수'가 군주정에서의 '1인'이나 귀족정에서의 '소수'가 행한 것과 동일한 일을 수행한다는 가정 위에서 만들어졌다. 그러나 '1인'에서 '다수'로의 변화는 단지 권력에 참여하는 사람 수의 변화일 뿐만 아니라, 권력이 행사되는 방식의 변화이기도 하다. 1억8천만 명이 한 명의 통치자가 할 수 있는 것을 할 수는 없다. 이는 1억8천만 명이 멍청하거나 무지하기 때문이 아니라 그들에게는 1인이 행하는 것과 동일한 방식으로 행동하는 것이 물리적으로 불가능하기 때문이다. 문제에 대한 명료한 이해와 정치체제의 존속을 위해서라도 우리에게는 자연이 다수에게 부과한 한계를 인정하는 민주주의 정의가 필요하다.

'1인'에서 '다수'로의 변화는 단지 권력에 참여하는 사람 수의 변화일 뿐만 아니라, 권력이 행사되는 방식의 변화이기도 하다.

민주주의에 대한 효과적인 정의는 일반 대중의 권력뿐만 아니라 그들의 한계도 감안해야만 한다. 그럴 경우 자유와 리더십은 민주주의를 구성하는 개념들 가운데 가장 중요한 것이다. 민주주의는 지도자들과 조직들이 공공정책에 대한 대안을 가지고 경쟁함으로써 일반 대중이 정책 결정 과정에 참여할 수 있게 되는 일종의 경쟁적 정치체제이다. 이와 같은 정치체제에서 주도권은 대개 집권당이나 야당이 갖는다. 보통의 시민은 이 체제로부터 이득을 얻지만, 그들 스스로가 이 체제를 운영할 수는 없다. 우리는 이미 이런 종류의 체제에 대해 상당한 경험을 축적해 놓았다. 이제는 그 경험의 민주적 함의를 깨달을 때도 된 것은 아닐까?

갈등·경쟁·조직·리더십·책임성은 현실에서 작동하는 민주주의를 정의하는 데 있어 핵심적인 구성 요소들이다. 민주주의는 경쟁하는 정치조직들과 지도자들이 만들어 낸 대안들 가운데 어느 하나를 보통의 시민이 선택하는 정치체제이다. 전통적인 정의에 비춰 이런 정의가 갖는 이점은 이것은 현실에 적용 가능하다는 것, 즉 실제로 일어나고 있는 일들을 서술한다는 것이다. 이 정의는 실현 가능한 것들을 서술한다. 이것은 대중에게 그들이 할 수 없는 것을 요구하지 않는다. 게다가 이것은 엄청난 성취를 보여 주고 있는, 현재 진행되고 있는 민주주의를 서술한다.

대중이 정치에 관여하는 것은 자유로운 사회에서 거의 언제나 발생할 수밖에 없는 갈등의 자연스런 결과이다. 책임 있는 정치 지도자와 조직이 이런 상황을 활용하는 것이야말로 민주주의의 핵심이다. 갈등의 사회화는 민주주의의 핵심적인 과정이다.

민주주의는 경쟁하는 정치조직들과 지도자들이 만들어 낸 대안들 가운데 어느 하나를 보통의 시민이 선택하는 정치체제이다.

갈등의 사회화는 민주주의의 핵심적인 과정이다.

역자 후기

저자는 이 책에서 정당과 민주주의의 의미를 새롭게 조명하고 있다. 이는 20세기 초반 진보주의 운동*이 미국을 휩쓸면서 배태시킨 반정당적, 반정치적 사고가 민주주의에 미친 치명적인 효과를 지켜보았던 그의 정치적 경험과 무관치 않다. 이 책은 이와 같은 문제에 대해 치열하게 고민하고 대결하고자 했던 한 정치학자의 대답이라 할 수 있다. 정치와 정당에 대한 부정적 인식이 지배하고 있는 우리의 정치 현실에 비추어볼 때에도 이 책이 갖는 중요성은 결코 작지 않을 것이다.

샤츠슈나이더는 이 책에서 세 가지 개념을 새롭게 조명한다.

---

*진보주의 운동(progressive movement) : 미국 역사에서 1890~1920년대는 급속한 산업화가 가져온 여러 문제를 개혁하려는 흐름이 뚜렷했던 시기로 흔히 진보주의 시대라고 불린다. 이때의 개혁 운동, 즉 진보주의 운동에 대한 해석은 학자들마다 다르지만, 당시의 주요 쟁점으로 거대 기업집단의 전횡과 기존 정치인들의 부패가 부상했던 것은 분명하다. 특히 보스와 머신 정치로 대표되는 정치 부패에 대한 개혁은 일정한 성과를 거둬 지방 단위에서의 정당 기반 없는 선거(nonpartisan election), 정당의 영향력을 배제하는 주민발의·주민투표·주민소환과 같은 직접 민주주의 제도, 정당의 후보를 시민들이 직접 선출하는 예비선거제(direct primary) 등이 도입되었다. 샤츠슈나이더는 이들 제도개혁과 이를 뒷받침했던 당시의 반정당적·반정치적 담론에 대해 비판적인 관점을 견지하고 있다.

갈등, 정당, 민주주의가 그것이다. 먼저 정치의 소재가 되는 갈등에 대한 강조이다. 샤츠슈나이더는 정치를 갈등을 동원하고 관리하며 통합하는 역할로 정의한다. 바꿔 말해, 정치란 기본적으로 사적인 영역에서 발원하는 수많은 갈등들 중 공동체의 존속과 관련된 중요한 갈등들을 공적 논의에 적합한 양식으로 전환하여 광범위한 대중이 그것에 대한 결정에 참여할 수 있게 하는 일련의 활동이다. 그렇기 때문에 모든 정치는 갈등을 다루며, 그런 갈등의 중요성에 따라 공적 영역에서 그에 대해 우선순위를 부여하는 과정과 관련되어 있다. 따라서 어떤 갈등은 부차적인 것으로 무시되고 어떤 갈등은 중요하게 부각될 수밖에 없는데, 그것은 바로 정치의 역할에서 기인하는 것이다. 갈등이 존재하는 사회라면 어디에서나 정치는 반드시 필요하다. 그렇다면 민주주의에서는 누가 갈등을 정의하고 그것에 대한 우선순위를 결정하는가?

이 점에서 자연스럽게 두 번째 개념인 정당에 대한 강조로 이어진다. 정치와 관련하여 이 책이 갖는 특징은 정당의 역할을 특별히 강조하는 데서 찾을 수 있다. 정당을 사회의 갈등이나 균열을 반영하는 수동적 존재로 인식하는 것을 넘어 그런 갈등을 일정하게 틀 짓고 위계화하는 능동적 존재임을 적극적으로 강조하고 있는 것이다. 이는 정당을 종속변수로 상정하는 대부분의 연구들과 달리 정당을 독립변수로 상정하고 있음을 의미한다. 실제로 샤츠슈나이더의 이와 같은 입장은 이후 정당론을 체계화한 대표적 연구자인 사르토리G. Sartor나 마이어P. Mair에게도 계승되고 있다. 정당을 독립변수로 상정한다는 것은 정치 나아가 민주주

의에서 정당이 능동적인 역할을 담당한다는 말이다. 그 중 하나
가 유권자들이 선택할 수 있는 대안을 정의하고 제시하는 것이
다. 이것은 복잡한 현대사회에서 유권자로 하여금 자신의 이익
과 가치에 부합하는 대안을 좀 더 쉽게 선택할 수 있도록 해주는
정당의 주된 기능이자 능력이다. 선거에서 정당들이 제시하는
대안들 간의 경쟁을 통해 정부가 구성된다는 점에서 이는 정치
체제로서의 민주주의 문제와 직결된다.

샤츠슈나이더의 민주주의에 대한 인식은 대규모 인구를 갖는
근대 국민국가라는 시대적 조건과 밀접히 연관되어 있다. 그에
게 고대 그리스에서 실천된 바 있는 '인민의 지배'로서의 민주주
의는 영토나 인구의 크기는 물론 과거와는 비교할 수 없을 정도
로 복잡한 분업체계를 이루고 있는 현대사회에서는 실현 불가능
한 것이었다. 따라서 그의 주요 관심사는 고대의 이상을 오늘날
우리가 살고 있는 사회에서 실현할 수 있는 '현실적인 민주주의'
정의를 찾는 데 있었다. 그런 민주주의 정의가 바로 '인민에 의
한 지배'가 아닌 '인민의 동의에 기반한 지배 혹은 정부'이다. 그
리고 이런 동의를 창출하는데 필수적인 조직은 사적 이익을 중
심으로 조직된 협소한 범위의 이익집단이 아니라 공적 이익에
대한 대안을 가지고 광범위한 대중을 동원할 수 있는 정당이다.
이 책의 제목 '절반의 인민주권'Semisovereign People 역시 이런 맥락
에서 이해할 수 있다. 현대사회에서 실행 가능한 민주주의는 보
통 사람들이 직접 통치에 참여하는 것이 아니다. 그것은 자신이
뽑은 대표로 하여금 통치하게 하는 대의제 민주주의의 형식을
띨 수밖에 없다. 그러나 이런 조건에서도 정당이 어떤 대안을 제

시하고 어떤 갈등을 동원하느냐에 따라 인민주권의 이념은 실현될 수 있다는 것이 샤츠슈나이더의 주장이다. "정당이 근대 민주주의를 만들어 냈으며, …… 근대 민주주의는 정당을 고려하지 않고서는 생각조차 할 수 없는 체제"라는 그의 주장은 바로 이러한 배경에서 나온 말이다.

이 책이 말하는 바와 같이 갈등, 정당, 민주주의는 현대 정치를 이해하는 핵심 개념이다. 갈등을 동원하고 관리하는 정치, 이 과정에서 대안을 정의하고 제시하는 정당, 이와 같은 대안들을 선택함으로써 다수파를 형성하고 이를 바탕으로 정부를 구성하거나 교체하는 정치체제, 이것이 바로 샤츠슈나이더가 말하는 정당정부로서의 민주주의의 원리이다. 한 마디로 말해, 이 책은 정치란 무엇이고, 정당이란 무엇이며, 민주주의란 무엇인지에 대해 매우 명료하게 설명하고 있을 뿐만 아니라, 이를 토대로 현실적이고 구체적인 대안에 대해 고민하도록 자극을 주는 책들 가운데 하나이다.

미주

데이비드 아더매니의 1975년판 서문

1 *Party Government* (New York: Holt, Rinehart and Winston, 1942), pp. 11-16.
2 *Party Government*, p. 14.
3 *Two Hundred Million Americans in Search of a Government* (New York: Holt, Rinehart and Winston, 1969), p. 5.
4 *Two Hundred Million Americans*, p. 103.
5 *Two Hundred Million Americans*, p. 8
6 *The Semisovereign People* (1960년 Holt, Rinehart and Winston에서 처음 출판되었음), pp. 30-36.
7 *Semisovereign People*, pp. 49-52; *Party Government*, pp. 33-34.
8 *Party Government*, pp. 67-90, p. 75의 인용.
9 *The Struggle for Party Government* (College Park: University of Maryland, 1948), p. 21. 인용된 모든 이탤릭체는 원문 그대로임.
10 *Struggled for Party Government*, p. 22.
11 *Two Hundred Million Americans*, p. 42.
12 *Two Hundred Million Americans*, p. 46.
13 *Two Hundred Million Americans*, p. 45.
14 *Two Hundred Million Americans*, p. 47.
15 *Two Hundred Million Americans*, p. 43.
16 *Party Government*, p. 7.
17 *Struggle for Party Government*, p. 9.
18 *Two Hundred Million Americans*, p. 88.
19 *Two Hundred Million Americans*, p. 54.
20 *Party Government*, p. 7.
21 *Two Hundred Million Americans*, pp. 58-61.
22 *Party Government*, pp. 14-15.

23 *Semisovereign People*, p. 135.

24 *Semisovereign People*, p. 134.

25 S*emisovereign People*, p. 133.

26 *Semisovereign People,* p. 137.

27 *Semisovereign People*, p. 136.

28 *Semisovereign People*, pp. 136-137.

29 *Semisovereign People*, p. 137.

30 *Two Hundred Million Americans,* p. 58.

31 *Semisovereign People*, p. 137.

32 *Semisovereign People*, p. 141.

33 *Wesleyan Argus*, March 5, 1971, p. 2.

34 "Pressure Groups versus Political Parties," *The Annals*, 259 (September, 1948), 17.

35 *Party Government*, pp. 187-188.

36 *Party Government*, p. 189.

37 *Semisovereign People*, pp. 30-36.

38 *Semisovereign People*, pp. 34-35.

39 *Politics, Pressures and the Tariff* (New York: Prentice · Hall, 1935).

40 *Politics, Pressures and the Tariff*, pp. 164-184.

41 *Politics, Pressures and the Tariff*, pp. 226-249.

42 *Politics, Pressures and the Tariff*, pp. 271-278.

43 *Semisovereign People*, p. 23.

44 "Political Parties and the Public Interest," *The Annals*, 280 (March, 1952), p. 22.

45 *Semisovereign People,* p. 23.

46 "Political Parties and the Public Interest," p. 23.

47 "Political Parties and the Public Interest," p. 23.

48 *Party Government*, p. 208.

49 *Party Government*, p. 52.

50 *Party Government*, p. 29.

51 *Party Government*, p. 7.

52 이들 반정당적 요소에 대한 분석으로는 *Party Government*, pp. 7-9, 111-123, 133-140, 141-142을 참조.

53 전당대회를 통한 후보 지명에 관해서는 *Party Government,* pp. 99-106을 참조.

54 *Party Government*, p. 53-61.

55 Committee on Political Parties, "Toward a More Responsible Two-Party System,"

American Political Science Review, 44 (September, 1950), 부록.

56 "1954: The Ike Party Fights to Live," *New Republic*, February 23, 1953, pp. 15-17. 또한 "United States: The Functional Approach to Party Government," *Modern Political Parties*, ed. Sigmund Neuman (Chicago: University of Chicago Press, 1956), pp. 209-214.

57 "Functional Approach to Party Government," p. 214.

58 "1954: The Ike Party Fights to Live," pp. 16-17.

59 "Functional Approach to Party Government," pp. 213-214.

60 "Party Government and Employment Policy," *American Political Science Review*, 39(December, 1945), pp. 1147-1157; "Functional Approach to Party Government," pp. 208, 213; *Semisovereign People*, pp. 88-89.

61 *Party Government*, pp. 209-210.

62 예를 들면, Gerald Pomper, "From Confusion to Clarity: Issues and American Voters, 1956~1968," *American Political Science Review*, 66 (June, 1972), pp. 415-428 참조.

63 *Semisovereign People*, p. 35.

64 *Semisovereign People*, p. 37.

65 *Semisovereign People*, p. 39.

66 "Intensity, Visibility, Direction and Scope," *American Political Science Review* 51 (December, 1957), p. 935.

67 "Intensity, Visibility, Direction and Scope," pp. 941-942. *Semisovereign People*, pp. 2-3.

68 *Semisovereign People*, p. 7.

69 *Semisovereign People*, pp. 39-40.

70 *Semisovereign People*, p. 39.

71 *Semisovereign People*, p. 7.

72 "Intensity, Visibility, Direction and Scope," p. 938.

73 "Intensity, Visibility, Direction and Scope," p. 938.

74 "Intensity, Visibility, Direction and Scope," pp. 939-941.

75 *Semisovereign People*, p. 65.

76 *Semisovereign People*, p. 64.

77 Kevin P. Phillips, *The Emerging Republican Majority* (New Rochelle, New York: Arlington House, 1969).

78 Richard Scammon and Ben J. Wattenberg, *The Red Majority* (New York:

Coward-McCann, 1970).

79 *Semisovereign People*, p. 107.

80 *Semisovereign People*, p. 107.

81 *Semisovereign People*, p. 68.

82 *Two Hundred Million Americans*, p. 93.

83 *Two Hundred Million Americans*, 5장.

84 *Two Hundred Million Americans*, p. 991.

85 *Two Hundred Million Americans*, 5장.

86 *Two Hundred Million Americans*, p. 81.

87 Fred I. Greenstein and Clement E. Vose, "Elmer Eric Schattschneider," *PS* 4 (Summer, 1971), p. 503.

1 | 갈등의 전염성

1 "우회적인 접근은 섹스의 세계만큼이나 정치의 세계에서도 필수적이다." Liddell Hart, quoted by Al Newman in The Reporter, October 15, 1958, p 45에서 재인용.

2 John Dollard, *Caste and Class in a Southern Town,* 3d ed., Doubleday and Company, Garden City, 1957, p. 72. 또한 남부에서 갈등을 억압하는 초당적 제도에 대해서는 pp. 208-211을 참조. 달라드는 남부의 지역 일당 체제가 투표 참여에 미치는 효과에 대해서도 논의하고 있다. 우리는 자주 **외부자들이 흑인들을 그대로 두었더라면, 그들은 자기 삶에 만족하며 살아갔을 것**이라는 주장을 듣곤 한다.

3 Vidich and Bensman, *Small Town in Mass Society*, Princeton, 1958. 학교 위원회 구성원들은 "투표를 아예 실시하지도 않거나 형식적인 투표만 거친 불완전한 만장일치의 결정에" 의존한다. 그들은 "위기를 최소화하거나 회피하려 하며, 이는 만장일치와 은폐에 대한 더 많은 요구로 이어진다." pp. 172-173.
"하나의 이슈가 공개될 때, 갈등하는 이해 당사자들이 외부의 개인이나 집단 혹은 정치 조직 내의 좀 더 중요한 인물에게 호소할 위험은 항상 존재한다. 이들 공개된 이슈와 관련해서 대중적 감성은 쉽게 동원될 수 있다." p. 127.
"이런 방식으로 기업의 일상적 활동에서는 이슈와 갈등이 공적 수준으로 가시화되지 않는다. 관리 집단의 권력 독점을 위협하는 외부 집단에 대한 미숙한 호소는 발생하지 않는다. p. 128. 또한 p. 133 참조.

4 Lansing (Michigan) *State Journal*, July 15, 1958. 이 발언은 선거 경쟁 이후 제기된 항의에 대한 답변이다.

5 Frederick Lewis Allen, *The Great Pierpont Morgan*, Bantam Biography, New York, 1956, pp. 175-177을 참조.

6 *New York Herald Tribune*, February 1, 1959. 또한 *Wall Street Journal*, January 21, February 2에 실린 아메리칸 모터스(AMC)의 회장 조지 롬니(George Romney)의 말을 참조.

7 존 페어뱅크(John F. Fairbank)는 중국 군사(軍史) 및 외교사의 관점에서 이에 대한 고전적 사례를 기술한 바 있다("Formosa through China's Eyes," *New Republic*, October 13, 1958). "과거 중국에서 권력을 다투는 경쟁자들은 공히 야만족을 활용하는 전략이 매우 중요하다고 생각했다. 왜냐하면 이들 야만족은 강력한 전투력을 보유하고 있지만, 정치에서는 자주 순진한 행태를 보이고 자존심이나 두려움에 따라 쉽게 동요해 왔기 때문이다. 중국 역사서에는 이 주제에 관한 수많은 민담과 선례가 기록되어 있다. 때때로 중국인들은 자기 덫에 걸려 야만족의 지배를 받기도 했다. 예를 들어, 송나라의 황제는 만주 지역 여진족의 침략에 대응하기 위해 몽골족을 끌어들이는 실수를 저질렀고, 결국 몽골족이 중국을 정복했다. 유사한 사례로 만주족 또한 중국을 정복하여 지배한 바 있다."

8 *New York Times Magazine*, "The Chinese Puzzle: Mao's Foreign Policy," October 12, 1958.

2 | 이익집단 체제의 범위와 편향성

1 키(V. O. Key)는 이익집단을 "공직 후보를 지명하거나 정부 운영을 책임지는 것 이외의 다른 방식으로 정부에 영향을 미쳐 자기들의 이익을 증진하고자 하는 사적 결사체"로 정의했다. *Politics, Parties, and Pressure Groups*, 4th ed., New York, 1958. p. 23. 이와는 반대로 정당은 가장 중요한 공직에 자신들의 후보를 선출함으로써 정부에 대한 전반적 통제권을 획득하려고 노력하는 조직이다.

2 라탐에 따르면, "입법부는 집단들 간 투쟁을 심판하고, 우위를 차지한 집단연합의 승리를 공인하며, 이들 간의 패배·타협·승리에 관한 협정을 법률로 기록하는 존재이다." "어떤 이슈에 대한 입법부의 표결은 투표 당시의 경쟁하는 집단들 간의 힘의 균형, 즉 그들 권력의 상대적 크기를 반영하는 경향이 있다." Earl Latham, *The Group Basis of*

Politics, Ithaca, 1952, pp. 35-36.

3 여기서는 주로 데이비드 트루먼이 그의 탁월한 저작을 통해 제시했던 분석을 참조했다. David Truman, *The Government Process,* New York, 1951. 특히 pp. 50-51, 65을 참조.

4 정치 이론에 관한 문헌에서 공적 이익은 다양한 표제를 통해 언급된 바 있다. 콜(G. D. H. Cole)은 루소의 『사회계약론』 서문에서 '전체 의지'(will of all)와 '일반의지'(general will)에 대해 논평했다. 이에 대해서는 J. J. Rousseau, *Social contract,* Every Men's edition. London, 1913, xxx, xxxi을 참조. 플라톤이 소피스트들을 비판하면서 국가의 목적으로 제시한 '정의' 개념에 대한 논의는 Ernst Cassirer, *The Myth of the State,* Garden City, 1955, pp. 89-93을 참조. 컨센서스에 관한 진술은 S. D. Lindsay, *The Essentials of Democracy,* Philadelphia 1929, p. 49를 참조.

5 민족주의와 국익이 현대 세계의 주요 동력이라고 주장하는 것은 이제 불필요한 것 같다. 카(E. H. Carr)는 "민족주의의 성장을 재앙과 같은 것"이라고 언급했다. E. H. Carr, *Nationalism and After,* New York, 1945, p. 18 참조. 브로건(D. W. Brogan)은 민족을 "현존하는 유일한 공동체"로 정의했다. D. W. Brogan, *The American Character,* New York, 1944, p. 169 참조. 슈만(Frederick L. Schumann)은 "서구 국가체제에 속해 있는 사람들의 뚜렷하고도 독특한 특징은 자신들을 분열시켜 놓은 '민족'에 대한 헌신과 충성"이라고 말했다. Frederick L. Schumann, *International Politics,* 3rd ed., New York, 1941, p. 300 참조. 린제이(A. D. Lindsay)는 민주적 컨센서스의 원리를 다음과 같이 설명했다. "어떤 식으로 만들어졌든, 민족성은 한 국가의 구성원들이 그들 사이의 차이를 기꺼이 억누르면서 하나로 뭉치고자 하는 일체감의 표현이다. 물론 여기에는 이보다 더 많은 무언가가 포함되어 있다. 그것은 나름의 독특한 문화 관념과 결부되어 있다. 이런 관념은 공동체가 지향하는 공동의 삶에 대한 일종의 이상이자, 정치적 제안들을 판단하는 데 필요한 비판의 기준으로 사람들의 마음속에 늘 존재하고 있다. 적어도 다음의 사실만큼은 분명하게 말할 수 있다. 이와 같은 공통의 이해와 일체감이 존재하지 않거나 다른 차이들에 의해 제약받는 곳에서 성공적인 민주주의는 정말이지 불가능하다." A. D. Lindsay, *The Essentials of Democracy,* Philadelphia, 1929, p. 49 참조.

6 Truman, *op. cit.,* p. 51.

7 *National Associations of the United States,* p. xi.

8 Edited by Jay Judkins, Washington, 1949, p. viii.

9 *National Associations of the United States,* p. viii.

10 House Report No. 3197, 81st Congress, 2nd Session, December 15, 1950, Washington.

11 *Congressional Quarterly Log,* week ending February 24, 1950, pp. 217 이하. 또 다른 편찬물로 『세계연감』(*World Almanac*) 1953년판에는 약 1천 개의 결사체와 협회

가 기재되어 있는데, 이들 역시 대부분 상위 경제 계층의 경제·직업·여가와 관련된 이익과 활동을 위한 조직들이다. 『세계연감』에 포함된 결사체들 가운데 단지 12개 정도만이 그 견해나 회원 구성에 비춰 노동자 중심적이라고 말할 수 있다.

12 *American Institute of Public Opinion,* May 29, 1946.

13 450개의 결사체가 기재되어 있지만, 회원 수를 밝히고 있는 단체는 421개뿐이다.

14 목록에 포함된 2백 개의 결사체들 가운데 177개만이 회원에 관한 통계자료를 제공하고 있다.

15 Lazarsfeld and Associates, *The People's Choice,* p. 145.

16 Reid and Ehle, "Leadership Selection in the Urban Locality Areas," *Public Opinion Quarterly* (1950), 14: 262-284. 또한 Powell, Anatomy of Public Opinion, New York, 1951, pp. 180-181을 참조.

17 Carey McWilliams, *Small Farm and Big Farm,* Public Affairs Pamphlet, No. 100을 참조.

18 *Fortune* poll, April, 1943.

19 A. R. Mangus and H. R. Cottam, *Level of Living, Social Participation, and Adjustment of Ohio Farm People,* Ohio Agricultural Experiment Station, Wooster, Ohio, Bull. 624, September, 1941, pp. 51, 53.
  (뉴욕 주의 농민들을 대상으로 한) 또 다른 연구 역시 농민들의 경제적 지위와 조직 활동 간에 직접적인 관계가 있음을 보여 주었다. 이 연구의 저자는 "55에이커 미만의 농지 경작자들이 농업국(farm bureau)과 낙농업자연맹(Dairymen's League)뿐만 아니라 그 외 다른 협동조합의 회원 구성에서도 매우 낮은 비중을 차지한다"고 결론지었다. W. A. Anderson, *The Membership of Farmers in New York Organizations,* Cornell University Agricultural Experiment Station, Ithaca, N.Y., 1937, p. 20.

20 P. D. Richardson and Ward W. Bauder, *Participation in Organized Activities in a Kentucky Rural Community,* Kentucky Agricultural Experimental Station, University of Kentucky, Bulletin 598, 1953, Lexington, Kentucky, pp. 26, 28. "회원으로 가입한 단체 수는 그 사람의 사회경제적 척도에 따라 다르게 나타났다."

21 Harold F. Kaufman, *Participation in Organized Activities in Selected Kentucky Localities,* Bulletin 528, Kentucky Agricultural Experiment Station, University of Kentucky, Lexington, 1949, p. 19.

22 *Ibid.,* pp. 11, 12, 13, 21. 또한 Mirra Komorovsky, "The Voluntary Association of Urban Dwellers," *American Sociological Review* 11 : 686-98, 1946을 참조.

23 *Forces Affecting Participation of Farm People in Rural Organizations,* University of Illinois Agricultural Experiment Station, Bulletin 423, 1936, p. 103.

24 "결사체 참여 빈도는 존스빌(Jonesville) 사회의 최정상에 있는 집단에서 가장 높게 나타나며, 계급 위계를 따라 아래로 내려갈수록 그 빈도 역시 감소한다. 상층계급은 가장 많은 수의 결사체에 가입해 있고, 상위 중간계급은 그 다음이며, 이런 식으로 내려가서 하층계급은 가장 적은 수의 결사체에 가입해 있다." Warner, *Democracy in Jonesville*, New York, 1949, p. 117, 138, 140, 141, 143을 참조.

"상층계급의 다수는 다른 계급의 구성원들에 비해 좀 더 많은 결사체에 가입해 있다." Warner, *Jonesville*, p. 131.

"상층계급과 상위 중간계급은 고도로 조직화되고 견고하게 통합되어 있는 사회집단이다. 하위 중간계급과 하층계급은 좀 더 느슨하게 조직화되어 있으며, 공동체 내에서 자신들만의 특성을 유지할 수 있는 장치를 거의 보유하지 못하고 있다." Warner, *Jonesville*, pp. 148, 153을 참조.

"다수의 조직화된 집단들이 접촉하는 사람들은 공동체 구성원의 소수에 불과하다. 도시지역에 대한 연구는 교회를 제외할 경우 성인의 40~60%가 이들 조직화된 집단의 회원임을 보여 준다. 농촌 지역 공동체에서 이 비율은 좀 더 낮게 나타난다. 따라서 이들 조직화된 집단들로부터 대표를 선출할 경우, 우리는 공동체 구성원의 완벽한 대표를 뽑았다고 주장하지 말아야 한다. 미국인들이 실천하는 '참여'는 보통 사람들이 가정하는 것만큼 그렇게 보편적으로 이루어지지 않고 있다." G. W. Blackwell, "Community Analysis," *Approaches to the Study of Politics*, Roland Young ed., Northwestern University Press, 1958, p. 306.

"교회 활동을 별도로 할 때, 대다수의 도시 주민들은 어떤 조직에도 가입하지 않았거나 하나의 조직에만 가입해 있다. 낮은 사회경제적 지위나 중간 지위에 있는 주민들은 보통 기껏해야 하나 정도의 조직에 가입한다. 그러나 그것도 남성들은 직업과 관련된 단체에, 여성들은 아동 교회에 참여하는 정도이다. 오직 높은 사회경제적 수준에서만 상당한 활동 빈도를 보이는 '참여자'들을 발견할 수 있다. 조직 참여를 연구해 보면, 회원들 가운데 약 20%는 대개 '서류상의' 회원일 뿐이다." Scott Greer, "Individual Participation in Mass Society," *Approaches to the Study of Politics*, p. 332.

25 Latham, *op. cit.,* pp. 35-36.

26 상원의원 브리커(John W. Bricker)의 활동과 오하이오 주에서 실시되었던 클로즈드 샵 금지 주민투표에 관한 설명은 *Reporter*, November 25, 1958을 참조(역주 : 이것은 기업계와 공화당이 서로 입장이 달라 갈등을 빚었던 대표적인 사례이다. 1958년 당시 중소기업 대표들은 경제 불황과 노조 비리의 폭로에 힘입어 노조의 영향력을 줄일 수 있는 클로즈드샵 금지 조항을 주 헌법에 포함시키려는 움직임을 보였다. 그러나 오하이오 주 공화당 의원들은 이와 같은 주민투표의 발의가 전체 선거에 나쁜 영향을 미칠 것임을 우려하면서 이에 반대했다. 결국 중소기업 대표들의 뜻대로 중간선거와 함께 주민투표

가 실시되었으나, 이 이슈가 중산층과 하층계급을 결집시키면서 공화당은 주 역사상 가장 큰 차이로 패배하고 말았다.)

3 | 이익집단 정치와 정당 정치

1 Hadley Cantril, *Public Opinion,* 1935~1946, Princeton, 1951. 591(2): 624(9), 628(18), 645(7). 또한 1948년 선거에 나타난 노동자와 농민의 분열에 관한 자료는 Campbell and Kahn, *The People Elect a President,* pp. 24, 25 참조.

2 American Institute of Public Opinion, September 7, 1938.

3 *Ibid.,* May 23, 1944.

4 H. E. Freeman and Morris Showel, "Differential Political Influence of Voluntary Associations," *Public Opinion Quarterly* XV, 1951, pp. 702 이하 참조. 이 연구에서 저자들이 경쟁 상대에 대해 직접적인 적대 관계를 갖고 있지 않은 조직과 상호 배타적인 조직을 구분했더라면, 그 연구 결과들은 좀 더 높은 설득력을 가졌을 것이다.

5 Samuel Lubell, *The Future of American Politics,* New York, 1952, p. 203.

6 "표면상으로 드러나진 않지만, 워싱턴 정가 주변의 정치적 영향력이 거래되는 수준에서는 광범위한 변화들이 소리 없이 진행되고 있다. 민주당 성향의 법률 회사들은 갑자기 공화당 사람들을 채용하려 한다. 새로운 홍보 회사들이 설립되고, 구래의 홍보 회사들은 공화당의 영향력 있는 인사들을 찾아 나선다." *Newsweek,* 'Periscope," December 8, 1952, p. 13.

7 최근 들어 서로 다른 두 종교 집단의 연대에 대해 회의적인 견해가 표출된 바 있다. 이에 대해서는 엘모 로퍼(Elmo Roper)의 칼럼, "the Myth of the Catholic Vote," *Saturday Review,* October 31, 1959, p. 22를 참조. 또한 *New York Times,* February 1, 1960에서 인용된, "유태인들만의 특정한 투표 행태란 존재하지 않는다"고 말한 하다사(Hadassah) 의장 프런드(Dr. Miriam K. Freund)의 진술을 참조.

8 *Wall Street Journal,* November 20, 1958에 실렸던 편집자가 받은 편지 참조.

4 | 갈등의 치환

1 E. A. Ross, *Social Psychology,* Macmillan, 1909, 17장 참조.

2 *Harvard Classics,* Charles W. Eliot ed., Vol. 43, pp. 394-395.

3 "Annals of Politics: The Order of John Charles Fremont," *New Yorker,* November 3, 1956.

4 *New Republic,* April 6, 1959, p. 2 참조. "지난 월요일 상원은 만성화된 실업으로 고통받고 있는 지역에 대부금과 보조금을 제공하는 3억8,900만 달러 규모의 불황 지역 지원 법안을 49대 46으로 통과시켰다. 이는 지난해 아이젠하워가 거부권을 행사한 법안과 유사한 것으로, 그가 권고했던 지원금보다 700%나 많은 규모이다.

틀림없이 아이젠하워는 이 법안에 대해서도 거부권을 행사할 것이고, 상원 표결에 나타난 적은 표차는 그의 거부권이 무효화될 수 없음을 보여 준다. 여기서 핵심은 투표 분석에 있다. 이 법안에 대해 민주당은 45 대 16으로 찬성했고 공화당은 4 대 30으로 반대했다.

반대표를 던진 16명의 민주당 의원 가운데 14명은 남부 출신이다. 그들 대다수는 공화당 의원들과 함께 연공서열에 기반한 상임위 위원장직을 통해 의회를 장악하고 있는 거만한 사람들이다. 여기에는 버지니아 주 출신의 재정위 위원장 해리 버드(Harry Byrd), 미시시피 주 출신의 사법위 위원장 이스트란드(James O. Eastland), 아칸소 주 출신의 행정운영위 위원장 맥클레런(John L. McClellan)이 포함되어 있다.

지난 11월의 선거 태풍은 그들에게도 영향을 미쳤다. 아마도 그들은 이를 인정하지 않을 것이다. 그들은 영국을 통치하면서도 줄곧 프랑스어를 사용했던 노르만족 출신의 귀족들이다. 이 사례를 통해 확인할 수 있는 이들 민주당 의원 16명과 공화당 의원 30명 간의 제휴는 전통적인 공화당-민주당 남부 연합이 얼마나 강한지를 보여 준다.

그러면 이제 그 반대편을 살펴보도록 하자. 새롭게 선출된 17명의 민주당 의원 모두는 이 법안에 찬성표를 던졌다. 그들은 이 법안이 세 표 차이로 간신히 다수를 얻게 만든 바로 그 의원들이다. 그들은 민주당 남부의 보수파 의원들보다 평균 15~20세 정도 더 젊은 사람들이다. 만약 그들이 자신들의 정당에 자유주의를 새겨 넣을 수 있다면, 미래는 그들의 것이다. 이미 그들은 이따금씩 균형추를 옮겨 놓는 모습을 보여 주고 있다. 린든 존슨(Lyndon Johnson)에 대해 공정하게 말하자면, 그는 이번 법안에 대해 이들 의원과 같은 편에서 투표한 사람이다."

이것은 **기존의 갈등 구도를 유지하는 데 있어 상반되는 이해관계를** 가진 분파들 간의 갈등이다.

5 캘리포니아 주의 정치에서 왕성한 활동을 펼쳤던 홍보 회사 휘태커 엔 백스터(Whitaker & Baxter)의 사업 내용을 서술하면서, 어윈 로스(Irwin Ross)는 그들의 선거운동 가운

데 하나에 대해 다음과 같이 말했다.

"그들의 전략은 분할 기술(divisionary technique)이라고 부를 수 있는 것에서 최고의 효과를 보여 주었다." *Harpers Magazine,* vol. 219, no. 1310, July, 1959, p. 56.

6 행위 및 통제 이론에 대해서는 *New Republic,* December, 1957에 실린 릴리안 스미스 (Lillian Smith)의 논문을 참조.

5 | 정치의 전국화

1 이 장의 내용 가운데 일부는 "United States: The Functional Approach to Party Government," in Sigmund Neumann, *Modern Political Parties,* Chicago, 1956, pp. 194에서 처음 발표되었고, 시카고 대학 출판부의 승인으로 여기에 다시 게재할 수 있었다.

2 Paul T. David, Malcolm Moos, and Ralph M. Goldman eds., *Presidential Nominating Politics, 1952,* Johns Hopkins Press, Baltimore, 1954.

6 | 정치체제의 한계

1 다른 나라의 의회 선거 투표율은 약 80%로, 미국보다 대략 20% 정도 높다는 사실이 자주 지적되곤 한다. 그러나 미국의 선거는 유럽 선거의 전형이라 할 수 있는 영국의 선거와는 매우 다르다. 총선 투표에 참가하는 영국인은 우편엽서 크기의 투표용지를 사용해 한 공직에 대해 한 명의 후보에게 한 표를 던진다. 이와는 반대로 미국의 선거는 매우 복잡하다. 미국인들은 약 80만 명의 공직자들을 선출한다. 뿐만 아니라 선거 이전에는 예비선거(primaries)가 있고, 예비선거 이전에도 많은 지역에서 유권자들이 직접 선거인 명부에 등록해야 한다. 미국의 유권자들은 50개나 되는 선거법제에 대처해야 한다. 투표 불참자들의 정확한 규모에 관한 기술적 주장들은 중요하지 않다. 치즈를 어떻게 자르든 그것의 전체 크기에는 변화가 없기 때문이다.

미국의 1956년 선거 통계에 대한 분석은 Austin Ranney, *The Governing of Men,* New York, 1958, p. 266을 참조.

이 주제 전반에 대한 광범위한 논의는 Robert E. Lane, *Political Life,* Free Press, 1959를 참조.

2 "정당에 대한 무관심은 모든 지역구와 모든 소득 집단 전반에 걸쳐 나타나지만, 정당명
부에 등록하지 않은 사람들의 비율이 가장 높은 곳은 가톨릭 저소득층 지역구로, 이들
지역의 주민들은 대개 민주당 지지자들이다. 정치적 무관심은 선거인명부 미등록의 경
우에서도 확인할 수 있다. 미등록 경향은 저소득 민주당 지지 성향의 가톨릭 지역에서
가장 강하게 나타난다." K. Underwood, *Protestant and Catholic*, Beacon Press,
1957, pp. 295-296.

또한 L. Warner and Associates, *Democracy in Jonesville*, 6, 9, 12장을 참조.

사회적 지위가 정치 참여에 미치는 영향에 관한 자료를 검토한 연구로는 Robert E.
Lane, *Political Life*, Free Press, 1959, 16장을 참조.

7 | 변화의 양상

1 *Big Democracy*, Alfred A. Knopf, New York, 1945, p. 5.

8 | 절반의 인민주권

1 그리스 철학자들이 3만 명의 거주민들 가운데 3/4이 노예였던 도시국가 아테네에 대해
말했던 내용이 인구 1억8천만 명의 나라에서 운영되는 민주주의에서도 그대로 적용된
다고 말할 수는 없을 것이다.
2 많은 사람들이 그들 나름의 민주주의 정의를 제시한 바 있다. 이 자리에서 이들 정의를
일일이 소개하기는 어렵다. 여기에서 주목하는 비판의 대상은 가장 광범위하게 퍼져 있
으며 널리 수용되고 있는 '인민에 의한 통치'라는 민주주의 정의이다. 지금까지 우리는
민주주의를 달성할 수 없는 어떤 것으로 정의해 왔으며, 이 말을 우리 문명에서 가장 감
성적인 단어들 가운데 하나로 만들어 놓았다. 이와 같은 정의는 우리 모두를 함정에 빠
뜨리는 실천할 수 없는 규범이다.
3 여론 연구자들이 크게 의존하고 있는 민주주의 개념에 대한 세련된 진술은 Eulau,
Eldersveld, and Janowitz, *Political Behavior*, Free Press, Glencoe, Illinois, 1956에
포함된 Bernard Berelson, "Democratic Theory and Public Opinion," pp. 107 이하
를 참조. 이 진술은 일반적으로 통용되고 있는 민주주의 정의가 여론조사 연구자들에게

얼마나 큰 영향을 미쳤는지를 매우 적절하게 예증해 주고 있다.

또한 Burdick and Brodbeck, *American Voting Behavior*, Free Press, 1959, pp. 136 이하에 있는 베럴슨의 견해에 대한 버딕의 비판을 참조.

4 Princeton University Press, 1951.

5 크게 존경받았던 근대 이론가 프란시스 코커(Francis W. Coker)는 짧은 한 단락에서 이 주제를 다룬 바 있다. 그는 '다수의 지배'라는 브라이스(James Bryce)의 민주주의 정의를 인용하는 것으로 이 문제를 정리했다. *Recent Political Thought*, New York, 1934, p. 291.

교과서 저자들 가운데 카(Robert K. Carr), 모리슨(Donald H. Morrison), 번슈타인(Marver H. Bernstein), 스나이더(Richard C. Snyder)는 "정치체제로서의 민주주의는 인민이 스스로를 통치하는 메커니즘"이라고 말했다. Carr, Morrison, Bernstein, and Snyder, *American Democracy in Theory and Practice*, New York, 1951, p. 24. 이와 유사한 예들은 수없이 많다. 이와 같은 정의들의 문제는 그로 인해 우리가 헤아릴 수 없는 나락으로 빠져들게 된다는 것이다.

찾아보기